KB080030

김한나
변호사의 쫄지마

임대차법

임대인 편

이야기
나무

줄탁동시(啐啄同時)!

병아리가 알에서 깨어나기 위해서는 병아리가 알 안에서, 어미 닭이 알 밖에서 동시에 쪼아야 한다는 의미다. 삶을 돌이켜보니 나의 알을 깨고 내 한계를 넘어설 때마다, 꿈틀거리며 땀을 뻘뻘 흘리던 내 옆에 함께 해주신 하나님, 그리고 도와주시는 분들이 늘 있었다. 그래서 나는 조금씩 성장하여 이 자리에 설 수 있게 된 것 같다. 앞으로도 나는 알을 계속 깨면서 성장할 것이고, 내가 도움을 받았던 것 같이 누군가에게 영향을 끼치며, 돕고 싶다는 생각으로 이 책을 썼다.

변호사가 되고서 만난 많은 지인 또는 의뢰인들에게, 생활 속 법률상식에 대해 편하게 질문할 수 있는 변호사 친구가 한 명쯤 있었으면 좋겠다는 이야기를 많이 들었다. 그래서 20~30대에게는 '김변 언니'나 '김변 누나'로, 40대 이상 어른들에게는 '김변 동생'으로 친근하게 다가가 평소에 궁금했던 법률문제에 대해 답답함을 풀어주고 싶다. 그래서 누구든지 가볍게 질문할 수 있도록 다양한 주제로 연재해보고 싶다.

머리말

법률문제는 생활 전반에 산재해 있지만, 그 시작으로 임대차 법률에 대해 이야기해 보기로 했다. 나 역시 20대부터 임차인이었고, 많은 사람이 주택 또는 상가의 임대인이자 임차인이다. 변호사 1년 차부터 가장 많은 질문을 받았던 임대차법 관련 질문을 차곡차곡 모아 많은 분들이 보실 수 있도록 엮어보았다.

이 책은 임대차 계약 성립 전부터 계약 기간을 지나 계약 종료 이후까지, 임대인과 임차인 사이의 권리·의무, 문제 해결 방법 등을 임대차 계약 관계의 생애주기에 따라 다루고 있다. 이 책이 임대차에 대한 이해를 높이고, 자신의 권리와 의무가 무엇인지 확인함으로써, 임대차 관련 문제가 발생하기 전 미리 대처할 수 있도록 하여 사소한 분쟁을 줄이는 데 도움이 되길 바라며, 피치 못하게 문제가 발생하였다면 사소한 분쟁은 당사자 간 합리적으로 해결하거나 빠르게 대처할 수 있도록 하는 지침이 되길 바란다. 책 속의 질문과 답을 읽을 때 독자들이 변호사 친구와 대면 상담을 하고 궁금증이 풀린다면 더할 나위 없이 기쁠 것 같다.

　　마지막으로, '김변 친구'라는 콘셉트의 책을 내보고 싶다는 생각에 이 책을 썼으나, 막상 너무나 부족한 것 같아 주저할 때, 나의 한계를 또 한 번 뛰어넘을 수 있도록 용기를 주시고 도와주신 분들을 떠올리며 감사를 드리고 싶다. 먼저 나의 힘이 되신 여호와 하나님께 최고의 감사를 드린다. 그리고 언제나 내 편인 부모님과 가족들, 인생 스승이 되어주신 최고의 법조인 백윤기 원장님, 든든한 힘이 되어주는 이튼교육 최규진 대표님, 지칠 때마다 달콤한 인생을 느끼게 해주는 달타냥 팀 ㈜티엠지 김재원 대표님과 주연 언니, 바쁜 시간 책을 감수해준 이세관 대표님, 멋진 어른의 표상인 ㈜노이펠리체 윤경선 회장님과 매경부자 윤경선호 식구들, 의리맨 종환이와 갑석이, 느림보 저자를 참고 기다려 주시고 머리를 맞대어 결국 멋진 책으로 만들어주신 이야기나무 김상아 대표님과 박성현 부대표님과 장원석 편집자님, 이 책을 읽고 응원해 주실 독자들께 감사드린다. 그 밖에도 줄탁동시를 해주신 많은 멘토님과 지인이 있으나 여러 사정으로 다 기재할 수 없어, 마음으로 깊이 감사를 전하고 싶다.

차례

1장

주택 및 상가건물 임대차 관련 법률과 적용기준

김한나 변호사

안녕하세요. 김한나 변호사입니다.

임대인

안녕하세요 변호사님. 제가 친구랑 동업으로 부산에 작은 카페를 열게 되었습니다. 그래서 살고 있던 서울 집을 임대하고 부산으로 이사를 가게 되었는데요. 막상 서울 집을 내놓으려고 보니, 임대차 3법이 뭔지, 갱신권이 뭔지 너무 헷갈리더라구요.

임대차 계약 신고도 해야 한다고 하고, 모르는 것이 너무 많아서 변호사님께 이것저것 상담을 좀 받으려고 합니다.

김한나 변호사

아, 그러셨군요. 최근 임대차 관련 법률이 바뀌어서 혹시나 놓치는 게 없을까 긴장도 되고 불안하기도 하셨을 텐데요. 너무 걱정하지 마시고 저와 함께 하나하나 차분히 풀어나가기로 하죠!

그럼, 오늘은 주택 및 상가 임대차 관련, 임대인과 임차인의 기본적인 권리와 의무부터 알아볼까요?

1장. 주택 및 상가건물 임대차 관련 법률과 적용기준

먼저 주택 및 상가 임대차 계약을 체결할 때 적용되는 임대차 관련 법률을 살펴보고, 임대인에게 필요한 법률 적용기준을 확인해 봅시다.

Q. 임대차 계약관계에서 꼭 살펴보아야 할 법은 어떤 것이 있을까요?

임대차는 당사자 일방이 상대방에게 목적물을 사용, 수익하게 할 것을 약정하고, 상대방에게 이에 대한 차임을 지급할 것을 약정하는 것입니다. 법률 용어라서 조금 생소하시죠? 임대차의 목적물은 다양하겠지만, 여기에서는 주택 및 상가 임대차에서 임대인이 알아야 하는 부분을 중심으로 살펴보겠습니다.

먼저, 주택 임대차 또는 상가 임대차와 관련하여 준거법이 되는 것은, 민법, 주택임대차보호법, 상가건물 임대차보호법, 부동산 거래신고 등에 관한 법률, 민간임대주택에 관한 특별법 등이 대표적입니다.

Q. 주택임대차보호법은 어떤 내용을 정하고 있나요? 저한테도 이 법이 적용되는지 적용기준을 알려주세요.

주택임대차보호법은 임차인에게는 대항력, 확정일자에 따른 우선변제권, 묵시적 갱신, 계약갱신요구권 등 다양한 권리를 정하고 있고, 임대인에 대해서는 차임증감청구권, 계약갱신요구의 거부사유 등을 정하고 있습니다. 그런데 주택임대차보호법이 모든 임대차 계약에 적용되는 것은 아니기 때문에, 각 상황의 임대차 계약에 적용되는지 그 기준을 먼저 확인하는 것이 중요합니다.

주택임대차보호법은 주거용 건물(주택)의 전부 또는 일부를 임대차하는 경우에 적용됩니다. 주택의 일부가 주거 이외의 목적으로 사용되는 경우에도 마찬가지로 동법에 따른 보호를 받을 수 있지만, 임대목적물의 주된 부분이 영업을 위한 경우에는 상가건물 임대차보호법이 적용되고 주택임대차보호법을 적용할 수는 없습니다. 또한 일시사용을 위한 임대차가 명백한 경우에는 동법이 적용되지 않습니다(주택임대차보호법 제11조).

그리고 등기를 하지 않은 전세계약의 경우에도 동법이 적용됩니다(주택임 대차보호법 제12조).

Q. 카페 일부를 개조해서 주거로 사용하는 경우, 주택임대차보호법 적용을 받을 수 있을까요?

임대목적물을 주거용과 비주거용 겸용으로 사용할 때, 주택임대차보호법이 적용되는 주거용 건물에 해당하는지 여부는 실질에 따르게 됩니다. 카페 일부분에서 주거로 일상적인 생활을 영위한 것이 명백한 경우에는 주택임대차보호법이 적용될 수 있는데, 주거용 건물에 해당하는지에 대한 판단은 임대차 계약을 체결한 시점을 기준으로 적용됩니다.

따라서 임대인이 카페와 같이 상행위를 위하여 임대차 계약을 체결하더라도, 내부에서 주거용으로 일상적 생활까지 할 목적이 명백하게 임대인과 공유되었다면 주택임대차보호법이 적용될 것입니다.

또한, 처음에 카페영업을 위해 상가 임대차 계약을 체결하였더라도, 이후 임차인이 임대인의 동의를 받고 카페 일부분을 개조하여 주거용으로 사용할 경우, 주택임대차보호법의 적용을 받을 수 있습니다.

우리 판례는 "주택임대차보호법 제2조 소정의 주거용 건물에 해당하는지 여부는 임대차목적물의 공부상의 표시만을 기준으로 할 것이 아니라 그 실제 용도에 따라서 정하여야 하고 또 건물 일부가 임대차의 목적이 되어 주거용과 비주거용으로 겸용되는 경우, 구체적인 상황에 따라 그 임대차의 목적, 전체 건물과 임대차목적물의 구조와 형태 및 임차인의 임대차목적물의 이용관계 그리고 임차인이 그곳에서 일상생활을 영위하는지 여부 등을 아울러 고려하여 합목적적으로 결정하여야 한다." 라고 하였습니다(대법원 1995. 3. 10. 선고 94다52522 판결).

Q. 상가건물 임대차보호법이 적용되는 기준을 알려주세요.

주택임대차보호법이 모든 주택에 적용되는 것과 다르게, 상가건물 임대차보호법은 모든 상가 임대차에 적용되는 것이 아니기 때문에 그 기준을 잘 살펴보아야 합니다.

상가건물 임대차보호법은, (i) 임차목적물이 사업자등록의 대상이 되는 상가건물 또는 임대목적물의 주된 부분을 영업용으로 사용하는 경우, (ii) 보증금액이 아래와 같이 일정 금액 이하인 경우에만 적용됩니다 (법 제2조 제1항).

지역	금액
서울특별시	9억 원 이하
과밀억제권역, 부산광역시	6억 9,000만 원 이하
광역시, 세종특별자치시, 파주시, 화성시, 안산시, 용인시, 김포시 및 광주시	5억 4,000만 원 이하
그 밖의 지역	3억 7,000만 원 이하

표1. 상가건물 임대차보호법 적용 대상 보증금액(출처: 시행령 제31242호, 2020. 12. 8.)

한편, 상가건물 임대차보호법의 적용 여부를 결정하는 기준이 되는 보증금액은 임차보증금만을 의미하는 것은 아닙니다. 임차보증금 외에 월 차임(월세)이 있는 경우, 월 차임에 100을 곱한 금액을 임차보증금에 더하여 산정합니다(법 제2조 제2항, 영 제2조 제2항 및 제3항, 상가건물 임대차보호법에서는 이를 '환산보증금'이라고 합니다).

예를 들어, 상가의 임차보증금이 1억 원이고, 월 차임이 500만 원인 경우, 환산한 보증금액은 6억 원(임차보증금 1억 원 + 월 차임 500만 원 x 100)이 됩니다. 이때, 이 상가가 서울특별시에 있는 것이라면 표1에 따라서 환산보증금액이 9억 원 이하이기 때문에 상가건물 임대차보호법의 적용을 받게 되지만, 이 상가가 세종특별자치시에 있는 것이라면 환산보증금액이 5억 4,000만 원을 초과한 것으로 상가건물 임대차보호법의 적용을 받지 않게 되는 것입니다.

Q. 상가건물 임대차보호법이 적용되는 기준을 계산할 때 월세 부가가치세액도 포함되나요?

임대차 계약서에 월 차임을 '월 100만 원(부가가치세 별도)'이라고 기재한 경우, 월 차임을 100만 원으로 보아야 하는지, 110만 원(100만 원에 부가가치세 10만 원을 합한 금액)으로 보아야 하는지에 대한 질문이지요?

환산보증금 산정 시 월 차임에 대한 부가가치세액은 포함하지 않습니다. 우리 법원은 부가가치세액은 차임이 아니라는 점을 근거로 부가가치세액은 월 차임에 포함되지 않는다고 판시한 바 있습니다(수원지방법원 2009. 4. 29. 선고 2008나27056 판결).

Q. 상가건물 임대차보호법이 적용되지 않는 상가 임대차의 경우 어떤 부분이 달라지나요?

상가건물 임대차보호법이 적용되지 않는 상가건물 임대차의 경우, 임차인에게 우선변제권[1](동법 5조 제2항), 소액임차인최우선변제권[2] (동법 제14조)이 인정되지 않고, 임차권등기명령 제도[3](동법 제6조)를 이용할 수 없으며, 임대차 기간을 최소한 1년으로 보는 규정(동법 제9조) 역시 적용되지 않습니다. 또한, 월 차임 전환 시 산정률 제한(동법 제12조), 보증금 또는 차임을 증액함에 있어 5% 범위 안이라는 증액 제한 규정(동법 제11조)도 적용되지 않습니다.

---

1) 우선변제권이란, 상가건물 임차인이 보증금을 우선 변제받을 수 있는 권리를 말하는 것으로, 건물의 인도와 사업자등록신청을 하여 대항요건을 갖추고 관할 세무서장으로부터 임대차 계약서상의 확정일자를 받은 임차인이 경매 또는 공매 시 임차건물(임대인 소유의 대지를 포함한다)의 환가대금에서 후순위권리자나 그 밖의 채권자보다 우선하여 보증금을 변제받을 권리를 의미한다.

2) 소액임차인의 최우선변제권이란, 임차목적물에 대한 경매신청의 등기 전에 대항력을 취득한 일정한 범위의 소액임차인에게 보증금 중 일정액(임대건물가액의 2분의 1이 초과하지 않는 가액으로 한정)에 대해서는 담보물권(저당권, 근저당권 등)에 우선하여 변제받을 수 있는 권리를 의미한다.

3) 임차권등기명령 제도는, 임대차가 종료된 후 보증금이 반환되지 아니한 경우 임차인은 임차건물의 소재지를 관할하는 지방법원에 임차권등기명령을 신청할 수 있고, 임차권등기명령의 집행에 따른 임차권등기를 마치면 임차인은 임차목적물을 임대인에게 반환(이사를 함)하여 대항요건을 상실하더라도, 이미 취득한 대항력 또는 우선변제권을 상실하지 않도록 하는 제도이다.

2장

임대차 계약
체결 시 주의사항

김한나 변호사

임대인의 권리와 의무를 잘 알아야 행복한 임대인이 되실 수 있어요. 특히 임대차 관련 법은 임차인의 권리 보호를 더 강조하는 규정이 있어서, 분쟁이 될 수 있는 사항을 미리 확인하지 않으면 나중에 큰 책임으로 돌아올 수도 있답니다.

자 그럼, 임대차 계약부터 종료까지 생애주기(Life Cycle)에 따라 주의사항을 설명해드리겠습니다.

2장. 임대차 계약 체결 시 주의사항

1. 계약 상대방 확인

Q. 임대차 계약서 작성을 위해서 가장 먼저 무엇을 해야 할까요?

반드시 신분증을 통해 임차인의 신원을 확인해야겠지요.

상대방의 신원을 확인하는 것은 안전 문제를 사전에 방지하기 위해서도 필요하겠지만, 추후 분쟁 발생시 임차인과 소통을 하기 위해서나 법원의 판단을 받기 위하여 소송을 할 때도 필요합니다. 상대방의 신상 정보로 이름, 주민등록번호, 주소, 전화번호 정도 상대를 특정할 수 있는 정보를 알아두시는 것이 좋을 것 같습니다.

Q. 임대차 계약을 체결할 때 반드시 임차인의 인감증명서를 받아야 하나요?

꼭 인감증명서를 받아야 하는 것은 아닙니다. 인감증명서를 첨부하지 않아도 각 당사자가 계약서에 자필 서명을 하거나 도장을 찍는 것만으로도 임대차 계약은 유효하게 성립합니다.

다만, 추후 임차인이 '자신의 도장이 아니다. 자신이 날인한 것이 아니다.'라는 등의 주장을 하는 경우, 임대인이 임차인이 직접 날인했다는 사실을 입증해야 하는데, 인감증명서를 받아 첨부하면 임차인이 이러한 주장을 할 여지가 없어지기에 인감증명서를 첨부하는 것이 가장 좋습니다.

Q. 임차인의 대리인이 와서 임대차 계약을 체결해도 되나요?

임차인의 대리인과 임대차 계약을 체결할 수도 있습니다. 다만, 임차인과 대리인 모두의 신분증, 임차인 본인의 인감증명서, 임차인 본인의 인감도장이 날인된 위임장(위임장에 대리인이 수임인으로 기재되어 있는지, 대리인에게 계약 체결에 관한 대리권한이 있는지 확인)을 요청해야 합니다. 그리고 임차인과 직접 통화를 하여 본인이 위임장에 날인했는지, 대리인이 정당하게 권한을 위임받았는지 확인하고 통화녹음, 문자 메시지 등의 증거를 남겨두면 더 확실할 것입니다. 예를 들어, 임차인과의 통화 내용을 녹음하거나, 임차인으로부터 '그 도장은 내가 날인한 것이 맞다.'라는 내용의 문자 메시지를 받는 방법 등이 있습니다.

임차인이 위임장에 인감도장이 아닌 일반 도장을 날인할 수도 있습니다. 일반 도장을 날인하는 경우에도 위임장의 효력은 당연히 인정됩니다. 다만 추후 임차인이 대리권을 위임한 사실이 없다고 주장하는 경우, 임대인측에서 임차인 본인이 대리인을 선임하였음을 입증하기 위해 임차인의 인감도장을 날인하고 인감증명서를 받는 것이 가장 좋습니다.

만약, 대리인이 임차인의 일반 도장이 날인된 위임장을 지참한 경우, 반드시 임차인 자신이 직접 위임장에 날인한 것이 맞는지 확인하는 절차를 거쳐야 합니다.

그리고, 임대차 계약서는 반드시 대리인이 직접 자필로 서명하거나 대리인이 자신의 도장을 직접 날인해야 합니다. 기억하세요. 임차인 도장이 아니라 대리인 도장 날인이 필요합니다.

> **tip** 임차인의 대리인과 계약을 체결할 때 유의사항
>
> ☑ 임차인과 대리인, 두 사람 모두의 신분증, 임차인 본인의 인감증명서, 임차인 본인의 인감도장이 날인된 위임장 준비
>
> ☑ 임차인 자신이 직접 위임장에 날인한 것이 맞는지 전화(통화 녹음 필수)나 문자 메시지로 증거 남겨 두기
>
> ☑ 본 계약서에 서명날인은 대리인 자신이 직접, 대리인의 도장으로 하기

Q. 주택 임대차의 경우, 임차인에게 가족 외 동거인이 있다면 동거인의 신원확인도 필요한가요?

임차인에게 가족 외 동거인이 있는 경우 동거인의 신원도 확인하는 것이 좋습니다.

임차인의 가족은 민법상 임차인의 점유보조자로 해석됩니다. 따라서 임차인의 가족이 임대차 계약 기간 만료 이후에도 퇴거하지 않는 경우, 임차인의 가족은 임차인을 상대로 하는 판결을 받아 임차인의 가족 역시 퇴거시킬 수 있습니다.

다만, 일반적으로 가족 외 동거인 역시 마찬가지로 점유보조자로 보고 있으나, 어떤 동거인이 임차인과 별개로 독립적으로 점유한다고 인정되는 특별한 사정이 있는 경우, 별도의 점유자로 파악되어 임차인에 대한 집행권원으로 집행이 불가능한 경우가 생길 수 있습니다.

따라서 임대차 계약 체결 당시 임차인에게 가족 외 동거인이 있는지 확인하고, 동거인이 있는 경우 그 인적 사항에 대해 미리 확인해서 이를 확보해 놓는 것이 좋습니다.

Q. 임차인이 체납세액사실증명서를 발급해 달라고 하는데, 그 이유는 무엇인가요?

임차인 입장에서는 혹시라도 임대인이 임차보증금을 반환해 주지 않아 임차인이 임차목적물을 경매하여 그 낙찰가액으로 임차보증금을 반환받아야 할 때, 임차인보다 먼저 만족을 얻게 되는 체납세액('당해세'라고 하며, 국세로는 토지초과이득세, 상속세, 증여세, 재평가세, 지방세로는 재산세, 자동차세, 도시계획세)이 있는지 확인하려는 것입니다.

예를 들어, 임차목적물은 2억 원이고, 임차보증금은 1억 5,000만 원인데, 임차인의 체납세액이 6,000만 원인 경우, 그 순위가 임차인의 임차보증금보다 앞선다면 임차인은 자신의 임차보증금을 전액 반환받지 못할 수도 있기 때문입니다.

Q. 체납세액사실증명서를 어디서 발급받나요? 제가 꼭 발급을 해줘야 하나요?

본인의 체납세액사실증명서는 국세청 홈택스에서 쉽게 발급받을 수 있습니다. 다만, 임대인에게 체납세액사실증명서를 발급해 줄 의무는 없습니다.

하지만, 임차인은 임대인이 체납세액 여부를 숨긴다는 이유로 임대차 계약을 체결하지 않을 수 있고, 2023. 4. 1.부터는 대통령령이 정하는 보증금액을 초과하는 임대차 계약을 체결한 임차인은 임대인의 동의 없이도 체납세액을 열람 신청을 할 수 있게 되었습니다.

제109조(미납국세 등의 열람) ① 「주택임대차보호법」 제2조에 따른 주거용 건물 또는 「상가건물 임대차보호법」 제2조에 따른 상가건물을 임차하여 사용하려는 자는 해당 건물에 대한 임대차계약을 하기 전 또는 임대차계약을 체결하고 임대차 기간이 시작하는 날까지 임대인의 동의를 받아 그 자가 납부하지 아니한 다음 각 호의 국세 또는 체납액의 열람을 임차할 건물 소재지의 관할 세무서장에게 신청할 수 있다. 이 경우 열람 신청은 관할 세무서장이 아닌 다른 세무서장에게도 할 수 있으며, 신청을 받은 세무서장은 열람 신청에 따라야 한다. 〈개정 2022. 12. 31.〉

1. 세법에 따른 과세표준 및 세액의 신고기한까지 신고한 국세 중 납부하지 아니한 국세
2. 납부고지서를 발급한 후 지정납부기한이 도래하지 아니한 국세
3. 체납액

② 제1항에도 불구하고 임대차계약을 체결한 임차인으로서 해당 계약에 따른 보증금이 대통령령으로 정하는 금액을 초과하는 자는 임대차 기간이 시작하는 날까지 임대인의 동의 없이도 제1항에 따른 신청을 할 수 있다. 이 경우 신청을 받은 세무서장은 열람 내역을 지체 없이 임대인에게 통지하여야 한다. 〈신설 2022. 12. 31.〉

③ 제1항에 따른 열람신청에 필요한 사항은 대통령령으로 정한다. 〈개정 2022. 12. 31.〉

[시행일: 2023. 4. 1.] 제109조

2. 특약사항 명시

Q. 어떤 내용을 특약사항으로 정해 놓아야 할까요?

임대차 계약서는 표준임대차계약서(첨부 1-1. 주택임대차 표준계약서, 1-2. 민간임대주택 표준임대차계약서)를 사용하는 경우가 많은데, 표준임대차계약서에 기재되지 않은 사항 중 양 당사자가 합의하여 준수하기 바라는 내용을 특약사항으로 정하게 됩니다. 강행법규의 위반이 없는 한 양 당사자가 특약사항으로 정한 것은 유효한 계약내용이 됩니다.

특약사항을 정하는 것은 어려운 것은 아니지만, 양 당사자가 합의했다고 생각하는 계약의 내용도 사람마다 생각이 다르기 때문에 계약서에 구체적으로 명기하지 않으면 나중에 다툼이 생기는 경우가 빈번합니다. 따라서 특약사항은 계약서에 꼭 기재하여야 합니다.

다음 몇 가지 임대인에게 유익한 특약사항 내용 및 문구를 설명해 드리겠습니다.

현 상태로 계약

임차목적물의 상태는 보기에 따라 다를 수 있습니다. 일반적으로 임차목적물을 임대하는 임대인 입장에서는 수선이 필요하지 않은 상태라고 생각하겠지만 임차인은 수선해야 한다고 생각할 수도 있기에, 추후 수선과 관련한 분쟁이 발생하기 쉽습니다. 민법은 원칙적으로 임대인에게 수선의무를 부과하고 있으므로, 이러한 분쟁을 피하기 위해서는 '현 상태로 계약함'이라는 문구를 명기할 필요가 있습니다. 이 경우, 임대차 계약 체결 당시 상태 그대로 임대한 것이므로, 임차인은 임대차 계약 시 상태에 대하여 '수선을 요하는 상태'라고 주장할 수 없게 됩니다. 이때 현 상태를 사진이나 동영상으로 촬영해 두면 더욱 좋습니다. 현 상태의 사진이나 동영상을 확보해두면, 임대차 계약 종료 시 원상회복의 기준이 될 수 있으니 임대인은 현 상태를 잘 확인하여 증거를 남겨두세요.

예시) 임대인과 임차인은 임차목적물의 현 상태 그대로 계약하기로 한다.

보증금 또는 차임의 증감

주택임대차보호법(제7조)이나 상가건물 임대차보호법(제11조)은 '임차건물에 관한 조세, 공과금, 그 밖의 부담 증감이나 제1급감염병[4] 등에 의한 경제사정의 변동으로 인하여 상당하지 아니하게 된 경우'에 임대인 또는 임차인은 장래의 차임 또는 보증금에 대하여 증감을 청구할 수 있습니다. 단, 증액 청구인 경우 임대차 계약 체결 시 또는 보증금이나 차임의 증액 시로부터 1년 이후에야 보증금 또는 차임의 5%를 초과하지 않는 범위에서 증액할 수 있도록 정하고 있습니다.

그런데 주택임대차보호법(제7조)이나 상가건물 임대차보호법(제11조)의 차임 등의 증감청구권을 명문 그대로 해석하는 경우, 임대차 계

---

4) 코로나19를 염두에 둔 규정

약을 체결한 후 기타 부담 증감 등 예외적인 사유가 발생한 경우 보증금 또는 차임 증감을 청구할 권한이고, 계약 체결 전에 일정 기간에 따라 보증금 또는 차임의 증감분을 미리 정하고 합의한 것에 대하여 보증금 또는 차임 증감을 제한하는 것으로 보이지 않습니다. 물론 법원의 추가적 해석이 필요하겠지만 명문자체로만 볼 때 임대차 계약 시 당사자의 합의로 '매해 5%를 초과하여 증감'할 수 있도록 하더라도 동법위반으로 해석되지는 않습니다. 따라서 일정 기간 후 보증금 또는 임대료를 증액하고자 하는 임대인은 처음 계약 체결시 임차인과 합의사항으로 일정 기간에 따라 보증금 또는 차임을 증액한다는 점과 그 증액분을 증액을 하려는 사유와 함께 미리 정해두는 것을 권해드립니다.

> 예시) 임대인은 임대차 기간의 개시일로부터 매 1년이 도과할 때마다 월 차임을(또는 보증금을) 5% 인상하고, 임차인은 이에 동의한다.
>
> 예시) 임대인은 본건 부동산의 상권의 초기 정착을 고려하여 초기 월 차임(또는 보증금)을 ( )로 정하고, 임대차 기간의 개시일로부터 매 1년이 도과할 때마다 월 차임을(또는 보증금을) 7% 인상하고, 임차인은 이에 동의한다. 단, 법령이나 법원해석으로 증액부분이 무효가 된다면 법령이 정한 최대비율로 증액하기로 합의하기로 한다.

허락 없이 수리 등 불가

일반적으로 중개업소에서 사용하는 계약서에 임대인의 허락 없는 용도 및 구조 변경을 금한다는 내용이 명기되어 있는 경우가 많습니다. 그러나, 용도나 구조 변경에 미치지 않더라도, 임차인이 임의로 수리 등 조치를 함으로써 더 큰 문제가 발생하는 경우가 종종 있기에, 수리 등은 항상 임대인의 허락을 받도록 하는 조항을 삽입할 필요가 있습니다.

예시) 임차인은 임대인의 동의 없이 임차목적물에 대해 수리 등 조치를 하여서는 아니 된다. 다만, 임대인은 임차인이 수리 등을 요청하고 수리 등을 해야 할 필요가 있다고 판단하면 그로부터 3일 내 수리 등 조치를 하기로 한다. 다만, 수리 등 조치를 요하는 부분의 특성이나 수리 등 조치에 필요한 기간 등에 따라 이보다 장기간을 요하는 경우, 임대인과 임차인이 협의하여 구체적 일정을 정하기로 한다.

수선범위 명기

민법은 원칙적으로 임대인에게 임차목적물의 수선의무를 부과하고 있습니다. 그러나 수선범위를 구체적, 명시적으로 정해 놓고 해당 부분의 수선 주체도 임차인으로 정해 놓는 경우, 임대인은 해당 부분에 대한 수선의무를 면할 수 있습니다. 다만, '모든 건물 수리는 입주자가 한다'는 특약은 구체적으로 수선범위를 정한 것이 아니어서, 위와 같은 특약에도 불구하고 임대인의 대규모 수선의무를 면할 수는 없습니다. 따라서, 아래 예시와 같이 구체적으로 수선범위를 특정하는 것이 중요합니다.

예시) 임차목적물 중 문 손잡이, 에어컨, 세탁기가 고장 나는 경우 임차인이 이를 수리하기로 한다.

반려동물 반입에 관하여

반려동물에 대한 수요가 늘면서 반려동물과 함께 임차목적물에서 거주하려는 임차인이 늘고 있고, 이와 관련한 분쟁도 많이 발생하고 있습니다. 임차인이 임대차의 목적에 반하여 임차목적물을 사용하는 경우, 임대인은 임대차 계약을 해지할 수 있으나(민법 제610조 제1항 및 제3항), 임차인이 반려동물을 키우는 것이 임대차의 목적에 반하는 임차목적물 사용이라고 보기는 어렵습니다. 따라서 임차인이 임차목적물에서 반려동물을 키우는 것을 용납할 수 없다고 생각하시면, 사전에 계약서에 이를 명기하고, 계약해지 사유로 정해 놓아야 합니다.

> 예시) 임차인은 임차목적물에서 반려동물을 키우지 않기로 한다. 임차인이 이를 위반하는 경우 임대인은 본 계약을 즉시 해지할 수 있다.

성매매, 도박 등 범행 장소로 사용금지

주택 또는 상가를 임차하여 성매매, 도박 등의 범행 장소로 사용하는 경우가 종종 있습니다. 성매매 장소를 제공하는 경우, 성매매 알선 등 행위로 처벌될 수 있고(성매매 알선 등 행위의 처벌에 관한 법률 제2조 제1항 2호 나목, 제19조 제1항 1호), 도박하는 장소나 공간을 제공한 자도 처벌될 수 있습니다(형법 제247조).

실제로 성매매 장소를 알고 제공한 것이 아니라고 하더라도, 추후 자신이 제공한 임차목적물에서 성매매가 이루어지면 자신 역시 수사의 대상이 될 수 있고, 자신은 성매매가 이루어지는 것을 몰랐다는 점을 입증해야만 혐의를 벗을 수 있습니다(대법원 2011. 8. 25. 선고 2010도 6297). 이를 입증하지 못하는 경우, 3년 이하의 징역 또는 3,000만 원 이하의 벌금에 처해질 수도 있습니다. 도박 장소로 제공된 경우도 마찬가지인데, 이와 같은 일이 발생할 우려가 있는 경우, 임대인 본인이 성매매 또는 도박 등의 장소로 제공하지 않는다는 사실을 특약사항으로 기재할 수 있습니다.

물론, 계약서에 성매매 사용 금지 조항을 명기한다고 하는 것만으로 혐의를 완전히 벗기는 어렵겠지만, 추후 자신이 이를 전혀 알지 못했다는 중요한 근거로 삼을 수는 있습니다.

이런 경우가 일반적이지는 않아서 임차목적물을 성매매, 도박 등의 범행 장소로 사용하지 않을 것이라는 점을 반드시 계약서에 명시해야 한다고 볼 수는 없겠지만, 위험이 예상되는 경우 이를 회피하기 위해 이러한 점을 충분히 숙지하고 특약사항을 계약서에 명기하는 방법을 생각할 수 있습니다.

예시) 임차인은 임차목적물을 성매매, 도박 등의 범행 장소로 사용하지 않는다는 점을 확인하고, 이를 위반하는 경우 임대인은 본 계약을 즉시 해지할 수 있다.

제소전화해

임대차가 종료되어도 임차인이 임차목적물에서 퇴거하지 않는 경우, 소송으로 해결해야 하는데, 이 경우 상당한 시간이 소요됩니다. 하지만 임대차 계약 체결 시 '제소전화해'를 하기로 계약서에 명기하고 '임대차 종료일에 임차목적물을 명도하기로 한다'라는 내용으로 제소전화해 신청을 하여 결정문을 받아놓는 경우, 임대차 종료 후 임차인이 퇴거하지 않더라도 결정문을 근거로 임차인을 강제 집행 절차를 통하여 퇴거시킬 수 있습니다.

제소전화해는 민사분쟁에 대한 소송을 제기하기 전 화해를 원하는 당사자의 신청으로 지방법원 단독판사 앞에서 화해하는 절차로 민사소송의 확정 판결과 동일한 효과가 있기 때문에 임대차 종료 직후 집행력 행사를 할 수 있습니다. 따라서 재건축, 부동산 매매 등을 예상하고 있는 경우에 임대차 계약 체결 전 제소전화해를 고려해볼 수 있습니다(첨부 2. 제소전화해 신청서).

예시) 임대인과 임차인은 분쟁을 사전에 방지하기 위하여 아래 내용의 제소전화해를 신청하기로 하고, 이에 소요되는 비용은 _____이 부담하기로 한다. 재계약을 하는 경우에도 제소전화해를 신청하기로 하며, 이에 소요되는 비용은 임대인과 임차인이 절반씩 부담하기로 한다.

임차인은 임대인에게 임대차종료일에 임차목적물을 원상복구하여 명도하기로 한다.

위약금 및 위약벌 명기

임차인이 반드시 준수해 주었으면 하는 사항에 대하여, 위반 시 위약금 또는 위약벌을 설정하는 것이 좋습니다. 임차인의 계약 위반으로 인하여 임대인에게 손해가 발생할 경우, 임대인은 임차인을 상대로 손해배상을 청구할 수 있지만, 실제로는 상대방의 잘못 여부(귀책사유) 입증과 손해액 산정, 그리고 인과관계까지 확인해서 소송 또는 중재를 신청해야하니 해결이 간단하지 않습니다. 게다가 손해액이 소액인 경우 소송 등 절차를 진행하는데 비용이 상당하여 법이 정한 절차진행을 포기하는 등 실효를 거두지 못하는 경우가 많습니다. 그래서 일정 사항에 대하여 위약금 또는 위약벌을 미리 정해두면 다툼의 여지가 있을 때, 좀 더 쉽고 명확하게 해결할 수 있습니다.

개념상, 위약금은 손해배상액에 포함되는 것이고, 위약벌은 손해배상액에 포함되지 않습니다. 이에, 위약벌은 손해배상을 청구하면서 별도로 추가 청구할 수 있습니다. 또한, 위약금에 대해서는 법원이 직권으로 (법원 임의로) 감액할 수 있는 직접적인 법적 근거가 존재하나 위약벌은 그러한 규정이 없습니다. 따라서 법원이 임의로 감액할 수 있는 위약금보다는 위약벌로 명기하는 경우가 좋습니다. 단, 법원은 위약벌이라 기재하더라도 역시 간접적인 조항을 근거로 감액하기도 하고, 그 과정에서 임대인이 실제로 손해 본 액수를 고려하기 때문에, 위약금으로 명기하나 위약벌로 명기하나 결과적으로는 크게 차이가 없을 수도 있습니다.

예시) 임차인은 OOO을 하지 않기로 하고, 이를 위반하는 경우 임대인에게 위약벌로 100만 원을 지급하기로 한다.

철거 또는 재건축 계획 고지

임차인은 임대차 계약 종료 전 임대인을 상대로 계약갱신요구를 할 수 있고, 이 경우 임대차 계약은 갱신됩니다. 다만, 임대인이 임차인의 계약갱신요구에도 불구하고 사전에 임차목적물에 대해 철거 또는 재건축 계획을 구체적으로 고지하고 그 계획에 따르는 경우 계약갱신요구를 거절할 수 있습니다.

따라서 철거 또는 재건축 계획이 있고, 이를 이유로 임차인의 계약갱신요구를 거절하고자 한다면 사전에 임차인에게 이러한 사항을 '구체적으로' 고지해야 합니다. 계획고지와 함께 위에서 설명해드린 제소전화해를 해두면 임차인의 퇴거이슈를 어느 정도 예방할 수 있습니다.

예시) 임차인은 임대인으로부터 임차목적물에 대해 철거 또는 재건축 계획이 있다는 것을 고지받아 이에 대해 자세히 알고, 00년 0월 임대차 종료 시에 즈음하여 임대인에게 계약갱신요구를 하지 않기로 한다. 철거 또는 재건축의 구체적 계획은 다음과 같다.

- 다음 -

*공사목적 및 명칭:

*공사시기:

*소요기간:

*공사일정:

업종 제한(상가 임대차의 경우)

상가 임대차의 경우, 집합건물의 단체 규약상 업종 제한을 두는 경우가 있고, 이때 임대인은 임차할 때, 임차목적물의 업종을 한정하여 특약사항으로 명기하는 경우가 있습니다.

> 예시) 임차인은 임차목적물을 _____ 업종의 영업을 하는 용도로 사용하여야 하며, 다른 용도로 사용하여서는 아니 된다. 임차인이 이를 위반하는 경우 임대인은 본 계약을 즉시 해지할 수 있다.

기타 특약 예시

기타 임대인에게 유익한 특약사항을 몇 개 더 소개하면 다음과 같습니다.

> 예시) 임차인이 임대차 계약 기간 전 퇴거 시 임차인은 다음 세입자를 구하고 중개수수료를 지급한다.
>
> 예시) 임차인이 임대료를 연체한 경우, 연 _%의 이자를 가산하여 지급한다.
>
> 예시) 은행 전세대출 여부는 임차인의 책임으로 한다.

3. 임대차 계약서 작성 직전 받은 가계약금

Q. 계약서를 작성하기 전 가계약금을 지급 받았고, 이후 계약 체결을 하지 않겠다는데도 가계약금을 돌려줘야 하나요?

가계약과 관련한 권리·의무는, 계약성립의 실질이 있었는지에 따라 답이 달라집니다.

많은 분들이 민법 565조(해약금)에 근거하여, 가계약금을 일단 지급한 이후 지급당사자가 계약을 해지하려면 지급한 금원을 포기해야한다고 생각 합니다.

제565조(해약금) ① 매매의 당사자 일방이 계약당시에 금전 기타 물건을 계약금, 보증금 등의 명목으로 상대방에게 교부한 때에는 당사자 간에 다른 약정이 없는 한 당사자의 일방이 이행에 착수할 때까지 교부자는 이를 포기하고 수령자는 그 배액을 상환하여 매매계약을 해제할 수 있다.

하지만 상기한 해약금에 의한 해제권의 행사는 계약이 성립한 것을 전제로 하기 때문에, 만약 계약이 성립되기 전이라면 동 조항을 적용할수는 없게 되고, 가계약금은 부당이득한 상대방(임대인)이 돌려주어야 합니다. 만약 계약이 성립된 것이라면 동 조항에 따라 가계약금 지급당사자는 계약을 해제하기 위해서는 계약금을 포기해야 하기 때문에 임대인은 가계약금을 돌려줄 필요가 없는 것입니다.

조금 더 쉽게 자세히 설명해 드릴게요.

만약 임대차 계약이 성립되기 전이라고 인정되는 경우, 임차인 또는 임대인 누구든지 계약을 체결하지 않겠다는 의사표시를 하면, 임대인은 부당이득한 가계약금을 반환해주어야 합니다. 그러나 양당사자의 합의에 의하여 계약이 실질적으로 성립된 경우, 임차인이 계약을 파기하고자 하면 임대인은 계약금을 돌려줄 필요가 없고, 임대인이 계약을 파기하고자 하면 약정한 계약금의 배액을 지급해야 하는 것입니다.

참고로, 강학상 가계약은 아직은 정식으로 계약이 체결되지 않은 상태(즉, 계약 성립되지 않은 상태)에서, 추후 당사자 간 별도의 추가 합의나 방식의 구비 등을 통하여 본계약을 체결하기로 한 약정으로, 계약 체결의 우선적 지위를 점하는 효력만 있는 것으로 정의됩니다.

하급심 판례 중에는 가계약을, '계약의 본질적 사항이나 중요 사항에 관하여 구체적으로 의사의 합치가 있었다거나 장래 이를 구체적으로 특정할 수 있는 기준 등에 관한 합의가 없어 계약이 성립되지 않은 것으로 보이는 상황'으로 판단하고, 가계약금의 반환을 부당이득금으로 인정한 사례가 있습니다(서울남부지방법원 2018가소204587 부당이득금).

따라서 구체적인 사실관계를 따져 보아서, 실제 계약이 성립되기 전이라고 인정되는 경우 가계약금을 반환할 필요가 없습니다.

Q. 임대차 계약서를 작성하기 전 가계약금만 지급한 상태라면, 아직 계약이 성립하지 않은 것인가요?

계약서를 작성하기 전이라고 무조건 계약이 성립하지 않았다고 할 수는 없습니다. 흔히 계약서를 작성하지 않으면 계약이 체결되지 않았다고 생각하지만, 민법상 계약은 당사자 간 의사표시의 합치만으로 성립하므로, 계약서를 작성하지 않았다고 하더라도 당사자 간에 계약을 체결하기로 하였고, 계약의 내용이 구체적으로 특정되었다면 계약은 이미 성립한 것입니다.

따라서 계약의 성립여부는 실질에 따라야 합니다.

예를 들어 현실에서는 임차목적물도 제대로 살펴보지 않은 상태에서 임차인이 될 수 있는 우선적 지위를 확보하기 위해 임대인과 임차인 간에 소위 가계약금을 수수하는 관행이 존재합니다. 이와 같이 임차목적물의 상태나 임차조건에 대한 구체적 합의도 없이 가계약금만 지급한 경우라면, 용어 자체로 아직은 정식으로 계약이 체결되지 않은 상태라 할 수 있고, 별도의 추가 합의나 방식의 구비 등이 있어야 계약이 성립하게 됩니다.

그러나, 임차인이 임차목적물에 대한 정보를 충분히 확인하고, 양당사자가 임대차 보증금, 월 차임, 임대차 기간, 인도날짜 등에 대하여 합의하여 계약서만 추후 작성하기로 하고 가계약금을 입금한 경우에는 계약은 성립하였다고 볼 수 있습니다.

따라서, 임대인 입장에서 계약성립을 목적으로 가계약금을 받는 것이라면, 비록 계약서를 쓰기 전이라 하더라도, 임대목적물을 명확히 특정하고 계약일, 임대차 보증금, 월 차임, 인도일 등을 합의하면서 가계약금을 받으시길 조언합니다. 이 경우 계약이 성립되었다고 할 수 있기에, 임차인이 임의로 계약을 해지하고 싶다고 한다면 계약금을 포기해야 해약할 수 있습니다. 이때 임대목적물 특정, 계약일, 임대차 보증금, 월 차임, 인도일 등의 합의사항을 상대방에게 문자를 발송하고 상대방의 명확한 답변(예시. 동의합니다)을 받는 방법으로 증거를 남겨두시면 좋을 것 같습니다.

4. 중개업체 관련

Q. 중개수수료는 언제 지급해야 하나요?

공인중개사를 통하여 임대차 계약을 체결한 경우 공인중개사에게 중개보수를 지급해야 합니다(공인중개사법 제32조 제1항).

지급 시기는 공인중개사와의 약정에 따르되, 약정이 없는 경우 임대차 계약에 따른 임차보증금의 지급이 완료된 날 지급합니다(공인중개사법 제32조 제3항, 동법 시행령 제27조의2).

Q. 중개수수료는 얼마나 지급해야 하나요?

공인중개사법은 공인중개사에게 지급하는 중개보수의 상한 요율만 정하고 있습니다.

임대인이 공인중개사에게 지급하는 중개보수의 상한 요율은 다음과 같지만(공인중개사법 제32조 제4항, 동법 시행규칙 제20조 제1항, 별표1, 아래 표 참조), 이는 상한 요율이므로 해당 요율 한도 내에서 공인중개사와 서로 협의하여 적정한 중개보수를 정한 후 중개를 받아 지급하면 됩니다(동법 시행규칙 제20조 제1항).

거래내용	거래금액	상한 요율	한도액
매매·교환	5,000만 원 미만	1,000분의 6	25만 원
	5,000만 원 이상, 2억 원 이하	1,000분의 5	80만 원
	2억 원 이상, 9억 원 이하	1,000분의 4	
	9억 원 이상, 12억 원 미만	1,000분의 5	
	12억 원 이상, 15억 원 이하	1,000분의 6	
	15억 원 이상	1,000분의 7	
임대차 등	5,000만 원 미만	1,000분의 5	20만 원
	5,000만 원 이상, 2억 원 이하	1,000분의 4	30만 원
	2억 원 이상, 9억 원 이하	1,000분의 3	
	9억 원 이상, 12억 원 미만	1,000분의 4	
	12억 원 이상, 15억 원 이하	1,000분의 5	
	15억 원 이상	1,000분의 6	

표2. 주택 중개보수 상한 요율(출처: 공인중개사법 시행규칙, 2021. 10. 19.)

위 표에서 '거래금액'은 보증금과 월 차임에 100을 곱한 금액을 합산한 금액을 의미합니다(공인중개사법 시행규칙 제20조 제5항). 예를 들어 보증금이 1억 원이고, 월 차임에 100만 원인 경우 거래금액은 2억 원이 되는 것입니다.

한편, 공인중개사가 중개수수료 외에 부가가치세의 지급을 요청할 수 있습니다. 공인중개사가 일반과세자인 경우 부가가치세를 납부해야 할 의무가 있으므로 고객으로부터 부가가치세액을 받아야 합니다. 다만, 간이과세자인 경우 부가가치세를 납부할 의무가 없으므로 임대인 또는 임차인 입장에서 부가가치세를 낼 필요가 없게 됩니다.

따라서 공인중개사가 부가가치세를 포함하여 중개수수료의 지급을 요청하는 경우 공인중개사가 일반과세자인지, 간이과세자인지를 살펴볼 필요가 있는데, 이는 사업자등록증을 보면 알 수 있습니다. 보통 중개업소들은 사업자등록증을 게시하고 있으므로 중개업소의 사업자등록증에 '간이과세자'로 기재되어 있는지 어렵지 않게 확인할 수 있습니다.

Q. 중개업체에서 공제증서를 발급하면서 사고 발생 시 최대 1억 원을 받을 수 있다고 하는데, 사실인가요?

개업공인중개사는 업무 개시 전, 법인의 경우 2억 원 이상, 법인이 아닌 경우 1억 원 이상을 보장하는 보증보험에 가입할 의무가 있습니다

(공인중개사법 제30조, 동법 시행령 제24조 제1항). 중개업체에서 제공하는 공제증서는 위와 같이 보증보험에 가입했다는 증거가 되는 서류입니다.

다만, 위 공제증서에서 보장하는 각 금액은 해당 공인중개사의 중개에 관한 잘못으로 인하여 보험사가 1년간 지급하는 금액의 총액입니다. 이는 공인중개사의 잘못을 고려하여 감액될 수 있으므로, 실제로 받을 수 있는 손해배상금액은 위 금액들에 현저히 미치지 못할 가능성이 큽니다.

3장

임대차 계약
체결 직후
체크리스트

임대인

변호사님. 변호사님께서 도와주신 덕분에 임대인과 임대차 계약서를 잘 작성할 수 있었어요. 그런데 이걸로 다 끝난 건지 불안한 마음이 들어요. 혹시 임대차 계약서를 작성한 다음, 제가 알거나 해야 할 것이 있을까요?

3장. 임대차 계약 체결 직후 체크리스트

Q. 모든 주택 임대차 계약을 신고해야 하나요?

아닙니다. 신고의 대상인 주택 임대차가 정해져 있습니다.

아래 주택 임대차의 경우는 신고 대상이고, 신고 대상인 임대차 계약은 계약 체결(또는 갱신)일로부터 30일 이내에 신고해야 합니다. 신고하지 않으면 100만 원 이하의 과태료가 부과됩니다.

(i) 보증금이 6,000만 원을 초과하거나 월 차임이 30만 원을 초과하는 주택 임대차 계약으로서(부동산거래신고등에관한법률 제6조의2 제1항, 동법 시행령 제4조의3 제1항) (ii) 임차목적물의 소재지가 수도권(서

울특별시, 경기도, 인천광역시), 광역시, 세종특별자치시, 제주시 및 도의 시 지역에 있고(부동산거래신고등에관한법률 제6조의2 제2항, 동법 시행령 제4조의3 제2항, 국토교통부 부동산거래관리시스템) (iii) 2021년 6월 1일부터 임대차 계약을 체결하거나 갱신(보증금 및 차임의 증감 없이 임대차 기간만 연장되는 계약은 제외)되는 계약(부동산거래신고등에관한법률 〈법률 제17483호, 2020. 8. 18.〉 부칙 제2조)이 신고 대상입니다.

다만, 주민등록상 본 거주지가 있으면서, 일시 출장 등 일시적 거주가 명확한 단기 임대차 계약은 신고 대상이 아닙니다(국토교통부 부동산거래관리시스템).

여기서 주의할 점은, 만약 임대인이 주택임대사업자인 경우, 상기 신고 대상 외에도 모든 임대차 계약을 신고해야 한다는 점입니다.

Q. 주택 임대차 계약은 어디에 신고해야 하나요?

임차목적물의 관할 읍, 면, 동 주민센터를 방문하여 신고할 수도 있고, 국토교통부 부동산거래관리시스템(https://rtms.molit.go.kr/)에서 온라인으로도 신고할 수 있습니다. 만약 임대인이 주택임대사업자인 경우, 렌트홈(https://www.renthome.go.kr/)에서 임대차 계약 신고를 할 수 있습니다.

Q. 신고 내용은 어떤 것이 있나요?

계약당사자의 인적사항, 임대차 목적물의 소재지, 임대차 목적물의 현황, 보증금 또는 월 차임, 계약 체결일 및 계약 기간, 임대차 계약을 갱신한 경우, 계약갱신요구권 행사 여부 등입니다.

Q. 반드시 공동으로 신고를 해야 하나요?

원칙적으로 공동으로 신고해야 하지만, 계약 당사자 중 한 명이 당사자가 모두 서명 또는 날인한 신고서를 제출하는 경우 공동으로 신고한 것으로 보고(동법 시행규칙 제6조의2 제3항), 상대방이 신고를 거부하는 경우 단독신고사유서를 제출하여 단독으로 신고할 수도 있습니다.

또한 대리인을 통한 위임신고도 가능합니다.

Q. 임차인이 전세보증금반환보증보험을 가입한다고 하는데, 무슨 보험인가요?

임대차 계약이 종료되었는데도 임대인이 임차보증금을 반환하지 못한 경우, 보증회사가 임차인에게 약정한 임차보증금을 임대인 대신에 지급하는 제도입니다. 이때 보증회사는 전세보증금반환 채권을 임차인으로부터 양도받고, 임대인에게 보증금에 대한 채권양도사실을 통지합니다.

만약 임차인이 전세보증금반환보증보험에 가입한 후, 임대차 계약 종료 시 임대인에게 보증금을 돌려받지 못하는 경우, 보증회사는 임차인에게 보증금반환보증 보험금으로 약정한 금원을 지급하게 되고, 임대인으로부터 동 보험금 상당의 채권양수금액을 직접 받게 되는 것입니다.

HUG(주택도시보증공사), HF(주택금융공사), SGI(서울보증보험)가 보증금반환보증보험 상품을 판매하고 있습니다. 물론 보험이니만큼 가입가능여부 및 조건을 다르고, 임차인은 소정의 보험료를 지급하게 됩니다.

4장

임대차 기간 중
발생하는 문제점들

변호사님. 어제 임차인에게 전화가 왔는데, 집에
고장난 것들이 있다고 하면서 고쳐달라고 하네요.

제가 다 고쳐줘야 하나요?

 김한나 변호사

어떤 것들이 고장났다고 하시던가요?
어떤 수선인지에 따라 책임지는 사람이 다릅니다.

보통 임차인이 임차목적물을 본격적으로
사용하게 되면서 임차목적물이 파손되므로
누가 어느 범위까지 수선해야 하는지가
문제입니다.

또한, 차임의 지급, 보증금 또는 차임의 증액과
관련하여 분쟁이 발생할 수도 있고, 임대차 기간의
종료가 다가오면서 그 갱신 여부와 관련하여
임대인과 임차인의 이해가 대립될 수 있습니다.

4장. 임대차 기간 중 발생하는 문제점들

1. 임차목적물 수선

Q. 임차목적물은 누가 수리해야 하나요?

법원은 임차목적물의 수리와 관련하여, 임차인이 별 비용을 들이지 아니하고도 손쉽게 고칠 수 있을 정도의 사소한 것이라면 임차인이 수선해야 하지만, 수선하지 않으면, 임차인이 계약에 의해 정해진 목적에 따라 사용·수익할 수 없는 상태로 될 정도라면, 임대인은 그 수선의무를 부담해야 한다고 판시하였습니다.

이때 임대차 목적물을 사용 수익에 필요한 상태를 유지하게 만드는 수선과 관련하여, 임대인에게 귀책사유가 있는 임대차 목적물 훼손의 경우는 물론 자신에게 귀책사유가 없는 훼손의 경우 역시 마찬가지로 임대인에게 수선의무가 있습니다(대법원 2010. 4. 29. 선고 2009다96984). 다만, 목적물 훼손의 귀책이 임차인에게 있다면 임대인이 수선의무를 부담하더라도 임차인에게 손해배상을 청구할 수 있습니다.

그런데 임차인이 별 비용을 들이지 아니하고도 손쉽게 고칠 수 있을 정도의 사소한 것과, 수선하지 않으면 임차인이 제대로 사용·수익할 수 없게 될 정도의 것이라는 대법원의 기준만으로, 각 개별 상황에서 수리 의무를 다툼없이 일방에게 부여하기가 쉽지 않습니다. 따라서 다른 판례의 구체적 사실관계, 개별 임대차 계약의 특약사항 등을 잘 살펴봐야 합니다.

Q. 임차목적물에 누수가 발생한 경우 누가 수리해야 할까요?

누수는 원칙적으로 임대인에게 수리 의무가 있습니다. 누수는 임차인이 별 비용을 들이지 아니하고도 손쉽게 고칠 수 있는 정도의 사소한 것이 아니기 때문입니다.

법원은 임차목적물인 주택에 임차인이 입주한 이후 누수가 발생하여 주택의 벽지가 젖고 주택 내부에 물이 차게 되는 현상이 나타난 경우, 임대인의 수선의무를 인정하고, 임대인이 수선의무를 이행하지 않자, 임차인의 임대차 계약해지 및 손해배상청구를 인용하였습니다(인천

지방법원 2019. 4. 30. 선고 2018가단248106 판결). 이때 손해배상 범위는 특별한 사정이 없는 한 누수로 인하여 손상된 물품의 수리비 등입니다(수원지방법원 2020. 6. 3. 선고 2019나82295 판결).

다만, 위 법원은 임차인이 이 사건으로 인하여 이사를 하게 되면서 부담하게 된 중개수수료, 이사비 등에 대해서는 손해배상을 인정하였으나, 침대 및 매트리스, 매트리스 커버 등이 손상된 부분 및 위자료에 대해서는 임차인 주장과 같은 하자 발생을 인정할 증거가 없다는 이유로 손해배상청구를 인정하지 않았습니다. 이처럼 손해배상의 범위에 포함된다는 것은 한쪽 일방의 주관적 생각으로 판단되는 것이 아니기 때문에 실제 재판에서 이를 인정받기 위해서는 반드시 그 근거를 제시해야 합니다. 따라서 임차인이 주장하는 모든 손해를 배상할 필요는 없고, 객관적으로 입증된 손해를 합리적으로 배상하는 것이니까, 임차인 요청만으로 너무 놀라지는 마세요.

Q. 임차목적물이 배수펌프 고장으로 침수된 경우 누가 수리해야 할까요?

배수펌프 고장은 원칙적으로 임대인에게 수리 의무가 있습니다. 배수펌프의 고장으로 인한 침수는 임차인이 별 비용을 들이지 아니하고도 손쉽게 고칠 수 있는 정도의 사소한 것이 아니기 때문입니다.

법원은 상가 임대차와 관련하여, 상가건물의 지하 1층 화장실 창고에 있는 배수펌프가 고장 나서 하수가 흐르지 못한 결과, 상가 전체가 약 15cm가량 물에 잠기는 침수사고가 발생한 사안에서, 배수펌프의 고장은 임차인이 별 비용을 들이지 아니하고도 손쉽게 고칠 수 있을 정도의 사소한 것이라고 보기 어려워 임대인이 수선의무를 부담해야 한다고 판시한 바 있습니다(청주지방법원 충주지원 2019. 11. 13. 선고 2019가단21685).

Q. 임차목적물의 현관 도어락이 고장나서 교체해야 하는 경우 교체 비용은 누가 부담해야 할까요?

현관 도어락 교체는 특약사항으로 따로 정하지 아니하였다면, 임차인이 부담해야 할 것으로 보입니다.

법원은 도어락이 고장 나서 임대인이 도어락 교체 비용을 부담한 경우, 임대인은 임차인에게 받은 임대차 보증금에서 도어락 교체 비용을 공제한 액수를 반환해야 한다고 판시한 바 있습니다(서울지방법원 2021. 5. 14. 선고 2020나68075). 따라서, 법원은 도어락 교체 비용은 임대인이 아닌 임차인이 부담해야 한다고 판단하는 것으로 보입니다.

Q. 임차목적물의 변기 등이 고장나서 교체해야 하는 경우 교체 비용은 누가 부담해야 할까요?

변기 수리는 특약사항으로 따로 정하지 아니하였고 임차인이 선량한 관리자로서 주의의무를 다하였다면, 임대인이 부담해야 할 것으로 보입니다.

법원은 임대인이 임차인에게 반환해야 할 임대차 보증금에서 변기 뚜껑 및 물통 교체 비용 10만 원을 공제해서는 안 된다고 판시하고 있으므로(서울고등법원 2010. 12. 30. 선고 2010나47607 판결), 변기 뚜껑 및 물통 교체 비용은 임대인이 부담해야 할 것으로 보입니다.

Q. 임차목적물의 형광등이 고장난 경우 교체 비용은 누가 부담해야 할까요?

특약사항으로 따로 정하지 아니하였다면, 임차인이 별 비용을 들이지 아니하고도 손쉽게 고칠 수 있을 정도의 사소한 것이라면 임차인이 수선해야 하므로, 형광등 교체 비용은 임차인이 부담해야 할 것입니다.

Q. 보일러 밸브나 보일러 교체 비용 등은 누가 부담해야 할까요?

보일러 수리비용은 특약사항으로 따로 정하지 아니하였고 임차인이 선량한 관리자의 주의의무를 다하였다면, 임대인이 부담해야 할 것으로 보입니다.

법원은 임대인이 보일러 수리업자에게 보일러 밸브를 교체하는 비용 75,000원을 지급한 것을 두고 임대인이 임차목적물의 수선의무를 등한히 하였다고 보기 어렵다고 판단하였고(대전지방법원 2020. 6. 18. 선고 2019가단16984), 임차인이 보일러 교체비 580,000원을 지출한 것을 두고 피고에게 필요비 상환청구권[1]이 있다고 볼 수 있다고 판시한 바 있습니다(의정부지방법원 2021. 7. 1. 선고 2020나205678). 이는 결국, 보일러 밸브나 보일러 교체 비용은 임대인이 부담해야 한다는 취지로 보입니다.

---

1) 임차인이 임차목적물의 보존에 관하여 비용을 지출한 경우, 임대인에게 그 지급을 청구할 수 있는 권리

Q. 에어컨 수리 비용은 누가 부담해야 할까요?

에어컨 수리 비용은 임차인이 부담해야 합니다.

법원은 비교적 소액인 63,000원의 에어컨 수리 비용 및 안전점검비는 임차인이 자신의 거주상 필요를 위하여 투입한 비용에 해당한다고 볼 여지가 있다고 판단하였습니다(서울북부지방법원 2021. 2. 8. 선고 2019나40124). 따라서, 해당 비용은 임차인이 부담해야 합니다.

Q. 임차인이 입주할 때 지출한 도배비, 장판 교체비는 누가 부담해야 할까요?

도배비, 장판 교체비는 특약사항으로 따로 정하지 아니하였다면, 임차인이 부담해야 합니다.

법원은 도배 비용이나 장판 교체 비용의 경우, 임차인이 자신의 거주상 필요를 위하여 투입한 비용에 해당하여 특별한 사정이 없는 한 임차인이 임차물의 보존을 위하여 지출한 비용으로 임대인이 반환할 의무가 있는 비용으로 보기는 어렵다고 판시하고 있습니다(서울북부지방법원 2021. 2. 8. 선고 2019나40124).

따라서, 임차인이 입주 시 지출한 도배 비용, 장판 교체 비용을 임대인에게 요청할 수는 없습니다.

Q. 누수 사실을 모르고 있다가 수도 요금이 많이 나왔는데 수도 요금은 누가 부담해야 하나요?

임대인이 누수 사실을 모르고 있었던 경우, 수도 요금은 임차인이 부담해야 할 것으로 보입니다.

임차목적물은 임차인이 관리하고 있으므로 임차목적물에 수선을 요하는 하자가 있다는 사실은 임대인이 임의로 확인할 수 없습니다. 화장실에서 물이 누수되고 있다는 사실을 임차인도 뒤늦게 알았고 따라서 임대인에게 통지조차 하지 못하였다면, 임대인은 임차목적물을 수선할 수 없었으므로, 수선의무를 이행하지 않음으로 인한 손해배상책임, 즉 누수로 인한 수도요금에 대해 책임을 지지 않습니다(서울중앙지법 2014. 6. 20. 선고 2014나13609 판결).

Q. 임대인이 임차목적물을 수선하는 경우 임차인에게 허락을 받아야 할까요?

임대인이 임대물의 보존에 필요한 행위를 하는 때에는 임차인은 이를 거절하지 못합니다(민법 제624조). 따라서, 임대인이 보존에 필요로 임차목적물을 수선하는 경우, 임차인은 이를 용인해야 하므로 임차인의 허락을 받을 필요는 없습니다.

그러나, 임대인이 수선을 하면서도 임차인이 임대차의 목적을 달성할 수 있도록 조율하는 것은 중요합니다. 사전 고지 및 일정 조율 등의 소통을 하시기 바랍니다. 임대인의 수선으로 인하여 임차인이 임대차의 목적을 달성할 수 없었다면 수선 기간 동안 임차인은 차임을 지급하지 않아도 되고(대법원 2015. 2. 26. 선고 2014다65724 판결), 이로 말미암아 임차인이 임대차의 목적을 달성할 수 없다면 임차인은 임대차 계약을 해지할 수 있다는 점을 고려하셔야 합니다(민법 제625조).

한편, 아무리 임대인이라 하더라도 임차인이 임차목적물에 점유하고 있는데 임차인의 허락 없이 들어와서 수선 등을 할 수는 없습니다. 임차인은, 임대인이 임차목적물을 수선하는 것을 용인해야 한다는 것이지, 임대인이 무단으로 임차목적물에 들어와 수선하는 것까지 용인해야 한다는 의미는 아닙니다. 따라서, 임차인 허락없이 임대인이 임차목적물로 무단으로 들어온다면 이는 주거침입죄 또는 건조물침입죄에 해당하고, 임대인이 수선 등으로 임차인의 기물을 파손하는 경우 재물손괴죄에 해당할 수 있는 점 또한 알고 계시면 도움이 되실 것 같습니다.

Q. 임대인의 수선의무를 이행하지 않는 경우, 어떠한 불이익이 있나요?

임차인은 사용수익에 지장이 초래된 한도 내에서 차임 지급을 거절할 수 있고, 수선의무를 이행하지 않아 사용수익을 할 수 없게 되는 경우, 임대차 계약을 해지할 수도 있습니다.

임대차 계약에서 목적물을 사용·수익하게 할 임대인의 의무와 차임을 지급해야 하는 임차인의 의무는 상호 대응 관계에 있습니다. 따라서 임대인이 목적물을 사용·수익하게 할 의무를 불이행하여 임차인이 목적물을 전혀 사용할 수 없는 경우, 임차인은 차임 전부의 지급을 거절할 수 있고, 목적물을 부분적으로 사용할 수 없는 경우에는 그 지장의 한도 내에서 차임의 지급을 거절할 수 있습니다. 따라서, 임대인은 수선의무를 이행하지 않는 경우 차임을 거절당하거나 임대차 계약이 해지될 수 있는 위험에 직면합니다(대법원 1997. 4. 25. 선고 96다44778 판결).

Q. 임차인의 과실로 수리가 필요한 경우 누가 수리해야 할까요?

임차인의 잘못으로 수리를 해야 하는 경우라도, 임대인의 수선의무는 임차인에게 과실이 있다고 하여 면제되지 않습니다. 다만, 이 경우 임대인은 임차인에게 임차인의 과실로 인한 임차목적물 파손을 원인으로 임차인에게 손해배상청구를 할 수 있으므로, 결국 임차인이 책임을 지게 될 것입니다.(첨부 3. 지급명령신청서(손해배상청구 등 금전청구)).

즉, 임대인은 어떤 사유로 임차목적물이 파손되더라도 임차인이 임차목적물을 용도에 맞도록 사용할 수 있도록 수선할 의무를 부담하지만, 임대인에게 책임 없는 임차인의 실수로 인하여 임차목적물이 파손

된 것이라면 임차인의 실수로 부담한 수리 비용에 대하여 임차인에게 손해배상을 청구할 수 있습니다. 이에 최종적으로 임차인이 실수한 파손에 대한 수리비용을 책임지게 됩니다.

2. 임차목적물 수선 관련 특약

Q. 수선의무 부담 주체를 당사자 간 특약으로 정할 수 있나요?

당사자 간의 특약사항으로 특정범위의 수선의무를 미리 정할 수 있습니다. 구체적으로 수선 범위 및 부담 주체를 정하여 특약사항으로 계약서에 명시하는 경우, 원칙적으로 임대인의 수선 범위에 속하는 대규모 수선도 임차인의 부담으로 할 수 있습니다.

대법원은 수선의무의 범위를 사전에 계약에서 명시하고 있는 등 특별한 사정이 없는 한 그러한 특약에 의해 임대인이 수선의무를 면하거나 임차인이 그 수선의무를 부담하게 되는 것은 통상 생길 수 있는 파손의 수선 등 소규모의 수선에 한정된다고 할 것이고, 건물의 주요 구성부분에 대한 대수선, 기본적 설비 부분의 교체 등과 같은 대규모의 수선은 임대인이 수선의무를 부담한다고 판시하고 있습니다(대법원 2008. 3. 27. 선고 2007다91336 판결).

위 내용을 정리하면, (i) 특약이 없는 경우, 임차인이 별 비용을 들이

지 아니하고도 손쉽게 고칠 수 있을 정도의 사소한 것을 제외하고, 수선하지 않으면 임차인이 제대로 사용·수익할 수 없게 될 정도의 것이라면 소규모, 대규모를 가리지 않고 임대인이 수선해야 하며 (ii) 특약이 있다고 하더라도 구체적이지 않고 단지 임대인에게 수선의무가 없다는 정도의 일반적인 내용만 정한 경우라면, 대규모의 수선은 임대인이, 소규모의 수선은 임차인이 각 의무를 부담하고 (iii) 구체적으로 수선의무 범위를 정한 내용의 특약이 있는 경우 정해진 범위에 대해서는 대규모 수선이라고 하더라도 임차인에게 수선의 책임이 있다는 것입니다.

> **tip** 임대차 계약을 체결하면서, '건물수리는 입주자가 한다'는 특약으로 소규모의 수선에 대한 수선의무는 면할 수 있어도 대규모의 수선의무는 면할 수 없습니다. 위와 같이 정한 것은 구체적으로 수선 범위를 정한 것이 아니기 때문입니다.

따라서 임차목적물을 수리 또는 시공을 하게 될 때를 고려하여, 임대차 계약서에 수리 및 시공의 원상회복과 관련한 사항을 구체적으로 기재해 두는 것이 좋습니다. 그리고 임대차 기간 중에 발생하는 수리 및 시공의 경우에는, 수리 및 시공 전에 임대인과 비용부담 및 원상회복 또는 부속물 매수여부에 관한 합의를 해두면 좋습니다. 합의내용은 서면, 문자 메시지, 녹음 등으로 증거를 남겨두는 것 잊지 마세요.

3. 차임(임대료) 연체

Q. 임차인이 차임을 연체했는데 어떻게 해야 하나요?

임대인은, 임차인이 차임을 연체하고 연체액이 2달분에 달하는 경우, 임대차 계약을 해지할 수 있습니다(단, 상가 임대차의 경우 연체액이 3달분에 달해야 합니다, 상가건물 임대차보호법 제10조의8).

임차인의 차임 연체액이 2기의 차임액에 달하면 임대인은 바로 임대차 계약을 해지할 수 있다고 하였는데(민법 제640조), 그 의미는 2달분의 차임을 의미합니다. 예를 들어 월 차임이 100만 원인데, 1월에는 70만 원을 적게 내고, 2월에는 50만 원을 적게 내고, 3월에 80만 원을 적게 냈다면, 3월에 비로소 차임 연체액이 2달분의 차임 즉, 200만 원에 달하였으므로, 이때 비로소 임대차 계약을 해지할 수 있는 것입니다.

한편, 상가 임대차의 경우, 임대인은, 임차인의 차임 연체액이 3기의 차임액에 달해야 임대차 계약을 해지할 수 있습니다. 다만, 2020. 9. 29.부터 6개월간 연체한 차임액은 이 조항 적용에 있어서 연체액으로 보지 않는 임시특례조항이 있었습니다(상가건물 임대차보호법 제10조의9). 따라서 동 기간에 연체된 차임으로 인하여 임대인은 계약을 해지할 수는 없습니다.

Q. 저는 임차목적물의 소유권을 이전받은 새 집주인인데, 이전 임대인 시절 연체 차임을 합하여 연체액이 2달분에 달하면 임대차 계약을 해지할 수 있나요?

그렇지 않습니다. 임대인이 임차목적물의 소유권을 이전받아 임대인이 되었다면, 임대인은 임차인이 새로운 임대인에 대해 2기에 달하는 차임을 연체해야 임대차 계약을 해지할 수 있습니다(대법원 2008. 10. 9. 선고 2008다3022).

역으로, 임차인이 변경되는 경우를 보면, (i) 임대인이 임차인 변경에 동의하여 임차인이 변경되었다면, 임대인은 새로운 임차인의 차임 연체액이 2기의 차임액에 달해야 임대차 계약을 해지할 수 있는 반면, (ii) 임대인이 임차인 변경에 동의하지 않았는데도 임차인이 변경되었다면 임대인은 이전 임차인의 연체액과 합하여 차임 연체액이 2기의 차임액에 달하면 임대차 계약을 해지할 수 있습니다. 나아가 임대인은 동의 없는 임차권 양도를 이유로도 임대차 계약을 해지할 수 있습니다.

Q. 임차인이 월 차임을 내지 않고 보증금에서 공제해 달라고 하는데 보증금에서 공제해줘야 하나요?

임차인은 보증금을 이유로 월 차임 지급을 거부하지 못합니다. 따라서, 임차인은 월 차임을 지급해야 합니다.

대법원은 '임차인이 임대차 계약을 체결할 당시, 임대인에게 지급한 임대차 보증금으로 연체차임 등 임대차 관계에서 발생하는 임차인의 모든 채무가 담보된다고 하여 임차인이 그 보증금의 존재를 이유로 차임의 지급을 거절하거나 그 연체에 따른 채무불이행 책임을 면할 수는 없다'고 판시하고 있습니다(대법원 1994. 9. 9. 선고 94다4417 판결).

다만, 임대인이 임의로 연체 차임을 보증금에서 충당하는 것은 가능합니다.

4. 임대차 보증금 및 차임 증감

Q. 임대차 계약 이후 임차인에게 보증금이나 차임을 증액해 달라고 요구할 수 있나요?

일정한 상황에서는 차임 또는 보증금의 증액을 요구할 수 있지만, 요구 시 바로 보증금이나 차임이 증액되는 것은 아닙니다.

주택임대차보호법은 임대인과 임차인 모두 차임 또는 보증금이 임차 건물에 관한 조세 기타 부담의 증감이나 경제사정의 변동으로 적절하지 아니하게 된 경우, 차임 또는 보증금의 증감을 청구할 수 있으나 증액 청구는 임대차 계약 또는 증액 시점으로부터 1년 이내에는 하지 못한다고 정하고 있습니다(주택임대차보호법 제7조 제1항).

상가건물 임대차보호법 역시 임대인과 임차인 모두 차임 또는 보증금이 임차건물에 관한 조세 기타 부담의 증감이나 제1급감염병 등에 의한 경제사정의 변동으로 적절하지 아니하게 된 경우, 차임 또는 보증금의 증감을 청구할 수 있으나, 증액 청구는 임대차 계약 또는 증액 시점으로부터 1년 이내에는 하지 못한다고 정하고 있습니다(상가건물 임대차보호법 제11조 제1항 및 제2항).

차임 또는 보증금 증감 청구권은 청구 자체로 효력이 발생하기는 합니다. 다만, 그 폭에 관하여 법상 상한만이 정해져 있으므로, 결국 보증금 증감 폭에 관하여는 임대인과 임차인 간에 합의가 필요합니다. 합의가 되지 않는다면 종국적으로는 법원에 소송을 제기하여 판단을 받게 되겠지요. 다만 소송 전 한국부동산원 산하 임대차분쟁조정위원회의 의견을 듣고 조율해 보는 것도 또 하나의 방법이 될 수 있으니 참고하세요.

Q. 보증금이나 차임을 어느 범위에서 증액할 수 있나요?

당초 약정한 차임이나 보증금의 5%를 초과하지 않는 범위에서 증액할 수 있습니다. 다만, 5%를 초과해서는 안 된다는 규정은 임대차 계약 존속 중이나 계약갱신청구권을 행사하는 경우에만 적용되고, 임대차 계약 종료 후에 재계약을 하거나 임대차 계약 종료 전이라도 당사자의 합의로 차임 등을 증액한 경우는 적용되지 않습니다.

주택임대차보호법과 상가건물 임대차보호법은, 보증금이나 차임의 증액 청구는 당초 약정한 것의 5%를 초과하지 못한다고 정하고 있습니다(주택임대차보호법 제7조 제2항, 상가건물 임대차보호법 시행령 제4조). 예를 들어 원래 보증금이 1억 원이었다면, 증액 청구 범위는 500만 원을 넘지 못한다는 것입니다.

그러나, 법원은 보증금 또는 차임의 증액 청구 범위를 제한하는 규정에 대해 임대차 계약의 존속 중 당사자 중 일방이 상대방에게 보증금이나 차임의 증감을 청구한 경우 적용되고, (i) 임대차 계약이 종료된 후 재계약하거나 (ii) 임대차 계약 종료 전이라도 당사자의 합의로 차임 등이 증액된 경우는 적용되지 않는다고 판시하고 있습니다(주택: 대법원 2002. 6. 28. 선고 2002다23482 판결, 상가건물: 대법원 2014. 2. 13. 선고 2013다80481 판결).

따라서, 증액 청구 범위 제한 규정은 임대차 계약이 종료된 후 재계약하거나 임대차 계약 종료 전이라도 당사자의 합의로 차임 등을 증액한 경우, 당초 약정한 차임 또는 보증금의 5% 이상의 금액으로 증액할 수 있을 것입니다.

다만, 임대인이 임대차 계약을 갱신하면서 임차인에게 차임 또는 보증금을 5% 이상의 금액으로 증액을 청구하더라도, 임차인이 동의하지 아니하는 경우 5% 이상의 금액으로 증액할 수 없습니다.

5. 임대인의 변경

Q. 부동산을 구입하게 되었는데 기존 임차인과 임대차 계약서를 다시 써야 하나요?

임차인과 임대차 계약서를 다시 작성할 필요는 없습니다. 임차목적물의 소유권이 변경되는 경우 임차주택의 양수인 기타 임대할 권리를 승계한 자는 임대인의 지위를 승계한 것으로 보기 때문입니다(주택임대차보호법 제3조 제4항). 그러나 일반적으로 현 임대인 본인 명의로 기존 임대인의 지위를 승계하는 내용으로 임대차 계약서를 다시 작성하게 됩니다.

Q. 제가 부동산을 구입하게 되었는데, 임대인이 변경되었다는 이유로 임차인이 임대차를 해지할 수 있나요?

임차목적물의 소유권이 변경되어 임대인이 변경되는 경우 임차인은 이의를 제기하여 임대차 관계를 종료시킬 수 있습니다. 다만, 이때 임차인은 이전 임대인에게 보증금 반환을 청구할 수 있습니다.

대법원은 임차인의 보호를 위한 주택임대차보호법의 입법 취지에 비추어 임차인이 임대인의 지위승계를 원하지 않는 경우, 임차인이 임차주택의 양도 사실을 안 때로부터 상당한 기간 내에 이의를 제기함으로써 승계되는 임대차 관계의 구속에서 벗어날 수 있다고 봄이 상당하고, 이와 같은 경우, 양도인의 임차인에 대한 보증금 반환채무는 소멸하지 않는다고 판시하고 있습니다(대법원 2002. 9. 4. 선고 2001다64615 판결).

Q. 임차목적물의 소유자가 변경되었으나 임차인이 임대차 계약을 해지하지 않은 경우, 누가 임차인에게 임차보증금을 지급해야 하나요?

임차목적물의 소유자는 임대인의 지위를 승계한 것으로 보기 때문에, 임대인의 지위를 승계하지 않는다는 특별한 합의가 없는 한, 이 경우 새로운 임대인인 소유자가 임대차 계약 종료 시 임차인에게 임차보증금을 반환해야 합니다.

Q. 제가 부동산을 매입했는데, 임차인에게 새로 발생하는 월 차임 및 기존 임대인에 대한 연체차임을 모두 제가 받아도 되나요?

임차목적물이 매도, 상속, 증여 등 사유로 소유자가 변경된 경우, 새로운 소유자에게 임대인 지위가 승계된 것으로 보아야 하므로, 월 차임은 임차목적물의 새로운 소유자가 받아야 합니다.

그러나 임차인이 이전 소유자에게 지급을 연체한 연체차임의 경우 이전 소유자의 채권이므로 이전 소유자와 새로운 소유자 간에 특별한 합의가 없다면 이전 소유자가 받아야 합니다. 다만, 이전 소유자와 새로운 소유자 간에 이전 소유자가, 새로운 소유자에게 연체차임 채권을 양도하고 이러한 뜻을 임차인에게 통지한 경우, 임차인은 새로운 소유자에게 이를 지급해야 합니다.

6. 전대차[2] 관련

Q. 임차인이 전대차를 허락해 달라고 하는데 어떻게 해야 하나요?

임차인에게 전대차를 허락해 줄 의무는 없습니다. 오히려 일반적으로 사용되는 임대차 계약서에는 전대차를 금지한다는 내용이 기재되어 있고, 무단 전대차의 경우 임대차 계약의 해지 사유가 될 수 있습니다.

---

2) 전대차란 임차인이 다시 임대인이 되어 제3자에게 임차목적물을 사용수익하게 하는 것을 의미. 이때, 임차인을 전대인이라고 부르고, 전대인인 임차인이 임대해주는 제3자는 전차인이라고 칭함[임대인-임차인(전대인)-전차인].

Q. 임대인이 전대차를 동의하면 어떤 권리·의무가 생기나요?

　임대인과 전대인인 임차인의 관계를 보면, 임대인이 전대차 계약을 동의하더라도 임대인의 임차인의 권리행사에 영향을 미치지 않습니다. 따라서 임대인은 임차인에게 기존과 같이 차임청구, 차임증감청구, 목적물반환청구 등 권리를 행사할 수 있습니다(민법 제630조제2항).

　다음으로 임대인이 전대를 동의한다는 것은, 임대인과 전차인 사이에도 계약관계가 성립하는 것이기 때문에, 전차인과의 관계 변화를 주의 깊게 살펴봐야 합니다.

　첫째로, 전차인은 직접 임대인에 대하여 의무를 부담하게 되고, 이경우 전차인은 전대인(임차인)에 대한 차임의 지급으로써 임대인에게 대항하지 못하게 됩니다(민법 제630조제1항).

　둘째로, 임대인과 전대인(임차인)의 합의로 계약을 종료한 때에도 전차인의 권리는 소멸하지 않습니다(민법 제631조). 따라서 임대인과 임차인 사이의 임대차 계약이 종료되더라도, 동의를 받은 전대인은 전대차계약에 따른 전대기간 동안 전대 목적물을 사용수익 할 수 있고, 임대인에게 임대차계약갱신요구권 또는 부속물매수청구권 등을 행사할 수 있습니다.

　특히 상가인 경우, 전차인은 임차인의 계약갱신요구권 행사기간 이내에 임차인을 대위(대신)하여 임대인에게 계약갱신요구권을 행사할 수 있습니다(상가임대차법 제13조 제2항).

Q. 전대를 허락하지 않았는데, 임차인이 전대했어요!

임대차 계약서에 전대차를 동의하는 조항이 없다면, 임대인은 임차인을 상대로 임대차 계약을 해지할 수 있고 전차인에 대해서는 임차목적물의 반환을 청구할 수 있습니다.

임대인은 임차인이 무단으로 전대를 한 경우 임대차 계약을 해지할 수 있습니다(민법 제629조 제2항). 이때 전차인 불법점유를 한 것이기 때문에 소유자인 임대인은 전차인에게 소유권에 기하여 임차목적물을 반환할 것을 청구할 수 있는 것입니다.

다만, 임대인이 전대를 인정하는 전제 하에 전차인에 대한 차임 채권을 제3자에게 양도하였다면, 임대인이 전대차를 인정한 것으로 임차인의 전대가 임대인에게 배신적 행위라고 할 수 없는 특별한 사정이 있다고 보았습니다. 이 경우, 임대인은 전대만을 이유로 임대차 계약을 해지할 수 없습니다. 사정이 이와 같다면, 전차인은 임차권의 양수 또는 전대차에 따른 사용·수익을 임대인에게 주장할 수 있습니다(대법원 2010. 6. 10. 선고 2009다101275 판결).

Q. 상가 임대차의 경우, 임차인이 코로나 등 경제사정으로 영업이 어려워져 임대차 계약을 해지한다고 하는데, 이런 이유로 계약을 해지할 수 있는 건가요?

상가건물 임대차보호법은, 임차인이 감염병의 예방 및 관리에 관한 법률상 집합제한 또는 금지조치(감염병 예방 조치)를 총 3개월 이상 받음으로써 발생한 경제사정의 중대한 변동으로 폐업한 경우, 임차인이 임대차 계약을 해지할 수 있다고 정하고 있습니다(상가임대차보호법 제11조의2, 제1항, 이 규정은 코로나19와 같은 재난상황을 염두에 둔 규정입니다). 이 경우 임대인이 계약해지의 통고를 받은 날부터 3개월이 지나면 계약해지 효력이 발생합니다(상가임대차보호법 제11조의2, 제2항).

임대차 계약 종료 직전 챙길 것들

임대인

2년 뒤에 동생이 서울에 올라올 계획이 있어서
임차인과 계약을 종료하고 동생에게 저희 집을
내어주려고 합니다. 그런데 동생이 서울에 취업이
되어야 이주가 확정되기 때문에 그때 가서
임차인과 2년 계약이 만료되기 직전에 임대차
계약 종료를 임차인에게 통보해도 될까요?

5장. 임대차 계약 종료 직전 챙길 것들

1. 임대차 기간 및 임대차 계약 갱신

Q. 주택 임대차 계약 체결 시 신고했는데, 임대차 계약을 갱신하는 경우에도 임대차 신고를 또 해야 하나요?

네. 임대인과 임차인이 임대차 계약을 체결하면서 임대차를 신고했더라도, 이후 해당 임대차 계약을 갱신하는 경우 갱신일로부터 30일 이내에 신고해야 합니다(부동산거래신고등에관한법률 제6조의2, 동법 시행령 제4조의3 제1항). 다만, 계약을 갱신하는 경우로서 보증금 및 차임의 증감 없이 임대차 기간만 연장하는 경우, 신고 의무가 없습니다.

그리고 여기서 주의할 점은 만약 임대인이 주택임대사업자인 경우, 상기 신고 대상 외에도 모든 임대차 계약을 신고해야 한다는 점입니다.

Q. 임대차 기간이 얼마 남지 않았는데 새로운 임차인을 구해도 되나요?

임대차 계약이 묵시적으로 갱신될 수도 있고, 임차인이 계약갱신요구권을 행사할 수도 있습니다. 따라서, 위와 같은 절차를 통하여 임대차 계약이 연장되는지를 확인한 후에 새로운 임차인을 구해야 할 것입니다.

Q. 임대차 계약의 묵시적 갱신은 어느 경우에 성립하나요?

주택의 경우, 임대인이 임대차 기간이 끝나기 6개월 전부터 2개월 전까지(주의: 2020. 12. 10. 이전에 체결된 임대차 계약의 경우, 2개월이 아니고 1개월 전까지 갱신거절 또는 계약 조건 변경의 통지를 해야 함)의 기간에 임차인에게 '갱신거절' 또는 '계약 조건을 변경하지 않으면 계약을 갱신하지 않겠다'는 통지를 하지 않거나, 임차인이 임대차 기간이 끝나기 전 2개월 전까지(주의: 2020. 12. 10. 이전에 체결된 임대차 계약의 경우, 2개월이 아니고 1개월 전까지 갱신거절 또는 계약 조건 변경의 통지를 해야 함) 위 각 사항을 통지하지 않는 경우, 임대차 기간 종료 시 다시 동일한 조건으로 임대차 계약이 갱신된 것으로 봅니다(주택임대차보호법 제6조 제1항).

상가건물의 경우에도, 임대인이 임대차 기간이 끝나기 6개월 전부터 1개월 전까지 기간 내에 임차인에게 '갱신거절' 또는 '계약 조건을 변경하지 않으면 계약을 갱신하지 않겠다'는 통지를 하지 않는 경우, 임대차 기간 종료 시 다시 동일한 조건으로 임대차 계약이 갱신된 것으로 봅니다(상가건물 임대차보호법 제10조 제4항).

위와 같은 제도를 '묵시적 갱신'이라고 합니다.

따라서 임대인은 해당 기간 내 '갱신거절' 또는 '계약 조건을 변경하지 않으면 계약을 갱신하지 않겠다'는 통지를 함으로써 임대차 계약이 묵시적으로 갱신되는 것을 막을 수 있습니다.

다만, 주택 임대차의 경우 2기 차임액(비교 상가 임대차의 경우 3기 차임액)에 달하도록 임차인이 차임을 연체하거나 임차인의 의무를 현저히 위반했다면 묵시적 갱신은 인정되지 않습니다(주택임대차보호법 제6조 제3항, 상가건물 임대차보호법 제10조 제1항).

Q. 임대차 계약이 묵시적으로 갱신된 경우, 임대차 조건 및 임대차 기간은 어떻게 되나요?

주택 임대차 계약이 묵시적으로 갱신될 경우, 종전의 임대차와 동일한 조건으로 다시 임대차한 것으로 간주됩니다(주택임대차보호법 제6조 제1항 전단). 그리고, 임대차 기간도 2년으로 됩니다(주택임대차보호법 제4조 제1항 및 제6조 제2항).

단, 상가건물 임대차 계약이 묵시적으로 갱신되는 경우 역시, 동일한 조건으로 다시 임대차한 것으로 간주하지만 그 임대차 기간은 주택 임대차와는 달리 1년이 됩니다(상가건물 임대차보호법 제10조 제4항).

임대차 계약이 묵시적으로 갱신된 경우, 임차인은 임대차 기간으로 위 기간을 주장할 수도 있고, 언제든지 갱신된 임대차 계약을 해지할 수도 있습니다(주택임대차보호법 제6조의2 제1항, 상가건물 임대차보호법 제10조 제5항). 이에 묵시적 갱신 이후 임차인이 해지를 통지하면, 임대인이 통지받은 날로부터 3개월이 지나면 해지의 효력이 발생합니다(주택임대차보호법 제6조의2 제2항, 상가건물 임대차보호법 제10조 제5항).

그러나, 임대인은 임차인과 다르게 임대차 계약이 묵시적으로 갱신된 경우라 하더라도 임의적으로 임대차 계약을 해지할 수 없습니다.

Q. 법이 정한 묵시적 갱신 통지기간을 특약사항으로 달리 정할 수 있나요?

임차인에게 불리한 것이 아니라면 법이 정한 묵시적 갱신 통지기간을 주택 또는 상가임대차보호법 조항과 달리 정할 수 있을 것으로 보입니다.

주택임대차보호법상 묵시적 갱신의 기간은 임대차 기간 만료 6개월 전부터 2개월 전까지이고, 상가건물 임대차보호법상은 임대차 기간 만료 6개월 전부터 1개월 전까지입니다. 그런데, 임대차 계약에서 "임대차 기간 만료 6~3개월 전 사이에, 갱신 거절 또는 조건 변경의 통지를 하지 않으면 묵시적 갱신이 성립한다"라고 규정한다면 그 효력은 어떠할까요.

주택임대차보호법은 임차인의 주거 안정 보호를, 상가건물 임대차보호법은 임차인의 경제생활 안정 보장을 그 목적으로 하고 있습니다. 그런데 위 임대차 계약에 따라 묵시적 갱신이 성립하는 경우 임차인은 임대차 계약 만료 3개월 전부터 임대차 계약 만료 이후의 주거 안정 또는 경제생활 안정을 보장받게 됩니다.

따라서, 법 조항과 달리 통지기한의 종기를 앞당긴다고 하더라도 이는 임차인에게 유리한 계약조항으로서 유효하게 취급될 것으로 판단됩니다. 물론, 각 사건의 구체적 사실관계에 따라 법원 판결이 다르게 나올 수는 있습니다.

Q. 상가 임대차 계약이 묵시적으로 갱신된 경우에도, 임대차 계약이 유지되는 기간은 10년까지로 제한되나요?

아닙니다. 묵시적 갱신과 계약갱신요구권 행사는 다른 것이고, 묵시적 갱신의 경우, 기간 제한이 적용되지 않습니다.

아래에서 살펴보는 바와 같이, 상가임대차법 제10조 제2항 '임차인의 계약갱신요구권은 최초의 임대차 기간을 포함한 전체 임대차 기간이 10년을 초과하지 아니하는 범위에서만 행사할 수 있다'의 의미는 임차인의 계약갱신요구권을 행사하여 임대차 계약이 갱신된 경우에 임대차 기간이 10년으로 제한된다는 의미입니다.

우리 법원은 묵시적 갱신은 임대인의 적극적 조치를 요구하는 데 비해, 계약갱신요구권은 임차인의 주도로 임대차 계약의 갱신을 달성하려는 것으로 서로 취지와 내용을 달리하는 제도이므로, 계약갱신요구권에 따라 갱신되는 임대차 기간을 제한하는 규정은 묵시적 갱신에 대하여는 적용되지 않는다고 판시한 바 있습니다(대법원 2010. 6. 10. 선고 2009다64307 판결).

따라서 묵시적으로 계약이 갱신되는 경우, 임대차계약갱신요구권 행사의 최장기간 제한(10년)을 받지 않아서 10년 이상 임대차 계약을 유지할 수 있습니다.

Q. 임차목적물을 반환받기 위하어 철거 및 명도 소송 중에 임차인에게 갱신 거절 통지를 하지 않으면, 묵시적 갱신이 될 수 있나요?

임대인이 임차인을 상대로 임차목적물 철거 및 명도 소송 중이라면 계약갱신 거절 의사가 명백한 것인바, 갱신거절 통지를 추가로 할 필요는 없습니다. 대법원은 임대인이 소로서 임대건물의 철거와 대지의 명도를 청구하고 있다면 특별한 사정이 없는 한 그 후부터는 묵시적 갱신을 인정할 수 없다고 판시한 바 있습니다(대법원 1967. 1. 24. 선고 66다2202 판결).

하지만 임대인은 소송 중이더라도 계약갱신 거절 의사를 명백히 하기 위하여 갱신 거절 또는 계약 내용 변경의 통지를 해두는 것이 좋습니다.

Q. 임차인은 언제 어떻게 계약갱신요구권을 행사할 수 있나요?

주택의 경우, 임대차 기간 만료 6개월 전부터 2개월(2020. 12. 10. 이후 최초로 체결되거나 갱신된 계약에 대해서는 2개월이지만, 이전의 계약은 1개월)까지의 기간 내, 상가건물의 경우, 임대차 기간 만료 6개월 전부터 1개월까지의 기간 내, 임차인이 계약갱신요구권을 행사하겠다는 명백한 의사를 전달함으로 행사할 수 있습니다. 이때 임차인이 계약갱신요구권을 행사하면, 임대인이 이를 거절할 법이 정한 정당한 사유가 없는 한 임대차 계약은 갱신됩니다.

Q. 계약갱신요구권을 거절할 수 있는 정당한 사유는 무엇인가요?

임차인이 계약갱신요구권을 행사할 때, 임대인이 이를 거절하고자 한다면 정당한 사유가 있어야 합니다. 먼저, 주택의 경우 임차인의 계약갱신요구권을 거절할 수 있는 법이 정한 사유는 다음과 같습니다(주택임대차보호법 제6조의3 제1항 단서).

1. 임차인이 2기의 차임액에 해당하는 금액에 이르도록 차임을 연체한 사실이 있는 경우
2. 임차인이 거짓이나 그 밖의 부정한 방법으로 임차한 경우
3. 서로 합의하여 임대인이 임차인에게 상당한 보상을 제공한 경우
4. 임차인이 임대인의 동의 없이 목적 주택의 전부 또는 일부를 전대(轉貸)한 경우
5. 임차인이 임차한 주택의 전부 또는 일부를 고의나 중대한 과실로 파손한 경우
6. 임차한 주택의 전부 또는 일부가 멸실되어 임대차의 목적을 달성하지 못할 경우

7. 임대인이 다음 각 목의 어느 하나에 해당하는 사유로 목적 주택의 전부 또는 대부분을 철거하거나 재건축하기 위하여 목적 주택의 점유를 회복할 필요가 있는 경우

가. 임대차 계약 체결 당시 공사시기 및 소요 기간 등을 포함한 철거 또는 재건축 계획을 임차인에게 구체적으로 고지하고 그 계획에 따르는 경우

> **tip** 이 요건을 근거로, 계약갱신 요구를 거절하려고 한다면 임대차 계약 체결 당시 철거 또는 재건축 계획을 임차인에게 구체적으로 고지했어야 합니다

나. 건물이 노후·훼손 또는 일부 멸실되는 등 안전사고의 우려가 있는 경우

다. 다른 법령에 따라 철거 또는 재건축이 이루어지는 경우

8. 임대인(임대인의 직계존속·직계비속을 포함한다)이 목적 주택에 실제 거주하려는 경우

9. 그 밖에 임차인이 임차인의 의무를 현저히 위반하거나 임대차를 계속하기 어려운 중대한 사유가 있는 경우

다음으로, 상가의 경우 임차인의 계약갱신요구권은 다음과 같은 경우에는 인정되지 않는데, 주택 임대차의 계약갱신요구권 부정사유와 제1호만 '3기 차임액에 해당하는 연체한 사실'로 다르고 나머지는 동일합니다(상가건물 임대차보호법 제10조 제1항).

1. 임차인이 3기의 차임액에 해당하는 금액에 이르도록 차임을 연체한 사실이 있는 경우(다만, 2020. 9. 29.부터 6개월 동안 연체한 차임액은 이 조항 적용에 있어서 연체액으로 보지 않음. 상가건물 임대차보호법 제10조의9)

2. 임차인이 거짓이나 그 밖의 부정한 방법으로 임차한 경우

3. 서로 합의하여 임대인이 임차인에게 상당한 보상을 제공한 경우

4. 임차인이 임대인의 동의 없이 목적 주택의 전부 또는 일부를 전대(轉貸)한 경우

5. 임차인이 임차한 건물의 전부 또는 일부를 고의나 중대한 과실로 파손한 경우

6. 임차한 건물의 전부 또는 일부가 멸실되어 임대차의 목적을 달성하지 못할 경우

7. 임대인이 다음 각 목의 어느 하나에 해당하는 사유로 목적 건물의 전부 또는 대부분을 철거하거나 재건축하기 위하여 목적 건물의 점유를 회복할 필요가 있는 경우

    가. 임대차 계약 체결 당시 공사시기 및 소요 기간 등을 포함한 철거 또는 재건축 계획을 임차인에게 구체적으로 고지하고 그 계획에 따르는 경우

> **tip** 주택의 경우와 동일하게 이 요건을 근거로 계약 갱신 요구를 거절하려고 한다면, 임대차 계약 체결 당시 철거 또는 재건축 계획을 임차인에게 구체적으로 고지했어야 합니다

나. 건물이 노후·훼손 또는 일부 멸실되는 등 안전사고의 우려가 있는

경우

다. 다른 법령에 따라 철거 또는 재건축이 이루어지는 경우

8. 그 밖에 임차인이 임차인으로서의 의무를 현저히 위반하거나 임대차를

계속하기 어려운 중대한 사유가 있는 경우

Q. 임차인은 갱신요구권을 몇 번 행사할 수 있나요?

주택의 경우 1회에 한하여 행사할 수 있고(주택임대차보호법 제6조의3 제2항), 상가건물의 경우 최초 임대차 기간을 포함하여 10년에 이르기까지 여러 번 계약갱신요구권을 행사할 수 있습니다(상가건물 임대차보호법 제10조 제2항). 단, 계약갱신요구권의 행사기간은 2018. 10. 16. 이후 최초로 체결되거나 갱신되는 임대차 계약인 경우에는 10년이지만, 그 이전에 체결된 계약은 최초 임대차 기간을 포함하여 5년까지 계약갱신요구권을 행사할 수 있습니다.

또 하나 여기서 주의할 사실은, 계약갱신요구권은 매번 행사하여야 갱신이 이루어지기에, 갱신요구권 행사 기간 내 명백하게 문서나 이메일 등으로 통지하는 것을 잊지 말아야 한다는 점입니다.

A는 2015. 4. 30.부터 2020. 4. 30.까지, 보증금을 50,000,000원, 차임을 월 3,300,000원으로 정하여 B에게 상가를 임대했습니다.

임대인 A는 임대차 계약 만료 6개월 전인 2019. 11. 8. 임차인 B에게 이 사건 건물 임대차를 갱신하지 않겠다는 내용증명우편을 보냈고, 그러자 B는 2019. 12. 4. A에게 내용증명우편을 보내 2018. 10. 16.자 개정된 상가 임대차법에 따라 자신에게 임대차 계약 갱신 요구권이 있다며 임대차 갱신을 요구하였습니다.

그러자 A는 2018. 10. 16. 이전 법에 의하면 계약갱신을 요구하여 연장할 수 있는 최대 임대차 기간이 5년이기 때문에 B의 요구를 거절하고 "건물을 인도하라"며 소송을 냈습니다.

이에 대하여 우리 법원은 아래와 같은이유로 계약갱신요구를 할 수 없다고 하였습니다. 「상가건물 임대차보호법」이 2018. 10. 16. 법률 제15791호(이하 '개정법'이라고 하고, 개정되기 전의 법은 '구법'이라고 한다)로 개정되고 같은 날 시행됨에 따라, 임차인이 계약갱신을 요구하여 연장할 수 있는 최대 임대차 기간이 구법의 5년에서 10년으로 늘어났습니다.

그렇지만 개정법 부칙 제2조는 개정조항을 "이 법 시행 후 최초로 체결되거나 갱신되는 임대차부터 적용한다."라고 규정하였고, '이 법 시행 후 최초로 체결되거나 갱신되는 임대차'란 2018. 10. 16. 이후 계약이 처음 체결되었거나, 개정법 시행 전에 계약이 체결되고 구법에서 인정되던 사유에 따라 2018. 10. 16. 이후 갱신하는 임대차를 가리킨다고 하였습니다.

따라서 B의 경우는 개정법 시행 전 계약이 체결되고 그 후 만료되는 임대차의 전체 기간이 5년이 되어, 구법에서 계약갱신요구로 연장할 수 있는 최대한에 다다랐으므로, 더는 갱신을 요구할 수 없다고 판시하였습니다(대법원 2020. 11. 5. 선고 2020다241017 판결 참조).

Q. 상가 임대차의 경우, 임대차 기간 중 임대인이 변동되었다면 계약갱신요구권 행사를 통하여 존속할 수 있는 임대차 계약 기간은 변동 시점에서 다시 10년이 되나요?

아닙니다. 계약갱신요구권 행사를 통하여 존속할 수 있는 임대차 계약의 기간은 해당 상가건물에 대해 최초 체결된 임대차 계약의 기산일부터 10년 동안입니다(대법원 2006. 3. 23. 선고 2005다74320 판결). 따라서, 임대인, 즉 소유자가 변동된 경우에도 해당 상가건물에 관하여 '최초'로 체결된 임대차 계약의 기산일부터 10년 동안만 임대차 계약이 갱신되는 것입니다. 단, 2018. 10. 16. 이전 체결된 임대차 계약의 경우, 최초 체결된 임대차 계약의 기산일부터 5년 동안으로 제한됩니다.

Q. 주택 임대차의 경우, 임차인이 계약갱신 요구권을 행사하고 있는 상황에서, 제가 임차목적물에서 살려고 갱신을 거절하는데 어떤 객관적인 증빙자료를 제시해야 하나요?

임대인이 계약갱신요구권 행사를 거절하면서 임차목적물에서 본인이 살 것이라는 것에 대해 객관적 증빙자료를 제시할 필요는 없습니다.

법원은 갱신거절 사유 중 임대인이 임차목적물에 거주한다는 사유는 다른 갱신거절 사유와는 달리 그 사유 자체가 아직 발생하지 않은 장래의 사태에 관한 임대인의 주관적 의도를 내용으로 한다고 하였습니다. 임차인의 입장에서 이를 확인하기 어려운 사정이 있지만 임대인의 입장에서도 실거주 목적의 존재를 객관적으로 입증한다는 것이 쉽지 않은 특성이 있어 다른 갱신요구 거절 사유와 동일한 정도의 입증이 요구된다고 보기 어렵다고 하였습니다. 따라서 실거주 목적을 의심할 만한 합리적인 사유가 존재한다는 등의 사정이 없는 한 임대인은 실거주 예정임을 소명할 수 있는 객관적 자료를 제시하지 않고도 갱신요구를 거절할 수 있다고 판시한 바 있습니다(서울중앙지방법원 2021가단 5013199 판결).

Q. 주택 임대차의 경우, 임차인이
   계약갱신요구권을 행사하고 있는데,
   임대인(임대인의 직계존비속)이
   임차목적물에서 산다고 하고 갱신을
   거절한 후 제3자에게 임대하면 안 될까요?

안 됩니다. 임대인이 직접 살지 않고 제3자에게 임대를 하는 경우, 나중에 임차인에게 손해배상을 해야 할 수 있습니다.

주택임대차보호법은 임대인이 임대인 또는 그 직계존비속이 실제 거주한다는 이유로 갱신을 거절한 후, 갱신요구가 거절되지 않았다면 갱신되었을 기간이 만료되기 전(갱신된 임대차 계약 기간 만료일이 될 것으로 예상) 정당한 사유 없이 제3자에게 주택을 임대한 경우, 임대인은 갱신거절로 인해 임차인에게 발생한 손해를 배상해야 한다고 정하고 있습니다(주택임대차보호법 제6조의3 5항).

이때 손해배상액은, 계약갱신 거절 당시 당사자 간에 손해배상액의 예정에 관한 합의가 있었다면 합의 내용을 따르고, 그렇지 않다면 (i) 갱신 거절 당시 월 차임의 3개월분(차임 외 보증금이 있는 경우, 주택임대차보호법에 따라 월 단위 차임으로 전환한 금액 포함), (ii) 제3자에게 임대한 후 얻는 월 차임과 갱신거절 당시 임차인으로부터 얻은 월 차임의 차액의 2년분에 해당하는 금액, (iii) 갱신거절로 실제 임차인이 입은 손해액 중 큰 금액이 됩니다(주택임대차보호법 제6조의3 제6항).

다만, 손해배상액은 각 사안마다 달라지고, 입증여부에 따라 그 금액이 달라질 수 있답니다.

Q. **계약 기간이 종료되기 전 임차인이
계약갱신요구권을 행사했고, 임대인한테
계약갱신요구권을 거절할 정당한 이유가
없는 상황에서 다른 사정으로 임차목적물을
매도했어요. 이후 새로운 임대인은 실거주를
이유로 계약갱신을 거절하는 경우,
계약갱신은 거절되는 것인가요?**

임대인이 계약갱신을 거절할 수 있는 기간 내(임대차 기간이 끝나기 6개월 전부터 2개월 전)에 실거주가 필요한 새로운 임대인이 실거주를 이유로 계약갱신을 거절하는 통지를 하였다면 계약은 거절됩니다.

과거 하급심 판례는, 임대인 A가 임차인 B와 체결한 임대차 계약의 기간이 만료하기 전에 C에게 임대차목적물을 매매한 다음, B가 임대차 계약의 갱신을 요구한 후 C가 자신이 실제 거주할 것이라는 이유로 계약갱신요구를 거절한 사안에서, 주택임대차보호법 제6조의3에서 정한 계약갱신요구권은 임차인이 계약갱신의 의사를 표시함으로써 바로 그 효과가 발생하는 형성권으로서, 실제 거주를 이유로 한 갱신거절 가능 여부는 임차인이 계약갱신을 요구할 당시의 임대인을 기준으로 봄이 타당하므로, 위 임대차 계약은 B의 계약갱신요구권 행사로 인하여 갱신되었고, 그 후에 임차목적물을 양수한 C는 자신이 실제 거주할 것이라는 이유로 계약갱신을 거절할 수 없다고 판시하였습니다(수원지방법원 2020가단569230).

그러나, 대법원은 위 하급심과 다르게, 주택임대차법 제6조, 제6조의3 등 관련 규정의 내용과 체계, 입법취지 등을 종합하여 보면, 임차인이 주택임대차법 제6조의3 제1항 본문에 따라 계약갱신을 요구하였더라도, 임대인으로서는 특별한 사정이 없는 한 법이 정한(6개월 전부터 2개월 전까지) 기간 내라면 제6조의3 제1항 단서 제8호에 따라 임대인이 목적 주택에 실제 거주하려고 한다는 사유를 들어 임차인의 계약갱신 요구를 거절할 수 있고, 임대인의 지위를 승계한 임차주택의 양수인(새 임대인)도 그 주택에 실제 거주하려는 경우 위 갱신거절 기간 내에 위 제8호에 따른 갱신거절 사유를 주장할 수 있다고 보아야 한다고 하면서, '주택임대차법 제6조의3 제1항 단서 제8호가 정한 '임대인'을 임차인이 갱신을 요구할 당시의 임대인만으로 제한하여 해석하기 어렵고, 구 임대인이 갱신거절 기간 내에 실거주 여부를 자유롭게 결정할 수 있다면 그 기간 내에 실거주가 필요한 새로운 임대인에게 매각할 수도 있다고 보아야 할 것인 점 등을 고려하면, 위 기간 내에 임대인의 지위를 승계한 양수인이 목적 주택에 실제 거주하려는 경우에는 위 제8호 사유를 주장할 수 있다고 할 것이다.'라고 판시하였습니다(대법원 2022. 12. 1. 선고 2021다266631 판결). 대법원은 "주택임대차법의 취지는 임차인의 주거생활 안정을 위하여 임차인에게 계약갱신요구권을 보장하는 동시에 임대인의 재산권을 보호하고 재산권에 대한 과도한 제한을 방지하기 위하여 임대인에게 정당한 사유가 있는 경우 계약갱신을 거절할 수 있도록 함으로써 임차인과 임대인의 이익 사이에 적절한 조화를 도모하고자 함에 있다."라고 그 판결의 취지도 밝혔습니다.

Q. 계약갱신요구권을 행사하는 경우 갱신된 임대차 계약의 조건은 어떻게 되나요?

계약갱신요구권을 행사하여 갱신되는 임대차 계약의 조건은 전 임대차와 동일합니다(주택임대차보호법 제6조의3 제3항, 상가건물 임대차보호법 제10조 제3항). 임대차 기간은 주택의 경우 2년이 되고, 상가건물의 경우 1년이 됩니다(주택임대차보호법 제6조의3 제2항, 상가건물 임대차보호법 제10조 제3항).

이때 임차인은, 임대차 기간으로 위 기간을 주장할 수도 있고, 언제든지 갱신된 임대차 계약을 해지할 수도 있습니다(주택임대차보호법 제6조의2 제1항, 상가건물 임대차보호법 제10조 제5항). 이 경우 임대인이 통지받은 날로부터 3개월이 지나면 해지의 효력이 발생합니다(주택임대차보호법 제6조의2 제2항, 상가건물 임대차보호법 제10조 제5항).

또한, 보증금 또는 차임 역시 증감을 청구할 수 있지만, 새로운 계약이 아니고 기존의 계약이 갱신된 것에 불과하므로 '임대차 계약 또는 증액 후 1년이 지난 후에 이전 보증금 또는 차임의 5% 범위 내'라는 제한 하에서만 가능합니다(주택임대차보호법 제6조의3 제3항, 상가건물 임대차보호법 제10조 제3항).

Q. 최초 임대차 계약 기간이 1년인 경우 (즉 2년이 아닌 경우), 계약갱신요구권 행사에 따라 갱신된 임대차 계약 기간은 몇 년인가요?

계약갱신요구권 행사로 갱신된 계약 기간은, 주택의 경우 기간을 정하지 아니하거나 2년 미만으로 정한 임대차는 법에 의하여 임대차 기간이 2년이 되고, 상가건물인 경우 기존 계약상 기간이 됩니다. 다만, 임대인이 아닌 임차인은 2년 미만으로 정한 기간이 유효하다고 주장할 수도 있습니다(주택임대차보호법 제4조 제1항). 따라서 최초 임대차 기간을 1년으로 정하였더라도 임차인은 임대차 기간을 2년이라고 주장할 수도 있고, 1년이라고 주장할 수 있게 됩니다. 그 이후 임차인이 계약갱신요구권을 행사하면 갱신된 임대차의 존속기간은 최초 임대차 기간과 무관하게 2년이 되는 것입니다(주택임대차보호법 제6조의3 제2항). 이에, 최초 주택 임대차 계약 기간이 3년이었던 경우에도, 임차인이 계약갱신요구권을 행사하여 갱신된 임대차의 존속기간은 기존 계약상 기간이 아닌 2년이 됩니다.

상가건물인 경우, 기간을 정하지 아니하거나 1년 미만으로 정한 임대차는 법에 의하여 임대차 기간이 1년이라고 할 수 있고, 이때 임차인은 1년 미만으로 정한 기간이 유효하다고 주장할 수 있습니다(상가임대차보호법 제9조 제1항). 다만, 상가 임차인이 계약갱신요구권에 따라 갱신된 임대차 계약은 주택 임대차와 다르게 존속기간이 정해져 있지 않고 전 임대차와 동일한 조건으로 다시 계약된 것으로 보고 있으므로, 그 임대차 기간은 기존 계약상 임대차 기간과 동일한 것으로 보아야 합니다(상가건물 임대차보호법 제10조 제3항). 단, 상가 임대차의 경우 앞에서 언급한 바와 같이, 계약갱신요구권은 최초의 임대차 기간을 포함하여 전체 임대차 기간이 10년을 초과하지 아니하는 범위에서만 행사할 수 있습니다.

Q. 임대인이 계약 갱신을 거절하여 묵시적 갱신이 성립하지 않은 경우에도, 임차인이 계약갱신요구권을 행사할 수 있나요?

묵시적 갱신과 갱신요구권은 다른 것이기 때문에 묵시적 갱신이 되지 않더라도 계약갱신요구권을 행사할 수 있습니다.

상가와 관련하여, 대법원은 묵시적 갱신과 계약갱신요구권이 취지와 내용을 서로 달리하는 것이므로 임대인이 갱신거절 통지를 할 당시, 임차인의 계약갱신요구권 행사를 임대인이 정당하게 거절할 수 있는 사유가 없다면, 임차인의 계약갱신요구권 행사 전후 어떤 시점에 갱신 거절 통지를 하든 관계없이 임차인은 계약갱신요구권을 행사할 수 있다고 판시한 바 있습니다(대법원 2014. 4. 30. 선고 2013다35115 판결).

Q. 사전에 계약갱신요구권을
행사하지 않겠다는 약정을 할 수 있나요?

계약갱신요구권 배제 약정은 무효인 약정입니다. 임차인과 이러한 약정을 한다고 하더라도 이는 임차인에게 불리한 것으로서 무효의 약정이므로 효력이 없습니다. 주택임대차보호법 및 상가건물 임대차보호법은 '이 법에 위반된 약정으로서 임차인에게 불리한 것은 무효'라고 규정하고 있기 때문입니다(주택임대차보호법 제10조, 상가건물 임대차보호법 제15조).

Q. 임대차 계약 종료 전, 임대인과 임차인이
단기간만 추가 임차하기로 합의하는 것이
가능할까요?

당사자 사이에 합의가 있었다면 단기 임대차도 가능합니다.

이는, 임차인이 계약갱신요구권을 포기하고 임대인과 임차인이 별도의 임대차 계약을 체결한 것으로 볼 수 있습니다. 계약갱신요구권은 임차인의 주거생활 안정을 목적으로 하는 것이므로 그 행사는 임차인이 스스로의 판단에 따라 결정하는 것이고, 그 외 당사자 간 합의에 따라 얼마든지 새로운 계약을 체결할 수 있는 것이므로 추가적으로 단기간의 계약을 체결하는 것 역시 가능합니다.

다만, 새로운 임대차 계약의 내용에 따라 임대차 신고를 해야 할 수도 있습니다.

Q. 임차인이 계약갱신요구권을 행사하는 경우 또는 임대인이 계약갱신거절을 하는 경우 증빙을 남겨놓아야 할까요?

계약갱신요구권 행사 또는 계약갱신거절권 행사는 효력이 매우 강력하므로 언제 임차인이 계약갱신요구권을 행사했는지, 임대인은 정당한 사유로 계약갱신을 거절한 것인지 등을 확인하기 위해서 증빙을 남기는 것은 중요합니다. 이는 추후 분쟁을 방지하기 위해서 좋습니다.

추가적으로 계약 갱신요구를 하여 임대차 계약이 갱신되는 경우 임대차 신고를 해야 하고, 계약 갱신요구의 증빙을 제출해야 합니다.

따라서 임대인은 임차인에게 갱신갱신 거절의 통지를 하는 경우, 갱신 거절 의사표시와 그 사유를 명시하여 거절통지서(첨부 4. 계약갱신거절통지서)를 작성하여 내용증명, 카카오톡 메시지, 문자 메시지 등으로 전달하고, 그 증거자료를 반드시 남겨놓아야 합니다.

Q. 임대차 종료일에 퇴거하기로 하는 내용의 제소전화해를 받았는데, 임차인이 계약 갱신요구를 한 경우, 제소전화해를 근거로 퇴거하도록 강제집행할 수 있나요?

계약갱신요구권이 법이 정한 권리라 하더라도, 사전에 제소전화해(첨부 2. 제소전화해 신청서)로 퇴거를 하기로 하였다면 강제집행을 할 수 있을 것으로 판단됩니다.

법원은 화해조서는 확정판결과 동일한 효력이 있으므로, 그 내용이 강행법규에 위배된 경우라고 하더라도 재심 절차에 의하여 구제를 받는 것은 별문제로 하고, 그 화해조서를 무효라고 주장할 수 없다고 판시하고 있습니다(대법원 1987. 10. 13. 선고 86다카2275 판결 각 참조).

계약갱신요구권은 법에 규정된 것이고, 법은 '이 법에 위반된 약정으로서 임차인에게 불리한 것은 무효'라고 정하고 있습니다(주택임대차보호법 제10조, 상가건물 임대차보호법 제15조). 따라서, 계약갱신요구권은 당사자 간 합의로 그 적용을 배제할 수 없는데, 이러한 규정을 강행법규라고 합니다. 또한, 임대차 종료일에 퇴거하기로 하는 내용의 합의는 계약갱신요구권을 행사하지 않기로 하는 내용의 합의이므로, 계약갱신요구권을 인정하고 있는 강행법규에 반하는 합의입니다. 그런데, 우리 법원은 강행법규에 위배되는 내용의 화해조서의 효력에 대해 무효라고 주장할 수 없다고 판시한 것입니다.

따라서, 임차인이 계약갱신요구권을 행사하는 경우 역시 당초 임대

차 종료일을 기준으로 임차인이 임차목적물을 명도하도록 한 제소전화
해의 효력이 인정되어 그 내용에 따라 임차인에 대해 강제집행할 수 있
을 것으로 생각됩니다. 다만, 이에 대해 명시적인 판례가 확립된 것이
아니므로, 추후 법원의 동향을 지켜봐야 할 것입니다.

임대차
계약 종료 후에도
꼼꼼하게

김한나 변호사

임대차 계약이 종료되면, 임차목적물을 인도받는 것과
동시에 임차인에게 임차보증금을 반환해야 합니다.

다만, 임차목적물을 인도받을 때 반드시 임차인이
제대로 원상회복을 했는지 확인하고, 그렇지 않은
경우 원상회복을 하도록 해야 합니다.

제대로 된 원상회복을 요청했는데도 임차인이
원상회복을 이행하지 않으면 원상회복에
필요한 금원 상당액을 임차보증금에서
공제한 후 나머지를 반환해야 합니다.

한편, 상가건물 임대차의 경우, 임차인은 권리금
계약을 통하여 권리금을 회수하고자 할 것인데,
이때 그 회수를 방해해서는 안 됩니다.

6장. 임대차 계약 종료 후에도 꼼꼼하게

1. 보증금 반환

Q. 임차인이 임차목적물을 인도하는 것과 임대인이 임차보증금을 반환하는 것 중 어느 것이 먼저인가요?

임대인은, 임대차 기간이 종료되면 임차목적물을 인도받음과 동시에 임차인에게 보증금을 반환해야 합니다.

양 의무는 동시이행의 관계가 있습니다(대법원 1977. 9. 28. 선고 77다1241, 1242 판결). 따라서, 어느 한 의무를 먼저 이행하여야 하는 것은 아니고, 동시에 이행하여야 합니다.

다만, 임차인이 이미 임차목적물에서 퇴거했으면서도 열쇠로 임차목적물을 시정해 놓는 경우가 종종 있는데, 이 경우 임차인이 임차목적물을 인도했다고 볼 수 없습니다. 또한 임차인이 원상회복을 하지 않고 임차목적물에 퇴거했다 하더라도 이는 정당한 인도가 아닙니다.

Q. 임차인이 차임을 연체하고 원상회복도 하지 않았는데, 보증금 전부를 반환해야 하나요?

임대인이 임대차 계약이 종료된 후 동시이행으로 임차인에게 반환해야 하는 금액은 보증금에서 연체 차임 및 원상회복 비용 상당액을 공제한 나머지입니다.

임대인에게는, 임차보증금에서 임차목적물을 반환받을 때까지 생긴 임차인의 모든 채무를 공제한 나머지 금액을 반환할 의무가 있는 것이므로(대법원 2002. 12. 10. 선고 2002다52657 판결), 임차목적물을 반환받을 때까지 발생하는 임차인의 채무가 있다면 그 채무액 전부를 공제한 나머지를 반환하면 됩니다.

2. 원상회복

Q. 임대차 기간 종료 후 임차인에게 임대차 계약 성립 당시와 동일한 상태로의 원상회복을 요구할 수 있나요?

원칙적으로 임대차 계약 성립 당시와 동일한 상태로 원상회복을 요구할 수 있습니다. 임대인의 귀책사유로 임대차 계약이 해지된 경우에도, 임대인은 임차인에게 원상회복을 요구할 수 있습니다(대법원 2002. 12. 6. 선고 2002다42278 판결). 다만 임차인은 이 경우 임대인에게 손해배상을 청구할 수 있을 것입니다.

그러나 임차인이, 자신의 소유에 속하는 독립한 물건을 임차목적물에 부합시켜 임차목적물 사용에 객관적인 편익을 가져오게 한 경우, 임대차 종료 시 임대인에게 그 물건을 매수해 줄 것을 청구할 수 있습니다. 이를 임차인의 부속물매수청구권이라고 하는데, 이 경우 임대인은 임차인에게 부속물에 대해서는 원상회복을 요구할 수 없고 오히려 이를 매수해야 하는 의무를 부담합니다(부속물매수청구권은 다음 질문에서 자세히 설명해 드리겠습니다).

Q. 어느 경우에 부속물매수청구권이 인정되나요?

임차인이 자신의 소유에 속하는 독립한 물건을 임대인의 동의를 얻어 임차목적물에 부합시켜 임차목적물의 사용에 객관적인 편익을 가져오게 한 경우, 부속물매수청구권이 인정됩니다(민법 제646조).

부속물매수권의 인정되는 요건을 더 자세히 살펴보면 다음과 같습니다.

먼저, 건물 기타 공작물의 임차인이어야 합니다. 따라서 토지 임대차는 해당이 되지 않습니다.

둘째로, 임대차가 종료되어야 합니다. 우리 법원은 임대차 계약이 임차인의 차임연체 등 채무불이행으로 인하여 해지된 경우 임차인은 부속물매수청구권을 행사할 수 없다고 판시하였습니다(대법원 1990. 1. 23. 선고 88다카7245, 88다카7252 판결).

셋째로, 임차인이 독립성이 인정되는 물건(유리문, 기름 보일러, 샷시, 모터 펌프, 전기 시설, 환기 시설 및 냉방장치를 위한 냉각탑과 그 배관 시설 등)을 임차목적물에 부속시켜야 합니다. 이때 전등, 가구, 컴퓨터 등과 같이 임차목적물에 부속되는 것이 아니라 쉽게 분리가 되고, 분리시 임차목적물의 가치가 감소하지 않는 것은 부속물에 해당하지 않습니다.

넷째로, 부속물이 임차목적물의 객관적인 편익을 제공해야 합니다. 만약, 임차인의 특수 목적에 사용하기 위하여 부속된 것, 카페의 인테

리어, 스튜디오 인테리어 등은 부속물매수청구권의 대상이 될 수 없습니다.

다섯째로, 임대인의 동의를 얻어 물건을 부속하였거나 임대인으로부터 매수한 물건을 부속한 것이어야 합니다. 이때 임대인의 동의는 명시적이거나 묵시적이어도 상관 없습니다.

임차인이 부속물매수청구권을 행사하는 경우, 임대인은 부속물에 대하여 원상회복을 요구할 수 없고, 오히려 임차인에게 매수대금을 지급해야하기 때문에 부속물매수청구권의 요건을 꼼꼼히 살펴보고 대응하셔야 합니다.

Q. 부속물매수청구권은 어떻게 행사하나요?

부속물매수청구권은 특정한 행사방식이 정해져 있지 않아서, 성립요건만 갖춰지면 구두 또는 서면 등 방식으로 행사할 수 있습니다.

또한 부속물매수청구권은 임차인이 의사표현만 하면 권리변동의 효과가 발생되는 권리(이를 '형성권'이라 합니다)여서, 임차인이 임대인에게 부속물매수청구권을 행사하겠다는 의사표현을 하면, 바로 임차인과 임대인 사이에 부속물에 관한 매매계약이 체결되는 효과가 생깁니다.

다만, 실제 임차인의 설치가 부속물로 인정되는지 여부 및 부속물의 매매가격 등에 대하여 임대인과 임차인이 합의가 이뤄지지 않는 경우가 많아서, 임차인이 임대인에게 의사표현을 하더라도 조정 또는 소송 등의 절차를 통하여 부속물매수청구권 행사의 목적을 달성하는 경우가 많습니다.

Q. 부속물매수청구권을 배제하는 특약을 할 수 있나요?

부속물매수청구권 규정은 강행규정이므로 원칙적으로 이를 배제할수 없으나, 예외적으로 임대차 계약 과정을 전반적으로 살펴 임차인에게 불리하지 않다면 이를 배제하는 특약도 유효합니다.

부속물매수청구권 규정은 강행규정이므로(민법 제652조 및 제646조), 임차인에게 불리한 것은 효력이 없습니다. 다만, 우리 법원은 임대차 계약의 과정을 전반적으로 살펴보아 임차인에게 불리하지 않다면, 부속물매수청구권을 배제하는 내용의 특약 역시 효력을 배제할 수 없다고 판시한 바 있습니다. 즉, 임차인이 임대차 종료 시까지 증개축한 시설물과 부대시설을 포기하고 임대인의 소유에 귀속하기로 하는 대가로 보증금 및 차임을 파격적으로 저렴하게, 그 기간 역시 장기간으로 하였으며, 임대인이 당초 임대차 종료 시에 임차목적물을 철거하고 그 부지에 건물을 신축하려고 했고 임차인 역시 임대차 계약 체결 시 이러한 사정을 미리 알고 있던 경우, 증개축한 시설물과 부대시설을 포기하는 내용의 약정이 무효라고 할 수 없다고 판시한 것입니다(대법원 1982. 1. 19. 선고 81다1001 판결).

Q. 임차인이 임차목적물에 투입한 비용을 달라고 하는데, 어떻게 하나요?

임차인은 일정한 요건이 되면 임차목적물에 투입한 비용을 임대인에게 청구할 수 있습니다.

먼저, 임차인이 임차물의 보존에 관한 필요비를 지출한 때에는 임대인에 대하여 지출한 비용 전책을 즉시 지급해줄 것을 청구할 수 있습니다(민법 제626조 제1항). 이를 필요비상환청구권이라 하고, 이는 임대인의 수선의무에 관한 비용입니다. 따라서 임차목적물의 사용·수익에 지장이 없는 경우인데 임차인이 비용을 지출하고 필요비상환을 청구한다면, 임대인은 지급할 필요가 없습니다.

다음으로, 임차인이 비용을 들여 임차목적물의 객관적 가치를 증가시켰고 임대차 종료 시점을 기준으로 임차목적물에 그 가치 증가가 남아 있는 경우, 임차인은 임대인에게 그 비용을 지급할 것을 청구할 수 있습니다(민법 제626조 제2항). 이를 유익비상환청구권이라 하는데, 유익비상환청구권은 임대차 계약이 종료될 때 임대인에게 청구하는 것입니다.

단, 필요비상환청구권 및 유익비상환청구권은, 비용을 투입하여 독립적인 물건을 부합시키는 경우 인정되는 부속물매수청구권과는 구분되는 것이고, 부속물매수청구권과 다르게 임대인의 동의를 받을 필요가 없으며, 강행규정이 아니어서 당사자 사이의 특약으로 배제할 수 있습니다. 실례로, 임대차 계약서에서 "임차인은 임대차 종료시 원상회복을 한다"라는 특약사항은 유익비상환청구권 포기 특약으로 해석된다는 점도 기억하시길 바랍니다.

Q. 임차인에게 요구할 수 있는 원상회복의 범위는 어떠한가요?

원상회복 범위를 일괄적으로 말하기는 어렵지만, 개별 사안에 따른 법원의 태도는 아래와 같습니다.

임대차 종료로 인한 임차인의 원상회복 의무는 임차인이 부동산 점유를 임대인에게 이전하는 것은 물론, 임대인이 임대 당시의 부동산 용도에 맞게 다시 사용할 수 있도록 협력할 의무도 포함됩니다(대법원 2008. 10. 9. 선고 2008다34903 판결).

법원은 임차인에게 임대인 또는 그 허락을 받은 제3자가 임차목적물에서 다시 영업허가를 받는데 방해가 되지 않도록 임차목적물에서의 영업허가를 폐업신고하는 절차를 이행할 의무가 있다고 판시한 바 있습니다(대법원 2008. 10. 9. 선고 2008다34903 판결).

3. 인도청구

Q. 임대차 계약이 종료되었는데도 임차인이 임차목적물에서 나가지 않고 있는데, 어떻게 해야 하나요?

임대차 계약이 종료되었는데도 임차인이 임차목적물에서 나가지 않는다면, 명도청구 소송을 제기해야 합니다. 절대로 사적으로 강제로 임차인을 퇴거시켜서는 안 됩니다.

앞서 계약서상 특약사항에 언급한 바와 같이, 임차인이 퇴거하지 않는 경우 명도 소송 없이도 임대차 종료 직후 집행력을 행사하기 위하여 제소전화해를 받는 것입니다. 따라서, 제소전화해를 사전에 받아놓지 않았다면, 명도청구를 통해서 임차인을 퇴거시킬 수밖에 없습니다. 명도청구는 소송이므로, 법원에 소를 제기하여야 합니다(첨부 5-1. 명도(인도)청구 소장 샘플).

Q. 사전에 임차인과 '임대차 종료 후에도 임차인이 퇴거하지 않으면 임의로 퇴거시킨다'는 내용으로 합의서를 작성한 것이 있는데, 이 경우 임차인을 임의로 퇴거시켜도 되나요?

합의서를 작성한 것만으로 임대인이 임차인의 물건, 시설물을 임의로 퇴거할 수는 없습니다. 제소전화해 결정 또는 확정판결 등 집행권원 없이 임대인이 임차인을 사적으로 강제 퇴거시키려고 할 경우, 임차인은 주거 침입으로 형사고소를 할 수도 있습니다.

대법원은 강제집행은 국가가 독점하고 있는 사법권의 한 작용을 이루고 채권자는 국가에 대하여 강제집행권의 발동을 신청할 수 있는 지위에 있을 뿐이므로, 법률이 정한 집행기관에 강제집행을 신청하지 않고 채권자가 임의로 강제집행을 하기로 하는 계약은 사회질서에 반하는 것으로 민법 제103조에 의하여 무효라고 할 것이라고 판시한 바 있습니다(대법원 2015. 3. 10. 선고 2004도341 판결). 따라서, 계약당사자 간 강제집행을 할 수 있다고 합의한 것은 유효하지 않으므로, 이를 근거로 임차인을 강제로 퇴거시킬 수는 없습니다.

4. 권리금 회수 - 상가건물 임대차의 경우

Q. 권리금이 무엇인가요?

권리금은 임차목적물인 상가건물에서 영업을 하는 이 또는 영업을 하려는 이가 영업시설, 비품, 거래처, 신용, 영업상의 노하우, 상가건물의 위치에 따른 영업상의 이점 등 유무형의 재산적 가치 양도 또는 이용 대가로써 임대인 또는 임차권의 양도인, 기존 임차인에게 보증금과 차임 이외에 지급하는 금전 등을 말합니다(상가건물 임대차보호법 제10조의3).

임차인은 이후 신규임차인과 권리금계약을 체결하고 신규임차인으로부터 권리금을 받게 됩니다(첨부 6. 상가건물 임대차 권리금 계약서 샘플). 만약 임대인이 이를 방해하면 법적인 제재가 따릅니다.

Q. 권리금에 관하여 임차인에게 법상 인정되는 권리는 무엇인가요?

임대인이 임차인의 권리금 회수 기회를 방해하는 경우, 임차인은 임대인에 대해 손해배상을 청구할 수 있습니다. 다만, 임대인이 임차인의 권리금 회수 기회를 방해한다는 것은, 임차인이 신규 임차인과의 임대차 계약을 주선하는 것을 전제로 합니다. 따라서, 임차인이 신규임차인과의 임대차 계약을 주선하지 않는 경우 임대인에게 손해배상을 청구할 수 없습니다(대법원 2019.7.4. 선고 2018다284226 판결).

Q. 임대차 계약이 곧 종료되는데 임차인이 본인이 권리금을 받기로 약정한 새로운 임차인을 주선해서 임대차 계약을 체결하라고 하네요. 임차인이 주선한 사람과 임대차 계약을 체결하지 않아도 괜찮은가요?

임대인이 임차인이 권리금을 받기로 약정한 새로운 임차인과 정당한 이유 없이 임대차 계약을 체결하지 않는다면, 이는 임차인의 권리금 회수를 방해한 것이 될 수 있습니다. 이 경우, 임대인은 임차인으로부터 손해배상청구를 당할 수 있습니다.

원칙적으로 임대인은 임대차 종료 6개월 전부터 종료 시까지 임차인이 신규임차인이 되려는 자로부터 권리금을 받는 것을 방해해서는 아니 됩니다(상가건물 임대차보호법 제10조의4 제1항). 임대인이 임차인을 방해해서 손해를 입은 경우, 임차인은 임대인에게 손해배상을 청구할 수 있습니다(상가건물 임대차보호법 제10조의4 제3항). 다만, 3기의 차임을 연체하는 등 임차인의 의무를 현저히 위반하여, 계약 갱신요구를 거절할 수 있는 사유(상가건물 임대차보호법 제10조 제1항 각호 참조)

가 있는 경우, 임대인이 임차인의 권리금 회수 기회를 방해하더라도 위법하지 않습니다(상가건물 임대차보호법 제10조의4 제1항 단서).

Q. 임차인이 권리금 소송을 통하여 지급을 청구할 수 있는 금액은 얼마나 되나요?

앞서 살펴본 바와 같이, 임차인이 임대인에게 권리금 회수 기회 방해를 이유로 손해배상청구를 할 수 있는데, 이를 권리금 소송이라고 합니다.

임차인이 권리금 소송을 통하여 지급을 청구할 수 있는 손해배상액은, '신규임차인이 임차인에게 지급하기로 한 권리금'과 '임대차 종료 당시의 권리금' 중에서 낮은 금액을 상한으로 합니다(상가건물 임대차보호법 제10조의4 제3항).

Q. 임차인이 언제라도 권리금 소송을 제기할 수 있나요?

권리금 소송은 손해배상청구 소송으로, 법이 정한 손해배상청구권 행사 시효가 완성되기 전 소송을 제기해야 합니다. 임차인의 임대인에 대한 손해배상청구권은 임대차가 종료한 날로부터 3년 이내에 행사해야 합니다(상가건물 임대차보호법 제10조의4 제4항). 따라서, 임대차 종료 후 3년이 지나면 소멸시효가 완성되어 임차인은 임대인을 상대로 권리금 소송을 할 수 없습니다.

Q. 임차인이 아직 신규 임차인과 권리금 계약도 체결하지 않았는데, 권리금 소송을 제기했어요. 이래도 괜찮은가요?

권리금 계약이 체결되지 않은 상태라도 임대인의 태도가 권리금 회수 기회를 방해하는 것으로 볼 수 있다면, 임차인은 권리금 소송을 제기할 수 있습니다.

대법원은 임차인이 새로운 임차인과 권리금 계약을 체결하지 않은 상태라고 하더라도 임대인이 새로운 임차인과 임대차 계약 체결을 거절하는 태도를 보이는 경우, 임차인의 권리금 회수 기회를 방해하는 것으로서 손해배상 책임을 진다고 판시한 바 있습니다(대법원 2019. 7. 10. 선고 2018다239608 판결).

Q. 어떤 경우에 임대인이 임차인의 권리금 회수를 방해하는 것으로 볼 수 있나요?

다음과 같은 경우, 임대인이 임차인의 권리금 회수를 방해하는 것으로 봅니다(상가건물 임대차보호법 제10조의4 제1항).

1. 임차인이 주선한 신규 임차인이 되려는 자에게 권리금을 요구하거나 임차인이 주선한 신규 임차인이 되려는 자로부터 권리금을 수수하는 행위
2. 임차인이 주선한 신규 임차인이 되려는 자가 임차인에게 권리금을 지급하지 못하게 하는 행위
3. 임차인이 주선한 신규임차인이 되려는 자에게 상가건물에 관한 조세, 공과금, 주변 상가건물의 차임 및 보증금, 그 밖의 부담에 따른 금액에 비추어 현저히 고액의 차임과 보증금을 요구하는 행위(현저한 고액의 여부는 임차인이 기존에 지급한 차임과 보증금이 아니고, 주변 상가건물의 차임과 보증금을 기준으로 해야 하며, 이는 임차인이 입증해야 함)
4. 그 밖에 정당한 사유 없이 임대인이 임차인이 주선한 신규 임차인이 되려는 자와 임대차 계약의 체결을 거절하는 행위

그리고, 위 4호의 정당한 사유와 관련하여, 다음과 같은 사정이 있는 경우에는, 정당한 사유가 있는 것으로 봅니다(상가건물 임대차보호법 제10조의4 제2항).

따라서, 아래 각호에 해당하는 경우, 임대인이 신규임차인과 임대차 계약을 체결하지 않아도, 임대인이 임차인의 권리금 회수 기회를 방해한다고 볼 수 없습니다.

1. 임차인이 주선한 신규 임차인이 되려는 자가 보증금 또는 차임을 지급할 자력이 없는 경우(임차인은 임대인에게 이에 대해 자신이 알고 있는 정보를 제공해야 함)

2. 임차인이 주선한 신규 임차인이 되려는 자가 임차인으로서의 의무를 위반할 우려가 있거나 그 밖에 임대차를 유지하기 어려운 상당한 사유가 있는 경우(임차인은 임대인에게 이에 대해 자신이 알고 있는 정보를 제공해야 함)

3. 임대차 목적물인 상가건물을 1년 6개월 이상 영리 목적으로 사용하지 아니한 경우

4. 임대인이 선택한 신규 임차인이 임차인과 권리금 계약을 체결하고 그 권리금을 지급한 경우

Q. "임차인이 주선한 신규임차인이 되려는 자가 임차인으로서의 의무를 위반할 우려가 있거나, 그 밖에 임대차를 유지하기 어려운 상당한 사유가 있는 경우"는 어떻게 판단 하나요? 그리고 어떤 경우를 말하나요?

임차인이 주선한 신규임차인이 되려는 자가 임차인으로서의 의무를 위반할 우려는, 기존 임대차 계약을 기준으로 판단하게 됩니다. 향후 신규임차인이 의무위반을 할 우려가 있다는 점을 예상한다는 것은 어렵고 자의적일 수 있기 때문입니다. 이때 임대인은, 임차인과 신규임차인에게 임차인으로서의 의무를 이행할 의사 및 능력이 있는지와 관련하여 정보를 제공할 것을 요청할 수 있을 것입니다.

의무위반 우려의 예로, 기존 임대차 계약에 업종변경 금지특약이 있는 경우를 들 수 있습니다. 신규임차인이 임대인 동의없이 임의로 업종이나 용도를 변경할 우려가 있다면 의무위반 우려 사유에 해당한다 할 것입니다. 또한 신규임차인의 업종이 불법영업이 예상되는 경우도 의무위반 우려 사유에 해당할 것입니다. 이와 같은 경우, 임대인이 임차인이 주선한 신규임차인과의 임대차 계약 체결을 거절한다고 하더라도 권리금회수를 방해하였다고 할 수 없습니다.

Q. "임차목적물인 상가건물을 1년 6개월 이상 영리 목적으로 사용하지 않은 경우"는 어떤 경우를 말하나요?

임대인이 임대차 계약 종료 후 임대차목적물인 상가건물을 1년 6개월 이상 영리 목적으로 사용하지 아니하는 경우를 의미합니다.

다만, 임대인이 임대차 종료 시 임차목적물을 1년 6개월 이상 영리 목적으로 사용하지 않겠다는 사유를 들어 신규 임차인과의 임대차 계약 체결을 거절하고, 실제로도 1년 6개월 이상 동안 상가건물을 영리 목적으로 사용하지 않아야 합니다(대법원 2021. 11. 25. 선고 2019다 285257 판결).

Q. 상가건물을 직접 사용한다고 하면서 임차인이 주선한 신규임차인과의 임대차 계약 체결을 거부할 수 있나요?

위에서 설명해 드린 정당한 사유가 없다면, 이 경우도 역시 임차인의 권리금 회수 기회를 방해하는 것으로 봅니다(대법원 2019. 7. 4. 선고 2018다284226 판결). 더욱이, 임대인이 신규 임차인과의 임대차 계약 체결을 거부하는 것은 임차인이 신규 임차인과의 임대차 계약을 주선하는 것을 전제로 하는 것입니다. 임대인이 직접 사용한다고 하는 의사를 명시적으로 표시한 경우, 임차인이 실제로 주선하지 않았더라도 임차인은 권리금 회수 방해를 한 것으로 보아 임대인을 상대로 손해배상청구를 할 수 있습니다(대법원 2021. 11. 25. 선고 2019다285257 판결).

Q. 임차인과 '임대인이 임차인의 권리금 회수 기회를 방해해도 문제 삼지 않는다'는 내용의 특약을 했는데, 유효한가요?

원칙적으로 권리금 회수 포기 특약은 무효입니다. 상가건물 임대차보호법에 위반된 약정으로서 임차인에게 불리한 것은 효력이 없기 때문입니다(상가건물 임대차보호법 제15조).

5. 기타

Q. 주택 임대차의 경우, 임대차 종료 시에도 신고를 해야 하나요?

주택 임대차 계약이 해제 등을 제외하고, 임대차 기간 만료로 종료한 경우는 별도로 임대차 신고를 할 필요가 없습니다.

부동산거래신고등에관한법률은 주택 임대차 계약의 체결, 변경 및 해제의 경우에만 신고할 것을 정하고 있습니다(부동산거래신고등에관한법률 제6조의2 및 제6조의3).

Q. 임차인 우선변제권은 무엇인가요?

우선변제권이란 임차목적물에 대하여 경매가 진행될 때, 보증금 상당액을 담보물권과 동일한 순위로 변제받을 수 있는 권리를 의미합니다. 주택 임대차의 경우 주택 인도와 전입신고를 하여 대항력을 갖추고, 더하여 확정일자를 받은 경우 우선변제권이 발생합니다(주택임대차보호법 제3조의2 제2항). 상가건물 임대차의 경우에는 건물의 인도와 사업자등록 신청을 하여 대항력을 갖추고 확정일자를 받은 경우, 우선변제권이 발생합니다(상가건물 임대차보호법 제5조 제2항).

Q. 소액임차인 최우선변제권은 무엇인가요?

임차목적물에 대한 경매신청의 등기 전에 대항력을 취득한 '일정한 범위의 임차인(소액임차인)'에게 '보증금 중 일정액'에 대해서는 담보물권(저당권, 근저당권 등)에 우선하여 변제받을 수 있는 권리를 의미합니다(주택임대차보호법 제8조, 상가건물 임대차보호법 제14조).

소액임차인의 최우선변제권은 우선변제권과 구별되는 개념입니다. 즉, 임차인의 "우선변제권"은 담보물권과 동일한 권리순위에 있어서, 임차목적물이 경매에 부쳐진다면 해당 임차목적물의 저당권 설정시기와 우선변제권 설정시기를 비교하여 권리설정 순서가 빠른 권리자가 먼저 변제를 받도록 하는 권리라면, "소액임차인의 최우선변제권"은 아래 표에 따른 '우선변제를 받을 범위의 임차인'에게 '보증금 중 일정액'에 관하여 다른 담보물권 설정 시기에 상관없이 담보물권자 및 그 밖의 채권자보다 우선하여 변제를 받을 수 있도록 하는 권리인 것입니다(아래 표 참조).

주택 소액임차인의 최우선변제권의 기준은 최근 2023. 2. 21.자로 개정되었는데, 현재 존속 중인 임대차 계약에 대해서도 모두 개정된 기준이 적용됩니다. 다만, 2023. 2. 21.전에 임차주택에 대하여 담보물권을 취득한 자에 대해서는 변경 전의 소액임차인의 최우선 변제금액 상당액만을 인정하게 됩니다(주택임대차보호법 시행령 부칙).

주택 임대차의 경우

우선변제를 받을 임차인의 범위

	지역	금액
2023. 2. 21. 이전	서울특별시	1억 5,000만 원
	과밀억제권역, 세종특별자치시, 용인시, 화성시 및 김포시	1억 3,000만 원
	광역시, 안산시, 광주시, 파주시, 이천시 및 평택시	7,000만 원
	그 밖의 지역	6,000만 원

	지역	금액
2023. 2. 21. 이후	서울특별시	1억 6,500만 원
	과밀억제권역, 세종특별자치시, 용인시, 화성시 및 김포시	1억 4,500만 원
	광역시, 안산시, 광주시, 파주시, 이천시 및 평택시	8,500만 원
	그 밖의 지역	7,500만 원

보증금 중 일정액의 범위

	지역	금액
2023. 2. 21. 이전	서울특별시	5,000만 원
	과밀억제권역, 세종특별자치시, 용인시, 화성시 및 김포시	4,300만 원
	광역시, 안산시, 광주시, 파주시, 이천시 및 평택시	2,300만 원
	그 밖의 지역	2,000만 원

	지역	금액
2023. 2. 21. 이후	서울특별시	5,500만 원
	과밀억제권역, 세종특별자치시, 용인시, 화성시 및 김포시	4,800만 원
	광역시, 안산시, 광주시, 파주시, 이천시 및 평택시	2,800만 원
	그 밖의 지역	2,500만 원

소액임차인의 최우선변제권을 위 표를 보면서 예를 들어 설명해보겠습니다. 임대한 주택이 서울에 소재하는 경우, 보증금이 1억 6,500만 원 이하라면, 해당 소액 임차인은 보증금 중 5,500만 원(다만, 주택가액의 2분의 1에 해당하는 금액과 비교하여 주택가액의 2분의 1에 해당하는 금액이 5,500만 원보다 적다면 해당 금액)은 다른 담보권자 및 그 밖의 채권자보다 우선적으로 변제를 받을 수 있는 것입니다. 만약, 임대한 주택이 서울에 소재하면서 보증금이 1억 6,500만 원을 초과하면, 이 경우 임차인은 소액임차인이 아니어서 우선변제를 받을 수 없게 됩니다.

단, 상가건물 소액임차인의 우선변제권의 범위는 2013. 12. 30. 이후 아직 변경되지 않아서 아래표와 같으나, 최우선변제권 등 권리의무를 확인할 때 상가건물 임대차보호법 시행령 변경 여부도 한번 체크해 보시길 권해드립니다.

상가건물 임대차의 경우

우선변제를 받을 임차인의 범위

지역	금액
서울특별시	6,500만 원
과밀억제권역	5,500만 원
광역시, 안산시, 용인시, 김포시 및 광주시	3,800만 원
그 밖의 지역	3,000만 원

보증금 중 일정액의 범위

지역	금액
서울특별시	2,200만 원
과밀억제권역	1,900만 원
광역시, 안산시, 용인시, 김포시 및 광주시	1,300만 원
그 밖의 지역	1,000만 원

상가건물의 경우도 예를 들어보면, 만약 서울에 소재하는 상가건물을 임대하였고, 그 환산보증금이 6,500만 원 이하라면 그중 2,500만 원은 해당 소액 임차인은 다른 담보권자 및 그 밖의 채권자보다 우선적으로 변제를 받을 수 있는 것입니다. 단, 이때 2,500만 원(보증금 중 일정액의 범위)과 임대건물가액(임대인 소유의 대지가액을 포함)의 2분의 1에 해당하는 금액을 비교하여 그보다 적은 금액을 우선적 변제를 받을 수 있습니다.

7장

임대사업자
등록을 하는 경우
우선순위

임대사업자 등록을 하면 여러 가지 세제혜택을
받을 수 있다고 들었는데요.

아파트를 포함한 모든 주택이 임대사업자
등록이 가능한가요?

7장. 임대사업자 등록을 하는 경우 우선순위

Q. 주택을 임대하려면 임대사업자 등록은 반드시 해야 하나요?

먼저 임대사업자의 정의를 명확히 할 필요가 있습니다. 민간임대주택에 관한 특별법(이하 민간임대주택법)이 정의한 임대사업자란 공공주택 특별법 제4조 제1항에 따른 공공주택 사업자가 아닌 자로서, 1호 이상의 민간임대주택을 취득하여 임대하는 사업을 할 목적으로 민간임대주택법 제5조에 따라 등록한 자를 의미합니다. 그런데 민간임대주택법 제5조는 주택을 임대하려는 자는 관할 지방자치단체의 장에게 등록 신청을 할 수 있게 했지만, 이는 의무가 아닙니다.

다만, 민간임대주택법상 임대사업자 등록과는 별도로, 주택을 임대하여 사업 소득이 발생하는 경우, 사업장 소재지 관할 세무서장에게 임대사업 등록을 해야 하는데, 이는 의무 사항입니다(소득세법 제168조).

즉, 민간임대주택법에 따른 관할 지방자치단체의 장에 등록하는 임대사업자와 소득세법에 따라 관할 세무서장에게 등록하는 임대사업자는 그 제도와 등록절차, 의무사항, 그에 따른 혜택 또는 불이익을 다르게 정하고 있습니다. 그렇기 때문에 세무서장에게 임대사업자 등록을 한 것만으로는 지방자치단체장에 임대사업자를 등록하였을 때 받는 취득세, 재산세, 양도소득세 등 세금 혜택을 받지 못하고 양쪽에 다 임대사업자를 등록한 경우, 임대차 계약 등 신고를 세무서장에게만 하였다면 지방자치단체장에 대한 신고의무 불이행으로 과태료 대상이 될 수 있으니 주의하셔야 합니다.

임대인이 주택을 임대하여 소득을 얻고자 할 때, 세무서장에게 등록하는 것과 별도로 민간임대주택법상 임대사업자 등록을 할지 여부를 잘 검토하여 정해야 합니다.

Q. 민간임대주택법상 민간임대주택은 무엇인가요?

민간임대주택법상 민간임대주택은 임대를 목적으로 제공하는 주택으로서 임대사업자가 등록한 주택을 말합니다.

민간임대주택은 취득 유형에 따라 민간건설임대주택과 민간매입임대주택으로 구분되고, 임대 유형에 따라 공공지원민간임대주택과 장기일반민간임대주택으로 구분되는데, 과거에는 임대 기간에 따른 구분도 있었으나 2020. 8. 18. 개정법부터는 임대 의무 기간을 10년으로 연장하고 하나로 통일되었습니다(임대의무기간 4년, 8년은 없어짐).

Q. 아파트나 도시형 생활주택을 임대할 때도 임대사업자 등록을 할 수 있나요?

민간임대주택법상 임대사업자를 등록할 수 있는 장기임대주택에, 아파트는 포함되지 않는다는 점(민간임대주택법 제2조 5호)을 유의해야 합니다.

다만, 4층 이하의 도시형 생활주택 경우 여전히 민간임대주택법상 임대사업자 등록이 가능합니다.

Q. 임대사업자 등록을 하면 어떠한 점이 좋은가요?

먼저 임대사업자로 등록한 경우, 취득세, 재산세, 종합부동산세, 양도소득세 등 감면을 받습니다.

취득세의 경우는 다음과 같습니다. 공동주택, 다가구주택, 오피스텔을 신축하여 최초 분양하는 경우, 취득 당시 분양가액이 수도권 6억 원, 비수도권 3억 원 이하이며, 전용면적이 60㎡ 이하의 공동주택은 취득세 면제, 65㎡~85㎡인 경우 취득세를 50%로 감면받습니다. 따라서 최초 분양이 아니라 이미 건설된 주택을 매수하는 경우, 취득세 면제나 감면 혜택을 받을 수는 없습니다.

재산세 감면 혜택은 다음과 같습니다. 수도권 6억 원(비수도권은 3억 원) 이하의 공동주택을 2세대 이상 매입 또는 건설한 경우, 수도권 4억 원(비수도권 2억 원) 이하 오피스텔을 2세대 이상 보유한 경우, 모든 호실의 전용면적이 40㎡ 이하인 다가구 주택인 경우, 각 주택의 전용면적에 따라 재산세 감면 혜택을 받는데, 전용면적이 40㎡인 경우 면제(단, 세액이 50만 원을 초과하면 85% 감면), 전용면적이 40㎡~60㎡인 경우 75% 경감, 전용면적이 60㎡~85㎡인 경우 50% 경감을 받습니다.

종합부동산세와 관련하여 공시가격이 6억 원(비수도권은 3억 원) 이하의 임대주택을 매입한 경우와 공시가격 9억 원 이하, 전용면적이 149㎡ 이하인 임대주택을 2세대 이상 건설한 경우 종합부동산세 합산을 배제합니다. 단, 2018. 9. 14. 이후 조정대상지역 내 신규 취득한 주택은 합산하여 과세합니다.

임대소득세는 기준시가 6억 원 이하로 전용면적이 85㎡ 이하인 임대주택 1호를 임대하는 경우 75%, 2호 이상 임대하는 경우 50%를 감면해 줍니다. 또한 2,000만 원 이하 임대소득은 분리과세하며 필요경비 및 기본공제 적용혜택을 제공합니다.

양도소득세의 경우는 다음과 같습니다. 먼저, 기준시가가 6억 원(비수도권은 3원 억) 이하의 임대주택을 매입한 경우와 기준시가 6억 원 이하로 전용면적이 149㎡ 이하 대지면적이 298㎡인 주택을 2호 이상 건설한 경우 양도세율 중과대상에서 배제됩니다. 단, 2018. 9. 14. 이후 조정대상지역 내 신규 취득한 주택은 양도세 중과대상이 됩니다.

또한, 2022. 12. 31.까지 등록한, 기준시가 6억 원 이하, 전용면적 85㎡ 이하인 임대주택을 10년 이상 보유한 경우, 양도세 장기보유 특별공제 혜택 75%를 받을 수 있습니다.

마지막으로 양도소득세의 비과세는 ①거주주택은 주택 보유 기간 중 거주기간이 2년 이상이고 시가 12억 원 이하일 때 ②임대주택은 임대 개시 당시 기준시가 수도권 6억 원(비수도권 3억 원) 이하이고, 의무 임대 기간을 준수한 경우로 임대료 인상률 5% 이하인 조건을 준수할 때 받을 수 있는 혜택입니다.

구분 (2022.3. 기준)	전용면적(㎡)			세제 지원요건
	40 이하	40 ~ 60	60 ~ 85	
취득세 감면 (지방세)	취득세 면제 * 세액 200만 원 초과 시 85% 경감		50% 경감 * 임대주택 20호 이상 등록 시	- 공동주택을 신축, 공동주택 오피스텔을 최초 분양*한 경우 　* 분양의 경우, 취득 당시 가역 수도권 6억 원(비수도권 3억 원) 이하 - 취득일로부터 60일 이내 임대사업자 등록 필요 - 2024년 내 취득세 감면 신청 시까지 혜택 제공

구분 (2022.3. 기준)	전용면적(㎡)			세제 지원요건	
	40 이하	40 ~ 60	60 ~ 85		

재산세 감면
(지방세)
	면제
	*세액
	50만 원
	초과 시
	85% 경감
		75% 경감	50% 경감	**매입**
				- 공동주택 2세대
				  이상: 수도권
				  6억 원(비수도권
				  3억 원) 이하
					건설
					- 공동주택 2세대
					  이상: 수도권
					  9억 원(비수도권
					  3억 원) 이하

				- 오피스텔 2세대 이상: 수도권 4억 원 (비수도권 2억 원 이하) - 다가구주택: 모든 호실 전용면적 40㎡ 이하 - 2024년 재산세 부과 분까지 감면	

종부세 합산배제 (국세)	**매입**	– 공시가격 수도권 6억 원(비수도권 3억 원) 이하 * 2018. 9. 14. 이후 조정대상지역 내 신규 취득한 주택은 합산과세
	건설 (2호 이상)	– 공시가격 9억 원 이하, 전용면적 149㎡ 이하

임대 소득세 (국세)	**감면**	• **(1호 임대 시) 75%, (2호 이상 임대 시) 50%** – 기준시가 6억 원 이하, 국민주택규모 이하 – 2022. 12. 31. 이전에 끝나는 과세연도까지 발생한 임대소득에 대해 경감
	분리 과세	• **2,000만 원 이하 임대소득 분리과세 시 필요경비율, 기본공제 차등 혜택 적용** – 필요경비율: (등록) 60%, (비등록) 50% / 기본공제: (등록) 400만 원, (비등록) 200만 원

양도 소득세 (국세)	**양도 세율 중과 배제**	**매입**	– 기준시가 수도권 6억 원(비수도권 3억 원) 이하 * 2018. 9. 14. 이후 조정대상지역 내 신규 취득한 주택은 양도세 중과
		건설 (2호 이상)	– 기준시가 6억 원 이하, 전용면적 149㎡ 이하+대지면적 298㎡
	장특공 특례 (70% 공제)	**건설**	– 기준시가 수도권 6억 원(비수도권3억) 이하, 국민주택규모 이하 – 2022년까지 민간임대주택 등록
	거주 주택 비과세 (1회 적용)	– (거주주택) 주택 보유기간 중 거주기간이 2년 이상 – (임대주택) 거주주택 외 모든 주택을 임대. 기준시가 수도권 6억 원(비수도권 3억 원) 이하	

표3. 임대사업자 등록 시 주요 세제지원(출처: 렌트홈 홈페이지, www.renthome.go.kr)

또한, 임대사업자가 민간임대주택을 건설하려는 경우 (i) 국가나 지방자치단체 등이 소유하거나 조성한 토지를 민간임대주택을 건설하려는 임대사업자에게 우선 공급하거나 (ii) 임대사업자가 공공지원민간임대주택을 건설하는 경우, 건폐율과 용적률을 완화하고 연립주택과 다세대주택의 경우 층수 제한을 완화하는 등의 혜택이 있습니다.

Q. 임대사업자 등록을 하면 어떠한 의무를 부담하게 되나요?

임대사업자로 등록하는 경우 임대차 계약 시점과 임대차 계약 후로 나누어 각종 의무를 부담합니다.

단계별	주요 의무사항	과태료
임대차 계약 시	**1. 임대사업자 설명 의무** - 임대사업자는 임차인에게 임대의무기간, 임대료 금액 제한(5%), 임대주택 권리관계(선순위 담보권, 세금 체납 사실 등) 등에 대해 설명하여야 합니다. ※ 둘 이상의 임대차 계약이 존재하는 다가구주택 등은 선순위 임대보증금에 대해서도 설명해야 합니다 (2020. 12. 10. 이후).	500만 원 이하
	2. 소유권등기상 부기등기 의무(2020. 12. 10. 이후) - 임대사업자는 등록 후 지체없이 등록한 임대주택이 임대 의무 기간과 임대료 증액 기준을 준수해야 하는 재산임을 소유권 등기에 부기등기해야 합니다.	500만 원 이하

단계별	주요 의무사항	과태료
임대차 계약 시	**3. 임대차 계약 신고 의무** – 임대사업자가 임대료 임대 기간 등 임대차 계약 사항 (재계약, 묵시적 갱신 포함)을 관할 지자체에 신고하여야 합니다. ※ 신고방법 – 시군구 지자체 방문 또는 렌트홈 온라인 신고 ※ 제출서류 – 임대차 계약 신고서 및 표준임대차계약서 – 임대차 계약 신고 이력이 없는 경우, 세제 감면이 제한될 수 있습니다.	1,000만 원 이하
	4. 표준임대차계약서 양식 사용 의무 – 임대사업자가 임대차 계약을 체결하는 경우, 표준임대차계약서 양식 1(민간임대주택법 시행규칙 별지 제24호)을 사용하여야 합니다. – 양식 미사용 시 임대차 계약 신고가 수리되지 않을 수 있습니다.	1,000만 원 이하

표4. 임대차 계약 시 주요 의무사항(출처: 렌트홈 홈페이지, www.renthome.go.kr)

우선, 임대차 계약 시 (i) 임차인에게 임차보증금에 대한 보증의 보증 기간, 임대의무기간 중 남아 있는 기간, 임대료 증액 제한, 임대주택 권리관계(선순위 담보권 존부, 세금체납 여부 등) 등에 대해 등기부와 납세증명서를 제시하며 설명하여야 하고(위반 시 과태료 500만 원 이하), (ii) 임대사업자 등록 후 지체없이 임차목적물이 임대의무기간과 임대료 증액 제한을 준수해야 하는 재산임을 부기등기해야 하며(위반 시 과태료 500만 원 이하), (iii) 임대차 계약 사항을 임대차 계약 체결일로부터 3개월 이내에 관할 지방자치단체장(시장·군수·구청장)에게 신고해야 하고(위반 시 과태료 1,000만 원 이하), (iv) 임대차 계약 체결 시 표준임대차계약서 양식을 사용해야 합니다(위반 시 과태료 1,000만 원 이하).

단계별	주요 의무사항	과태료
임대차 계약 후	**5. 임대료 증액 제한 의무** – 임대료(임대보증금 및 월 임대료)를 증액하려는 경우 임대료의 5% 범위를 초과하여 임대료를 증액할 수 없습니다. ※ 임대차 계약 또는 약정한 임대료 증액이 시점 이후 1년 이내에는 임대료를 증액할 수 없습니다. – 임차인은 증액 비율을 초과하여 증액된 임대료를 지급한 경우, 초과 지급한 임대료의 반환을 청구할 수 있습니다.	3,000만 원 이하
	6. 임대의무기간 준수 의무 – 임대의무기간(10년) 중에 등록임대주택을 임대하지 않거나(본인 거주 포함) 무단으로 양도할 수 없습니다.	임대주택당 3,000만 원 이하
	7. 임대차 계약 유지 의무 – 임대사업자는 임차인에게 귀책사유가 없는 한 임대차 계약을 해제·해지·재계약 거절할 수 없습니다. ※ (거절사유) 월 차임 3개월 연체, 부대시설 고의 파손·멸실 등	1,000만 원 이하

표5. 임대차 계약 후 주요 의무사항(출처: 렌트홈 홈페이지, www.renthome.go.kr)

그리고, 임대차 계약 후에는, (i) 임대차 계약 사항 변경 시 변경일로부터 3개월 이내에 관할 지방자치단체장(시장·군수·구청장)에게 변경신고를 해야 하고(위반 시 과태료 1,000만 원 이하), (ii) 임대료(임차보증금 및 월 차임 모두)를 증액하려는 경우 임대료의 5%를 초과하여 증액하여서는 안 되며, 임대료 증액 후 1년 이내에는 증액할 수 없는데(위반 시 과태료 3,000만 원 이하), (iii) 임대의무기간 10년 동안 계속해서 임대하지 않거나 이 기간에 무단으로 양도할 수 없고(위반 시 과태료 3,000만 원 이하), (iv) 임차인에게 귀책사유가 없는 한 임대차 계약을 해제·해지를 할 수 없으며 재계약을 거절할 수 없습니다(위반 시 과태료 1,000만 원 이하).

단계별	주요 의무사항	과태료
기타	**8. 임대사업 목적 유지 의무** – 오피스텔을 등록한 경우, 주거 용도로만 사용하여야 합니다.	1,000만 원 이하
	9. 임대보증금 보증 의무 – 임대사업자는 임대사업자 등록이 말소되는 날 (임대사업자 등록이 말소되는 시점에 임대 중인 경우 임대차 계약이 종료되는 날)까지 임대보증금에 대한 보증에 가입해야 합니다.	보증금의 10% 이하에 상당하는 금액의 과태료(상한 3,000만 원)
	10. 보고 – 검사 요청 시 협조 의무 – 관리관청이 임대사업자에 필요한 자료 제출을 요청하거나 관련 검사를 실시할 경우 적극 협조하여야 합니다.	500만 원 이하
등록면허세 납부	• 임대사업자 등록증을 새로 받거나(양수 포함), 내용을 변경할 경우 등록증을 발급받기 전 관할 지자체에 해당 내용을 신고하고, 등록면허세를 납부하여야 합니다.	

표6. 기타 의무사항(출처: 렌트홈 홈페이지, www.renthome.go.kr)

또한 (i) 임차목적물이 준주택(부엌, 화장실 및 목욕시설을 갖춘, 전용면적 120㎡ 이하의 오피스텔 등)인 경우, 주거용이 아닌 용도로 사용할 수 없고(위반 시 과태료 1,000만 원 이하), 시장·군수·구청장이 필요한 자료 제출을 요청하거나 관련 검사를 실시할 경우 적극 협조해야 합니다(위반 시 과태료 500만 원 이하). (ii) 임대사업자 등록이 말소되는 날까지(등록 말소일에 임대 중인 경우, 임대차 계약이 종료되는 날까지) 임차보증금에 대한 보증에 가입해야 합니다(위반 시 과태료 3,000만 원을 상한으로 임차보증금의 10% 이하에 상당하는 금액).

이처럼 민간임대주택법상 임대사업자 등록을 한 경우 의무의 종류가 다양하고 위반 시 과태료가 적지 않으니 유념해야 합니다.

Q. 보증금이 정말 소액인데, 임대사업자 등록을 하면 무조건 임대보증금에 대한 보증에 가입해야 하나요?

원칙적으로는 모든 민간임대주택 임대사업자에게 임대보증금에 대한 보험 가입을 의무화하였지만, 보증가입의 예외는 있습니다.

먼저, ① 임대보증금이 최우선변제금액 이하이고 임차인이 임대보증금에 대한 보증에 가입하지 아니하는 것에 동의한 경우(별지 임대보증금 보증 미가입 동의서), ② 임대사업자가 기존 주택을 임차하는 공공주택사업자와 임대차 계약을 체결하는 경우로서 해당 공공주택사업자가 보증 가입 등 임대보증금 회수를 위하여 필요한 조치를 취한 경우, ③ 임차인이 보증회사나 이에 준하는 기관에서 운용하는 전세금 반환을 보장하는 보증에 가입하였고, 임대사업자가 해당 보증의 보증수수료를 임차인에게 전부 지급한 경우에는 보증 가입을 하지 않아도 됩니다.

예를 들어 현재 서울에서 보증금이 5,000만 원 이하이고, 임차인이 임대보증금에 대한 보증에 가입하지 않겠다고 동의한 경우라면 보증에 가입하지 않아도 됩니다.

적용기간	지역	최우선변제금
2018. 9. 18.~ 2021. 5. 10.	서울특별시	3,700만 원
	수도권 과밀억제권역 및 용인시, 화성시, 세종특별자치시	3,400만 원
	광역시 및 안산시, 김포시, 광주시, 파주시	2,000만 원
	그 밖의 지역	1,700만 원
2021. 5. 11.~ 2023. 2. 20.	서울특별시	5,000만 원
	수도권 과밀억제권역 및 용인시, 화성시, 김포시, 세종특별자치시	4,300만 원
	광역시 및 안산시, 광주시, 파주시, 이천시, 평택시	2,300만 원
	그 밖의 지역	2,000만 원
2023. 2. 21.~ 현재	서울특별시	5,500만 원
	수도권 과밀억제권역 및 용인시, 화성시, 김포시, 세종특별자치시	4,800만 원
	광역시 및 안산시, 광주시, 파주시, 이천시, 평택시	2,800만 원
	그 밖의 지역	2,500만 원

표7. 최우선변제금 현황(출처: 법무부)

8장

조정 및 소송 등
권리구제 관련
정보

8장. 조정 및 소송 등 권리구제 관련 정보

1. 증거 확보

    소송, 조정 등을 통해서 분쟁을 해결하기 위해서는 무엇보다도 증거 확보가 필요합니다. 앞서 언급한 권리·의무 관계 중 '요건'과 관련한 자료는 반드시 확보해 놓아야 합니다. 예를 들어, 묵시적 갱신을 저지하기 위해 갱신 거절의 통지를 하는 경우, 갱신 거절의 내용을 담은 내용증명을 보내거나, 이러한 내용을 담은 카카오톡 메시지, 문자 메시지, 녹음 등을 반드시 남겨놓아야 합니다.

    흔히, 내용증명(첨부 7. 내용증명 샘플. 같은 문서를 3부 작성한 후 우체국에 가서 내용증명을 보내고 싶다고 말하면 우체국에서 '내용증명' 형식으로 문서를 발송해 줍니다. 이를 내용증명이라고 하는데, 이 중 1부는 상대편에게 발송하고, 1부는 우체국에서 보관하며, 나머지 1부는 보관용으로 돌려줍니다)만이 법적인 효력이 있다고 생각하는데, 카카오톡 메시지, 문자 메시지 등의 방식 역시 재판에서 증거로 사용될 수 있습니다. 다만, 내용증명의 경우 문서 형태로 발송하기 때문에, 발송하는 사람 역시 작성 과정에서 신중하게 필요한 모든 내용을 알기 쉽게 기재하게 되고, 따라서 카카오톡 메시지, 문자 메시지 같은 방식보다는 신빙성이 더 크다고 보여집니다.

한편, 재판에서는 당사자의 의사를 확인할 수 있는 모든 방법이 다 증거가 될 수 있습니다. 따라서, 분쟁을 예방하거나 추후 분쟁에서 이기기 위해서는 평소 자료를 모아 두는 것이 중요합니다.

증거를 준비할 때는 해당 증거가 생성된 날짜를 알 수 있도록 하는 것이 중요합니다. 예를 들어 갱신 거절의 내용을 담은 카카오톡 메시지를 보낸 후 해당 화면을 저장하였으나 추후 확인해 보니 보낸 날짜가 함께 나오지 않는 경우, 갱신 거절의 의사표시를 한 날짜와 관련하여 다툼의 여지가 있게 됩니다. 따라서, 시간이 중요한 증거의 경우 날짜를 알 수 있도록 하는 것이 중요합니다.

2. 주택 임대차 분쟁조정

임대차와 관련한 분쟁의 해결을 위하여 주택의 경우 주택임대차분쟁조정위원회(https://www.hldcc.or.kr/)가, 상가건물의 경우 상가건물 임대차분쟁조정위원회(https://www.cbldcc.or.kr/)가 운영되고 있습니다.

임대차 분쟁이 있는 경우, 해당 기관에 문의하는 방법도 있습니다.

3. 제소전화해

임대차 계약 체결 시에 '제소전화해'를 하기로 계약서에 명기하고 '임대차 종료일에 임차목적물을 명도하기로 한다'는 내용으로 제소전화해 신청을 하여 결정문을 받아놓는 경우, 임대차 종료 후 임차인이 퇴거하지 않더라도 결정문을 근거로 임차인을 퇴거시킬 수 있습니다.

따라서, 임차인이 퇴거하지 않을 위험을 방지하기 위해서는 제소전화해를 특약사항에 명시하여 법원으로부터 제소전화해 결정을 받아 두는 것도 좋습니다(첨부 2. 제소전화해 신청서).

예시) 임대인과 임차인은 분쟁을 사전에 방지하기 위하여 제소전화해를 신청하기로 하고, 이에 소요되는 비용은 _____이 부담하기로 한다. 재계약을 하는 경우에도 제소전화해를 신청하기로 하고, 이에 소요되는 비용은 임대인과 임차인이 절반씩 부담하기로 한다.

임차인은 임대인에게 별지목록 기재 부동산 임대계약 만료일인 202O년 O월 O일 원상복구하여 명도한다.

4. 소송

합의 및 조정으로 분쟁이 해결되지 않는 경우, 최종적으로 소송을 통하여 분쟁을 해결하는 경우가 많습니다. 따라서, 사전에 관련 자료를 확보하여 대비한다면, 소송 과정에서 자료의 미비로 인하여 불이익을 받는 일은 없을 것입니다.

인도청구 소송 관련

가. 사전 작업 – 점유이전금지가처분

점유이전금지가처분을 신청하여 가처분결정서를 받아 두고 인도청구 소송을 제기하는 것이 좋습니다. 인도청구는 일반적으로 6개월 이상 걸리기 때문에, 임차인이 소송 중에 점유를 이전(임대, 전대, 임차권 양도 등)할 수 있고, 이 경우, 판결문을 받는다고 하더라도 그 판결의 효력이 점유를 이전받은 사람에게는 미치지 않기 때문입니다(첨부 8. 점유이전금지가처분 신청서 예시).

그리고, 가처분이 인용되어 가처분결정이 나오면 2주 안에 반드시 집행이 이루어져야 합니다. 따라서, 가처분결정문을 송달받는 즉시 법원에 있는 집행관 사무실을 방문하여 집행을 신청해야 합니다.

나. 소장 작성

우선 원고는 임대차 계약상 임대인이 되어야 하고, 피고는 임대차 계약서상 기재된 임차인의 명의로 해야 합니다. 주소는 임차목적물의 주소를 기재하면 됩니다(첨부 5-1. 명도(인도)청구 소장 샘플).

청구취지는 이미 임차보증금을 반환한 경우 단순인도 청구취지로, 아직 임차보증금을 반환하지 않은 경우는 동시이행을 구하는 청구취지로 작성해야 합니다.

단순인도 청구취지

1. 피고는 원고에게 별지목록 기재 부동산을 인도하라

2. 소송비용은 피고가 부담한다

3. 제1항은 가집행할 수 있다

동시이행을 구하는 청구취지

1. 피고는 원고로부터 [임차보증금 상당액]을 받음과 동시에 별지목록 기재 부동산을 인도하라

2. 소송비용은 피고가 부담한다

3. 제1항은 가집행할 수 있다

다. 명도단행가처분

인도청구 소송에 보통 6개월 이상이 걸리지만, 명도단행가처분을 통하면 한 달 남짓한 기간 내에 인도라는 목적을 조속히 달성할 수 있습니다. 다만, 명도단행가처분은 가처분이므로, 인용될 경우에도 추후 본안소송(인도청구소송)을 제기해야 하고, 법원에서 담보 제공을 명령하기도 합니다(첨부 9. 명도단행가처분 신청서).

민사사건의 경우, 대한민국 법원의 전자소송 사이트(https://ecfs.scourt.go.kr/ecf/index.jsp)를 통하여 직접 법원에 방문하지 아니하고 소송을 제기하고, 응소(상대방의 소에 대응)할 수 있습니다.

1 먼저, 공동인증서가 필요합니다. 은행, 카드사의 인증서를 사용하실 수 있고, 한국정보인증에서 발급하는 인증서를 사용하실 수도 있습니다. 전자소송 사이트에서 회원가입을 하고, 공동인증서를 등록합니다.

2 첨부한 소장형식을 참고하여 내용을 작성한 후, 전자소송을 통하여 작성한 소장을 제출합니다. 전자소송 사이트에 들어가서, 다음의 순서대로 클릭하여 소장을 제출합니다.

> 서류제출 → 민사서류 → 소장 → 전자소송 동의 → 각 기본정보 및
> 소장 내용 기재 → 입증/첨부서류 업로드 → 작성문서 확인 후 제출

3 만약, 상대방이 제출한 소장을 받은 경우라면, 우리는 피고가 되어서 답변서를 제출하게 됩니다. 소장을 받은 경우에도 전자소송을 통하여 답변서를 제출할 수 있습니다. 답변서를 제출하는 방법은 다음과 같습니다. 답변서를 제출하려면, 미리 상대방으로부터 받은 우편물에 소장의 사건번호를 기억해두어야 합니다. 그럼 아래 순서대로 클릭! 클릭!

> 서류제출 → 민사서류 → 답변서 → 사건확인(법원에서 송달받은
> 우편물_소송절차안내서에 표시된 사건번호 및 전자소송인증번호를
> 입력) → 소송서류입력(준비한 답변서 내용을 기재 또는 첨부파일로
> 업로드) → 입증/첨부서류 업로드 → 작성문서 확인 후 제출

4 소장과 답변서가 각 당사자에게 송달된 이후, 소송이 진행되는 중 제출하는 서면을 준비서면이라 합니다. 준비서면도 전자소송으로 제출할 수 있고, 상대방의 준비서면은 전자소송을 통해 송달받고 열람할 수 있습니다. 준비서면 제출은 다음과 같습니다.

> 서류제출 → 민사서류 → 준비서면 → 사건확인(사건번호를 입력) →
> 소송서류입력(미리 준비한 준비서면 내용을 기재 또는 첨부파일로
> 업로드) → 입증/첨부서류 업로드 → 작성문서 확인 후 제출

5 여기서 유의해야 할 사항은, 전자소송으로 소송절차를 진행하는 경우 더 이상 상대방의 준비서면, 증거자료, 변론기일지정서 등이 우편으로 송달되지 않고 전자문서로 송달되어서 전자소송 홈페이지를 통해 열람하게 됩니다. 따라서 전자소송 회원 가입 시 송달서류 안내메일 또는 문자 메시지를 알람 서비스로 받을 수 있게 표시해두시면 편리합니다. 이후 상대방의 서면 또는 법원이 발송하는 문서들을 알람으로 수신한 뒤 전자소송 홈페이지에 접속하여 전자문서로 사건기록을 열람하면서, 편리하게 소송절차를 진행할 수 있습니다.

6 홀로 전자소송 절차를 이용하기 위한 팁을 하나 더 드리면, 대한민국 법원 나홀로 소송(https://pro-se.scourt.go.kr/wsh/wsh000/WSHMain.jsp)을 참고해 보세요. 동 사이트에서는 더 다양한 소송형태를 확인할 수 있고, 민사 소송절차와 관련하여 더 자세한 설명 및 많은 정보를 얻을 수 있어서 혼자 소송을 할 때 큰 도움이 될 것입니다.

부록

주택임대차보호법 전문

상가건물 임대차보호법 전문

민간임대주택에 관한
특별법 전문

주택임대차보호법 (약칭: 주택임대차법)

[시행 2020. 12. 10.] [법률 제17363호, 2020. 6. 9., 일부개정]

법무부(법무심의관실) 02-2110-3164

국토교통부(주택정책과) 044-201-3321, 3334, 4177

제1조(목적) 이 법은 주거용 건물의 임대차(賃貸借)에 관하여 「민법」에 대한 특례를 규정함으로써 국민 주거생활의 안정을 보장함을 목적으로 한다.

[전문개정 2008. 3. 21.]

제2조(적용 범위) 이 법은 주거용 건물(이하 "주택"이라 한다)의 전부 또는 일부의 임대차에 관하여 적용한다. 그 임차주택(賃借住宅)의 일부가 주거 외의 목적으로 사용되는 경우에도 또한 같다.

[전문개정 2008. 3. 21.]

제3조(대항력 등) ① 임대차는 그 등기(登記)가 없는 경우에도 임차인(賃借人)이 주택의 인도(引渡)와 주민등록을 마친 때에는 그 다음 날부터 제삼자에 대하여 효력이 생긴다. 이 경우 전입신고를 한 때에 주민등록이 된 것으로 본다.

② 주택도시기금을 재원으로 하여 저소득층 무주택자에게 주거생활 안정을 목적으로 전세임대주택을 지원하는 법인이 주택을 임차한 후 지방자치단체의 장 또는 그 법인이 선정한 입주자가 그 주택을 인도받고 주민등록을 마쳤을 때에는 제1항을 준용한다. 이 경우 대항력이 인정되는 법인은 대통령령으로 정한다. 〈개정 2015. 1. 6.〉

③ 「중소기업기본법」 제2조에 따른 중소기업에 해당하는 법인이 소속 직원의 주거용으로 주택을 임차한 후 그 법인이 선정한 직원이 해당 주택을 인도받고 주민등록을 마쳤을 때에는 제1항을 준용한다. 임대차가 끝나기 전에 그 직원이 변경된 경우에는 그 법인이 선정한 새로운 직원이 주택을 인도받고 주민등록을 마친 다음 날부터 제삼자에 대하여 효력이 생긴다. 〈신설 2013. 8. 13.〉

④ 임차주택의 양수인(讓受人)(그 밖에 임대할 권리를 승계한 자를 포함한다)은 임대인(賃貸

人)의 지위를 승계한 것으로 본다. 〈개정 2013. 8. 13.〉

⑤ 이 법에 따라 임대차의 목적이 된 주택이 매매나 경매의 목적물이 된 경우에는 「민법」 제575조제1항 · 제3항 및 같은 법 제578조를 준용한다. 〈개정 2013. 8. 13.〉

⑥ 제5항의 경우에는 동시이행의 항변권(抗辯權)에 관한 「민법」 제536조를 준용한다. 〈개정 2013. 8. 13.〉

[전문개정 2008. 3. 21.]

제3조의2(보증금의 회수) ① 임차인(제3조제2항 및 제3항의 법인을 포함한다. 이하 같다)이 임차주택에 대하여 보증금반환청구소송의 확정판결이나 그 밖에 이에 준하는 집행권원(執行權原)에 따라서 경매를 신청하는 경우에는 집행개시(執行開始)요건에 관한 「민사집행법」 제41조에도 불구하고 반대의무(反對義務)의 이행이나 이행의 제공을 집행개시의 요건으로 하지 아니한다. 〈개정 2013. 8. 13.〉

② 제3조제1항 · 제2항 또는 제3항의 대항요건(對抗要件)과 임대차계약증서(제3조제2항 및 제3항의 경우에는 법인과 임대인 사이의 임대차계약증서를 말한다)상의 확정일자(確定日字)를 갖춘 임차인은 「민사집행법」에 따른 경매 또는 「국세징수법」에 따른 공매(公賣)를 할 때에 임차주택(대지를 포함한다)의 환가대금(換價代金)에서 후순위권리자(後順位權利者)나 그 밖의 채권자보다 우선하여 보증금을 변제(辨濟)받을 권리가 있다. 〈개정 2013. 8. 13.〉

③ 임차인은 임차주택을 양수인에게 인도하지 아니하면 제2항에 따른 보증금을 받을 수 없다.

④ 제2항 또는 제7항에 따른 우선변제의 순위와 보증금에 대하여 이의가 있는 이해관계인은 경매법원이나 체납처분청에 이의를 신청할 수 있다. 〈개정 2013. 8. 13.〉

⑤ 제4항에 따라 경매법원에 이의를 신청하는 경우에는 「민사집행법」 제152조부터 제161조까지의 규정을 준용한다.

⑥ 제4항에 따라 이의신청을 받은 체납처분청은 이해관계인이 이의신청일부터 7일 이내에 임차인 또는 제7항에 따라 우선변제권을 승계한 금융기관 등을 상대로 소(訴)를 제기한 것을 증명하면 해당 소송이 끝날 때까지 이의가 신청된 범위에서 임차인 또는 제7항에 따라 우선변제권을 승계한 금융기관 등에 대한 보증금의 변제를 유보(留保)하고 남은 금액을 배분하여야 한다. 이 경우 유보된 보증금은 소송의 결과에 따라 배분한다. 〈개정 2013. 8. 13.〉

⑦ 다음 각 호의 금융기관 등이 제2항, 제3조의3제5항, 제3조의4제1항에 따른 우선변제권을 취득한 임차인의 보증금반환채권을 계약으로 양수한 경우에는 양수한 금액의 범위에서 우선변제권을 승계한다. 〈신설 2013. 8. 13., 2015. 1. 6., 2016. 5. 29.〉

1. 「은행법」에 따른 은행

2. 「중소기업은행법」에 따른 중소기업은행

3. 「한국산업은행법」에 따른 한국산업은행

4. 「농업협동조합법」에 따른 농협은행

5. 「수산업협동조합법」에 따른 수협은행

6. 「우체국예금·보험에 관한 법률」에 따른 체신관서

7. 「한국주택금융공사법」에 따른 한국주택금융공사

8. 「보험업법」 제4조제1항제2호라목의 보증보험을 보험종목으로 허가받은 보험회사

9. 「주택도시기금법」에 따른 주택도시보증공사

10. 그 밖에 제1호부터 제9호까지에 준하는 것으로서 대통령령으로 정하는 기관

⑧ 제7항에 따라 우선변제권을 승계한 금융기관 등(이하 "금융기관등"이라 한다)은 다음 각 호의 어느 하나에 해당하는 경우에는 우선변제권을 행사할 수 없다. 〈신설 2013. 8. 13.〉

1. 임차인이 제3조제1항·제2항 또는 제3항의 대항요건을 상실한 경우

2. 제3조의3제5항에 따른 임차권등기가 말소된 경우

3. 「민법」 제621조에 따른 임대차등기가 말소된 경우

⑨ 금융기관등은 우선변제권을 행사하기 위하여 임차인을 대리하거나 대위하여 임대차를 해지할 수 없다. 〈신설 2013. 8. 13.〉

[전문개정 2008. 3. 21.]

제3조의3(임차권등기명령) ① 임대차가 끝난 후 보증금이 반환되지 아니한 경우 임차인은 임차주택의 소재지를 관할하는 지방법원·지방법원지원 또는 시·군 법원에 임차권등기명령을 신청할 수 있다. 〈개정 2013. 8. 13.〉

② 임차권등기명령의 신청서에는 다음 각 호의 사항을 적어야 하며, 신청의 이유와 임차권등기의 원인이 된 사실을 소명(疎明)하여야 한다. 〈개정 2013. 8. 13.〉

1. 신청의 취지 및 이유

2. 임대차의 목적인 주택(임대차의 목적이 주택의 일부분인 경우에는 해당 부분의 도면을 첨부한다)

3. 임차권등기의 원인이 된 사실(임차인이 제3조제1항·제2항 또는 제3항에 따른 대항력을 취득하였거나 제3조의2제2항에 따른 우선변제권을 취득한 경우에는 그 사실)

4. 그 밖에 대법원규칙으로 정하는 사항

③ 다음 각 호의 사항 등에 관하여는 「민사집행법」 제280조제1항, 제281조, 제283조, 제285조, 제286조, 제288조제1항·제2항 본문, 제289조, 제290조제2항 중 제288조제1항에 대한 부분, 제291조 및 제293조를 준용한다. 이 경우 "가압류"는 "임차권등기"로, "채권자"는 "임차인"으로, "채무자"는 "임대인"으로 본다.

1. 임차권등기명령의 신청에 대한 재판

2. 임차권등기명령의 결정에 대한 임대인의 이의신청 및 그에 대한 재판

3. 임차권등기명령의 취소신청 및 그에 대한 재판

4. 임차권등기명령의 집행

④ 임차권등기명령의 신청을 기각(棄却)하는 결정에 대하여 임차인은 항고(抗告)할 수 있다.

⑤ 임차인은 임차권등기명령의 집행에 따른 임차권등기를 마치면 제3조제1항·제2항 또는 제3항에 따른 대항력과 제3조의2제2항에 따른 우선변제권을 취득한다. 다만, 임차인이 임차권등기 이전에 이미 대항력이나 우선변제권을 취득한 경우에는 그 대항력이나 우선변제권은 그대로 유지되며, 임차권등기 이후에는 제3조제1항·제2항 또는 제3항의 대항요건을 상실하더라도 이미 취득한 대항력이나 우선변제권을 상실하지 아니한다. 〈개정 2013. 8. 13.〉

⑥ 임차권등기명령의 집행에 따른 임차권등기가 끝난 주택(임대차의 목적이 주택의 일부분인 경우에는 해당 부분으로 한정한다)을 그 이후에 임차한 임차인은 제8조에 따른 우선변제를 받을 권리가 없다.

⑦ 임차권등기의 촉탁(囑託), 등기관의 임차권등기 기입(記入) 등 임차권등기명령을 시행하는 데에 필요한 사항은 대법원규칙으로 정한다. 〈개정 2011. 4. 12.〉

⑧ 임차인은 제1항에 따른 임차권등기명령의 신청과 그에 따른 임차권등기와 관련하여 든

비용을 임대인에게 청구할 수 있다.

⑨ 금융기관등은 임차인을 대위하여 제1항의 임차권등기명령을 신청할 수 있다. 이 경우 제 3항·제4항 및 제8항의 "임차인"은 "금융기관등"으로 본다. 〈신설 2013. 8. 13.〉

[전문개정 2008. 3. 21.]

제3조의4(「민법」에 따른 주택임대차등기의 효력 등) ① 「민법」 제621조에 따른 주택임대차등 기의 효력에 관하여는 제3조의3제5항 및 제6항을 준용한다.

② 임차인이 대항력이나 우선변제권을 갖추고 「민법」 제621조제1항에 따라 임대인의 협력 을 얻어 임대차등기를 신청하는 경우에는 신청서에 「부동산등기법」 제74조제1호부터 제6 호까지의 사항 외에 다음 각 호의 사항을 적어야 하며, 이를 증명할 수 있는 서면(임대차의 목적이 주택의 일부분인 경우에는 해당 부분의 도면을 포함한다)을 첨부하여야 한다. 〈개정 2011. 4. 12., 2020. 2. 4.〉

1. 주민등록을 마친 날

2. 임차주택을 점유(占有)한 날

3. 임대차계약증서상의 확정일자를 받은 날

[전문개정 2008. 3. 21.]

제3조의5(경매에 의한 임차권의 소멸) 임차권은 임차주택에 대하여 「민사집행법」에 따른 경매 가 행하여진 경우에는 그 임차주택의 경락(競落)에 따라 소멸한다. 다만, 보증금이 모두 변제 되지 아니한, 대항력이 있는 임차권은 그러하지 아니하다.

[전문개정 2008. 3. 21.]

제3조의6(확정일자 부여 및 임대차 정보제공 등) ① 제3조의2제2항의 확정일자는 주택 소재 지의 읍·면사무소, 동 주민센터 또는 시(특별시·광역시·특별자치시는 제외하고, 특별자 치도는 포함한다)·군·구(자치구를 말한다)의 출장소, 지방법원 및 그 지원과 등기소 또는 「공증인법」에 따른 공증인(이하 이 조에서 "확정일자부여기관"이라 한다)이 부여한다.

② 확정일자부여기관은 해당 주택의 소재지, 확정일자 부여일, 차임 및 보증금 등을 기재한 확정일자부를 작성하여야 한다. 이 경우 전산처리정보조직을 이용할 수 있다.

③ 주택의 임대차에 이해관계가 있는 자는 확정일자부여기관에 해당 주택의 확정일자 부여

일, 차임 및 보증금 등 정보의 제공을 요청할 수 있다. 이 경우 요청을 받은 확정일자부여기관은 정당한 사유 없이 이를 거부할 수 없다.

④ 임대차계약을 체결하려는 자는 임대인의 동의를 받아 확정일자부여기관에 제3항에 따른 정보제공을 요청할 수 있다.

⑤ 제1항·제3항 또는 제4항에 따라 확정일자를 부여받거나 정보를 제공받으려는 자는 수수료를 내야 한다.

⑥ 확정일자부에 기재하여야 할 사항, 주택의 임대차에 이해관계가 있는 자의 범위, 확정일자부여기관에 요청할 수 있는 정보의 범위 및 수수료, 그 밖에 확정일자부여사무와 정보제공 등에 필요한 사항은 대통령령 또는 대법원규칙으로 정한다.

[본조신설 2013. 8. 13.]

제4조(임대차기간 등) ① 기간을 정하지 아니하거나 2년 미만으로 정한 임대차는 그 기간을 2년으로 본다. 다만, 임차인은 2년 미만으로 정한 기간이 유효함을 주장할 수 있다.

② 임대차기간이 끝난 경우에도 임차인이 보증금을 반환받을 때까지는 임대차관계가 존속되는 것으로 본다.

[전문개정 2008. 3. 21.]

제5조삭제 〈1989. 12. 30.〉

제6조(계약의 갱신) ① 임대인이 임대차기간이 끝나기 6개월 전부터 2개월 전까지의 기간에 임차인에게 갱신거절(更新拒絕)의 통지를 하지 아니하거나 계약조건을 변경하지 아니하면 갱신하지 아니한다는 뜻의 통지를 하지 아니한 경우에는 그 기간이 끝난 때에 전 임대차와 동일한 조건으로 다시 임대차한 것으로 본다. 임차인이 임대차기간이 끝나기 2개월 전까지 통지하지 아니한 경우에도 또한 같다. 〈개정 2020. 6. 9.〉

② 제1항의 경우 임대차의 존속기간은 2년으로 본다. 〈개정 2009. 5. 8.〉

③ 2기(期)의 차임액(借賃額)에 달하도록 연체하거나 그 밖에 임차인으로서의 의무를 현저히 위반한 임차인에 대하여는 제1항을 적용하지 아니한다.

[전문개정 2008. 3. 21.]

제6조의2(묵시적 갱신의 경우 계약의 해지) ① 제6조제1항에 따라 계약이 갱신된 경우 같은 조

제2항에도 불구하고 임차인은 언제든지 임대인에게 계약해지(契約解止)를 통지할 수 있다. 〈개정 2009. 5. 8.〉

② 제1항에 따른 해지는 임대인이 그 통지를 받은 날부터 3개월이 지나면 그 효력이 발생한다. [전문개정 2008. 3. 21.]

제6조의3(계약갱신 요구 등) ① 제6조에도 불구하고 임대인은 임차인이 제6조제1항 전단의 기간 이내에 계약갱신을 요구할 경우 정당한 사유 없이 거절하지 못한다. 다만, 다음 각 호의 어느 하나에 해당하는 경우에는 그러하지 아니하다.

1. 임차인이 2기의 차임액에 해당하는 금액에 이르도록 차임을 연체한 사실이 있는 경우

2. 임차인이 거짓이나 그 밖의 부정한 방법으로 임차한 경우

3. 서로 합의하여 임대인이 임차인에게 상당한 보상을 제공한 경우

4. 임차인이 임대인의 동의 없이 목적 주택의 전부 또는 일부를 전대(轉貸)한 경우

5. 임차인이 임차한 주택의 전부 또는 일부를 고의나 중대한 과실로 파손한 경우

6. 임차한 주택의 전부 또는 일부가 멸실되어 임대차의 목적을 달성하지 못할 경우

7. 임대인이 다음 각 목의 어느 하나에 해당하는 사유로 목적 주택의 전부 또는 대부분을 철거하거나 재건축하기 위하여 목적 주택의 점유를 회복할 필요가 있는 경우

   가. 임대차계약 체결 당시 공사시기 및 소요기간 등을 포함한 철거 또는 재건축 계획을 임차인에게 구체적으로 고지하고 그 계획에 따르는 경우

   나. 건물이 노후 · 훼손 또는 일부 멸실되는 등 안전사고의 우려가 있는 경우

   다. 다른 법령에 따라 철거 또는 재건축이 이루어지는 경우

8. 임대인(임대인의 직계존속 · 직계비속을 포함한다)이 목적 주택에 실제 거주하려는 경우

9. 그 밖에 임차인이 임차인으로서의 의무를 현저히 위반하거나 임대차를 계속하기 어려운 중대한 사유가 있는 경우

② 임차인은 제1항에 따른 계약갱신요구권을 1회에 한하여 행사할 수 있다. 이 경우 갱신되는 임대차의 존속기간은 2년으로 본다.

③ 갱신되는 임대차는 전 임대차와 동일한 조건으로 다시 계약된 것으로 본다. 다만, 차임과 보증금은 제7조의 범위에서 증감할 수 있다.

④ 제1항에 따라 갱신되는 임대차의 해지에 관하여는 제6조의2를 준용한다.

⑤ 임대인이 제1항제8호의 사유로 갱신을 거절하였음에도 불구하고 갱신요구가 거절되지 아니하였더라면 갱신되었을 기간이 만료되기 전에 정당한 사유 없이 제3자에게 목적 주택을 임대한 경우 임대인은 갱신거절로 인하여 임차인이 입은 손해를 배상하여야 한다.

⑥ 제5항에 따른 손해배상액은 거절 당시 당사자 간에 손해배상액의 예정에 관한 합의가 이루어지지 않는 한 다음 각 호의 금액 중 큰 금액으로 한다.

1. 갱신거절 당시 월차임(차임 외에 보증금이 있는 경우에는 그 보증금을 제7조의2 각 호 중 낮은 비율에 따라 월 단위의 차임으로 전환한 금액을 포함한다. 이하 "환산월차임"이라 한다)의 3개월분에 해당하는 금액

2. 임대인이 제3자에게 임대하여 얻은 환산월차임과 갱신거절 당시 환산월차임 간 차액의 2년분에 해당하는 금액

3. 제1항제8호의 사유로 인한 갱신거절로 인하여 임차인이 입은 손해액

[본조신설 2020. 7. 31.]

제7조(차임 등의 증감청구권) ① 당사자는 약정한 차임이나 보증금이 임차주택에 관한 조세, 공과금, 그 밖의 부담의 증감이나 경제사정의 변동으로 인하여 적절하지 아니하게 된 때에는 장래에 대하여 그 증감을 청구할 수 있다. 이 경우 증액청구는 임대차계약 또는 약정한 차임이나 보증금의 증액이 있은 후 1년 이내에는 하지 못한다. 〈개정 2020. 7. 31.〉

② 제1항에 따른 증액청구는 약정한 차임이나 보증금의 20분의 1의 금액을 초과하지 못한다. 다만, 특별시·광역시·특별자치시·도 및 특별자치도는 관할 구역 내의 지역별 임대차 시장 여건 등을 고려하여 본문의 범위에서 증액청구의 상한을 조례로 달리 정할 수 있다. 〈신설 2020. 7. 31.〉

[전문개정 2008. 3. 21.]

제7조의2(월차임 전환 시 산정률의 제한) 보증금의 전부 또는 일부를 월 단위의 차임으로 전환하는 경우에는 그 전환되는 금액에 다음 각 호 중 낮은 비율을 곱한 월차임(月借賃)의 범위를 초과할 수 없다. 〈개정 2010. 5. 17., 2013. 8. 13., 2016. 5. 29.〉

1. 「은행법」에 따른 은행에서 적용하는 대출금리와 해당 지역의 경제 여건 등을 고려하여 대

통령령으로 정하는 비율

2. 한국은행에서 공시한 기준금리에 대통령령으로 정하는 이율을 더한 비율

[전문개정 2008. 3. 21.]

제8조(보증금 중 일정액의 보호) ① 임차인은 보증금 중 일정액을 다른 담보물권자(擔保物權者)보다 우선하여 변제받을 권리가 있다. 이 경우 임차인은 주택에 대한 경매신청의 등기 전에 제3조제1항의 요건을 갖추어야 한다.

② 제1항의 경우에는 제3조의2제4항부터 제6항까지의 규정을 준용한다.

③ 제1항에 따라 우선변제를 받을 임차인 및 보증금 중 일정액의 범위와 기준은 제8조의2에 따른 주택임대차위원회의 심의를 거쳐 대통령령으로 정한다. 다만, 보증금 중 일정액의 범위와 기준은 주택가액(대지의 가액을 포함한다)의 2분의 1을 넘지 못한다. 〈개정 2009. 5. 8.〉

[전문개정 2008. 3. 21.]

제8조의2(주택임대차위원회) ① 제8조에 따라 우선변제를 받을 임차인 및 보증금 중 일정액의 범위와 기준을 심의하기 위하여 법무부에 주택임대차위원회(이하 "위원회"라 한다)를 둔다.

② 위원회는 위원장 1명을 포함한 9명 이상 15명 이하의 위원으로 성별을 고려하여 구성한다. 〈개정 2020. 7. 31.〉

③ 위원회의 위원장은 법무부차관이 된다.

④ 위원회의 위원은 다음 각 호의 어느 하나에 해당하는 사람 중에서 위원장이 임명하거나 위촉하되, 제1호부터 제5호까지에 해당하는 위원을 각각 1명 이상 임명하거나 위촉하여야 하고, 위원 중 2분의 1 이상은 제1호·제2호 또는 제6호에 해당하는 사람을 위촉하여야 한다. 〈개정 2013. 3. 23., 2020. 7. 31.〉

1. 법학·경제학 또는 부동산학 등을 전공하고 주택임대차 관련 전문지식을 갖춘 사람으로서 공인된 연구기관에서 조교수 이상 또는 이에 상당하는 직에 5년 이상 재직한 사람

2. 변호사·감정평가사·공인회계사·세무사 또는 공인중개사로서 5년 이상 해당 분야에서 종사하고 주택임대차 관련 업무경험이 풍부한 사람

3. 기획재정부에서 물가 관련 업무를 담당하는 고위공무원단에 속하는 공무원

4. 법무부에서 주택임대차 관련 업무를 담당하는 고위공무원단에 속하는 공무원(이에 상당

하는 특정직 공무원을 포함한다)

5. 국토교통부에서 주택사업 또는 주거복지 관련 업무를 담당하는 고위공무원단에 속하는
공무원

6. 그 밖에 주택임대차 관련 학식과 경험이 풍부한 사람으로서 대통령령으로 정하는 사람

⑤ 그 밖에 위원회의 구성 및 운영 등에 필요한 사항은 대통령령으로 정한다.

[본조신설 2009. 5. 8.]

제9조(주택 임차권의 승계) ① 임차인이 상속인 없이 사망한 경우에는 그 주택에서 가정공동생
활을 하던 사실상의 혼인 관계에 있는 자가 임차인의 권리와 의무를 승계한다.

② 임차인이 사망한 때에 사망 당시 상속인이 그 주택에서 가정공동생활을 하고 있지 아니한
경우에는 그 주택에서 가정공동생활을 하던 사실상의 혼인 관계에 있는 자와 2촌 이내의 친
족이 공동으로 임차인의 권리와 의무를 승계한다.

③ 제1항과 제2항의 경우에 임차인이 사망한 후 1개월 이내에 임대인에게 제1항과 제2항에
따른 승계 대상자가 반대의사를 표시한 경우에는 그러하지 아니하다.

④ 제1항과 제2항의 경우에 임대차 관계에서 생긴 채권 · 채무는 임차인의 권리의무를 승계
한 자에게 귀속된다.

[전문개정 2008. 3. 21.]

제10조(강행규정) 이 법에 위반된 약정(約定)으로서 임차인에게 불리한 것은 그 효력이 없다.

[전문개정 2008. 3. 21.]

제10조의2(초과 차임 등의 반환청구) 임차인이 제7조에 따른 증액비율을 초과하여 차임 또는
보증금을 지급하거나 제7조의2에 따른 월차임 산정률을 초과하여 차임을 지급한 경우에는
초과 지급된 차임 또는 보증금 상당금액의 반환을 청구할 수 있다.

[본조신설 2013. 8. 13.]

제11조(일시사용을 위한 임대차) 이 법은 일시사용하기 위한 임대차임이 명백한 경우에는 적
용하지 아니한다.

[전문개정 2008. 3. 21.]

제12조(미등기 전세에의 준용) 주택의 등기를 하지 아니한 전세계약에 관하여는 이 법을 준용

한다. 이 경우 "전세금"은 "임대차의 보증금"으로 본다.

[전문개정 2008. 3. 21.]

제13조(「소액사건심판법」의 준용) 임차인이 임대인에 대하여 제기하는 보증금반환청구소송에 관하여는 「소액사건심판법」 제6조, 제7조, 제10조 및 제11조의2를 준용한다.

[전문개정 2008. 3. 21.]

제14조(주택임대차분쟁조정위원회) ① 이 법의 적용을 받는 주택임대차와 관련된 분쟁을 심의 · 조정하기 위하여 대통령령으로 정하는 바에 따라 「법률구조법」 제8조에 따른 대한법률구조공단(이하 "공단"이라 한다)의 지부, 「한국토지주택공사법」에 따른 한국토지주택공사(이하 "공사"라 한다)의 지사 또는 사무소 및 「한국감정원법」에 따른 한국감정원(이하 "감정원"이라 한다)의 지사 또는 사무소에 주택임대차분쟁조정위원회(이하 "조정위원회"라 한다)를 둔다. 특별시 · 광역시 · 특별자치시 · 도 및 특별자치도(이하 "시 · 도"라 한다)는 그 지방자치단체의 실정을 고려하여 조정위원회를 둘 수 있다. 〈개정 2020. 7. 31.〉

② 조정위원회는 다음 각 호의 사항을 심의 · 조정한다.

1. 차임 또는 보증금의 증감에 관한 분쟁

2. 임대차 기간에 관한 분쟁

3. 보증금 또는 임차주택의 반환에 관한 분쟁

4. 임차주택의 유지 · 수선 의무에 관한 분쟁

5. 그 밖에 대통령령으로 정하는 주택임대차에 관한 분쟁

③ 조정위원회의 사무를 처리하기 위하여 조정위원회에 사무국을 두고, 사무국의 조직 및 인력 등에 필요한 사항은 대통령령으로 정한다.

④ 사무국의 조정위원회 업무담당자는 「상가건물 임대차보호법」 제20조에 따른 상가건물임대차분쟁조정위원회 사무국의 업무를 제외하고 다른 직위의 업무를 겸직하여서는 아니 된다. 〈개정 2018. 10. 16.〉

[본조신설 2016. 5. 29.]

제15조(예산의 지원) 국가는 조정위원회의 설치 · 운영에 필요한 예산을 지원할 수 있다.

[본조신설 2016. 5. 29.]

제16조(조정위원회의 구성 및 운영) ① 조정위원회는 위원장 1명을 포함하여 5명 이상 30명 이하의 위원으로 성별을 고려하여 구성한다. 〈개정 2020. 7. 31.〉

② 조정위원회의 위원은 조정위원회를 두는 기관에 따라 공단 이사장, 공사 사장, 감정원 원장 또는 조정위원회를 둔 지방자치단체의 장이 각각 임명하거나 위촉한다. 〈개정 2020. 7. 31.〉

③ 조정위원회의 위원은 주택임대차에 관한 학식과 경험이 풍부한 사람으로서 다음 각 호의 어느 하나에 해당하는 사람으로 한다. 이 경우 제1호부터 제4호까지에 해당하는 위원을 각 1명 이상 위촉하여야 하고, 위원 중 5분의 2 이상은 제2호에 해당하는 사람이어야 한다.

1. 법학 · 경제학 또는 부동산학 등을 전공하고 대학이나 공인된 연구기관에서 부교수 이상 또는 이에 상당하는 직에 재직한 사람

2. 판사 · 검사 또는 변호사로 6년 이상 재직한 사람

3. 감정평가사 · 공인회계사 · 법무사 또는 공인중개사로서 주택임대차 관계 업무에 6년 이상 종사한 사람

4. 「사회복지사업법」에 따른 사회복지법인과 그 밖의 비영리법인에서 주택임대차분쟁에 관한 상담에 6년 이상 종사한 경력이 있는 사람

5. 해당 지방자치단체에서 주택임대차 관련 업무를 담당하는 4급 이상의 공무원

6. 그 밖에 주택임대차 관련 학식과 경험이 풍부한 사람으로서 대통령령으로 정하는 사람

④ 조정위원회의 위원장은 제3항제2호에 해당하는 위원 중에서 위원들이 호선한다.

⑤ 조정위원회위원장은 조정위원회를 대표하여 그 직무를 총괄한다.

⑥ 조정위원회위원장이 부득이한 사유로 직무를 수행할 수 없는 경우에는 조정위원회위원장이 미리 지명한 조정위원이 그 직무를 대행한다.

⑦ 조정위원의 임기는 3년으로 하되 연임할 수 있으며, 보궐위원의 임기는 전임자의 남은 임기로 한다.

⑧ 조정위원회는 조정위원회위원장 또는 제3항제2호에 해당하는 조정위원 1명 이상을 포함한 재적위원 과반수의 출석과 출석위원 과반수의 찬성으로 의결한다.

⑨ 그 밖에 조정위원회의 설치, 구성 및 운영 등에 필요한 사항은 대통령령으로 정한다.

제17조(조정부의 구성 및 운영) ① 조정위원회는 분쟁의 효율적 해결을 위하여 3명의 조정위원으로 구성된 조정부를 둘 수 있다.

② 조정부에는 제16조제3항제2호에 해당하는 사람이 1명 이상 포함되어야 하며, 그 중에서 조정위원회위원장이 조정부의 장을 지명한다.

③ 조정부는 다음 각 호의 사항을 심의 · 조정한다.

1. 제14조제2항에 따른 주택임대차분쟁 중 대통령령으로 정하는 금액 이하의 분쟁

2. 조정위원회가 사건을 특정하여 조정부에 심의 · 조정을 위임한 분쟁

④ 조정부는 조정부의 장을 포함한 재적위원 과반수의 출석과 출석위원 과반수의 찬성으로 의결한다.

⑤ 제4항에 따라 조정부가 내린 결정은 조정위원회가 결정한 것으로 본다.

⑥ 그 밖에 조정부의 설치, 구성 및 운영 등에 필요한 사항은 대통령령으로 정한다.

제18조(조정위원의 결격사유) 「국가공무원법」 제33조 각 호의 어느 하나에 해당하는 사람은 조정위원이 될 수 없다.

제19조(조정위원의 신분보장) ① 조정위원은 자신의 직무를 독립적으로 수행하고 주택임대차분쟁의 심리 및 판단에 관하여 어떠한 지시에도 구속되지 아니한다.

② 조정위원은 다음 각 호의 어느 하나에 해당하는 경우를 제외하고는 그 의사에 반하여 해임 또는 해촉되지 아니한다.

1. 제18조에 해당하는 경우

2. 신체상 또는 정신상의 장애로 직무를 수행할 수 없게 된 경우

제20조(조정위원의 제척 등) ① 조정위원이 다음 각 호의 어느 하나에 해당하는 경우 그 직무의 집행에서 제척된다.

1. 조정위원 또는 그 배우자나 배우자이었던 사람이 해당 분쟁사건의 당사자가 되는 경우

2. 조정위원이 해당 분쟁사건의 당사자와 친족관계에 있거나 있었던 경우

3. 조정위원이 해당 분쟁사건에 관하여 진술, 감정 또는 법률자문을 한 경우

4. 조정위원이 해당 분쟁사건에 관하여 당사자의 대리인으로서 관여하거나 관여하였던 경우

② 사건을 담당한 조정위원에게 제척의 원인이 있는 경우에는 조정위원회는 직권 또는 당사자의 신청에 따라 제척의 결정을 한다.

③ 당사자는 사건을 담당한 조정위원에게 공정한 직무집행을 기대하기 어려운 사정이 있는 경우 조정위원회에 기피신청을 할 수 있다.

④ 기피신청에 관한 결정은 조정위원회가 하고, 해당 조정위원 및 당사자 쌍방은 그 결정에 불복하지 못한다.

⑤ 제3항에 따른 기피신청이 있는 때에는 조정위원회는 그 신청에 대한 결정이 있을 때까지 조정절차를 정지하여야 한다.

⑥ 조정위원은 제1항 또는 제3항에 해당하는 경우 조정위원회의 허가를 받지 아니하고 해당 분쟁사건의 직무집행에서 회피할 수 있다.

[본조신설 2016. 5. 29.]

제21조(조정의 신청 등) ① 제14조제2항 각 호의 어느 하나에 해당하는 주택임대차분쟁의 당사자는 해당 주택이 소재하는 지역을 관할하는 조정위원회에 분쟁의 조정을 신청할 수 있다. 〈개정 2020. 7. 31.〉

② 조정위원회는 신청인이 조정을 신청할 때 조정 절차 및 조정의 효력 등 분쟁조정에 관하여 대통령령으로 정하는 사항을 안내하여야 한다.

③ 조정위원회의 위원장은 다음 각 호의 어느 하나에 해당하는 경우 신청을 각하한다. 이 경우 그 사유를 신청인에게 통지하여야 한다. 〈개정 2020. 6. 9.〉

1. 이미 해당 분쟁조정사항에 대하여 법원에 소가 제기되거나 조정 신청이 있은 후 소가 제기된 경우

2. 이미 해당 분쟁조정사항에 대하여 「민사조정법」에 따른 조정이 신청된 경우나 조정신청이 있은 후 같은 법에 따른 조정이 신청된 경우

3. 이미 해당 분쟁조정사항에 대하여 이 법에 따른 조정위원회에 조정이 신청된 경우나 조정

신청이 있은 후 조정이 성립된 경우

4. 조정신청 자체로 주택임대차에 관한 분쟁이 아님이 명백한 경우

5. 피신청인이 조정절차에 응하지 아니한다는 의사를 통지한 경우

6. 신청인이 정당한 사유 없이 조사에 응하지 아니하거나 2회 이상 출석요구에 응하지 아니한 경우

[본조신설 2016. 5. 29.]

제22조(조정절차) ① 조정위원회의 위원장은 신청인으로부터 조정신청을 접수한 때에는 지체 없이 조정절차를 개시하여야 한다. 〈개정 2020. 6. 9.〉

② 조정위원회의 위원장은 제1항에 따라 조정신청을 접수하면 피신청인에게 조정신청서를 송달하여야 한다. 이 경우 제21조제2항을 준용한다. 〈개정 2020. 6. 9.〉

③ 조정서류의 송달 등 조정절차에 관하여 필요한 사항은 대통령령으로 정한다.

[본조신설 2016. 5. 29.]

제23조(처리기간) ① 조정위원회는 분쟁의 조정신청을 받은 날부터 60일 이내에 그 분쟁조정을 마쳐야 한다. 다만, 부득이한 사정이 있는 경우에는 조정위원회의 의결을 거쳐 30일의 범위에서 그 기간을 연장할 수 있다.

② 조정위원회는 제1항 단서에 따라 기간을 연장한 경우에는 기간 연장의 사유와 그 밖에 기간 연장에 관한 사항을 당사자에게 통보하여야 한다.

[본조신설 2016. 5. 29.]

제24조(조사 등) ① 조정위원회는 조정을 위하여 필요하다고 인정하는 경우 신청인, 피신청인, 분쟁 관련 이해관계인 또는 참고인에게 출석하여 진술하게 하거나 조정에 필요한 자료나 물건 등을 제출하도록 요구할 수 있다.

② 조정위원회는 조정을 위하여 필요하다고 인정하는 경우 조정위원 또는 사무국의 직원으로 하여금 조정 대상물 및 관련 자료에 대하여 조사하게 하거나 자료를 수집하게 할 수 있다. 이 경우 조정위원이나 사무국의 직원은 그 권한을 표시하는 증표를 지니고 이를 관계인에게 내보여야 한다.

③ 조정위원회위원장은 특별시장, 광역시장, 특별자치시장, 도지사 및 특별자치도지사(이하

"시·도지사"라 한다)에게 해당 조정업무에 참고하기 위하여 인근지역의 확정일자 자료, 보증금의 월차임 전환율 등 적정 수준의 임대료 산정을 위한 자료를 요청할 수 있다. 이 경우 시·도지사는 정당한 사유가 없으면 조정위원회위원장의 요청에 따라야 한다.

[본조신설 2016. 5. 29.]

제25조(조정을 하지 아니하는 결정) ① 조정위원회는 해당 분쟁이 그 성질상 조정을 하기에 적당하지 아니하다고 인정하거나 당사자가 부당한 목적으로 조정을 신청한 것으로 인정할 때에는 조정을 하지 아니할 수 있다.

② 조정위원회는 제1항에 따라 조정을 하지 아니하기로 결정하였을 때에는 그 사실을 당사자에게 통지하여야 한다.

[본조신설 2016. 5. 29.]

제26조(조정의 성립) ① 조정위원회가 조정안을 작성한 경우에는 그 조정안을 지체 없이 각 당사자에게 통지하여야 한다.

② 제1항에 따라 조정안을 통지받은 당사자가 통지받은 날부터 14일 이내에 수락의 의사를 서면으로 표시하지 아니한 경우에는 조정을 거부한 것으로 본다. 〈개정 2020. 6. 9.〉

③ 제2항에 따라 각 당사자가 조정안을 수락한 경우에는 조정안과 동일한 내용의 합의가 성립된 것으로 본다.

④ 제3항에 따른 합의가 성립한 경우 조정위원회위원장은 조정안의 내용을 조정서로 작성한다. 조정위원회위원장은 각 당사자 간에 금전, 그 밖의 대체물의 지급 또는 부동산의 인도에 관하여 강제집행을 승낙하는 취지의 합의가 있는 경우에는 그 내용을 조정서에 기재하여야 한다.

[본조신설 2016. 5. 29.]

제27조(집행력의 부여) 제26조제4항 후단에 따라 강제집행을 승낙하는 취지의 내용이 기재된 조정서의 정본은 「민사집행법」 제56조에도 불구하고 집행력 있는 집행권원과 같은 효력을 가진다. 다만, 청구에 관한 이의의 주장에 대하여는 같은 법 제44조제2항을 적용하지 아니한다.

[본조신설 2016. 5. 29.]

제28조(비밀유지의무) 조정위원, 사무국의 직원 또는 그 직에 있었던 자는 다른 법률에 특별한 규정이 있는 경우를 제외하고는 직무상 알게 된 정보를 타인에게 누설하거나 직무상 목적 외에 사용하여서는 아니 된다.

[본조신설 2016. 5. 29.]

제29조(다른 법률의 준용) 조정위원회의 운영 및 조정절차에 관하여 이 법에서 규정하지 아니한 사항에 대하여는 「민사조정법」을 준용한다.

[본조신설 2016. 5. 29.]

제30조(주택임대차표준계약서 사용) 주택임대차계약을 서면으로 체결할 때에는 법무부장관이 국토교통부장관과 협의하여 정하는 주택임대차표준계약서를 우선적으로 사용한다. 다만, 당사자가 다른 서식을 사용하기로 합의한 경우에는 그러하지 아니하다. 〈개정 2020. 7. 31.〉

[본조신설 2016. 5. 29.]

제31조(벌칙 적용에서 공무원 의제) 공무원이 아닌 주택임대차위원회의 위원 및 주택임대차분쟁조정위원회의 위원은 「형법」 제127조, 제129조부터 제132조까지의 규정을 적용할 때에는 공무원으로 본다.

[본조신설 2016. 5. 29.]

부칙 〈제17470호, 2020. 7. 31.〉

제1조(시행일) 이 법은 공포한 날부터 시행한다. 다만, 제8조의2제2항·제4항, 제14조제1항, 제16조제1항·제2항, 제21조제1항 및 제30조의 개정규정은 공포 후 3개월이 경과한 날부터 시행한다.

제2조(계약갱신 요구 등에 관한 적용례) ① 제6조의3 및 제7조의 개정규정은 이 법 시행 당시 존속 중인 임대차에 대하여도 적용한다.

② 제1항에도 불구하고 이 법 시행 전에 임대인이 갱신을 거절하고 제3자와 임대차계약을 체결한 경우에는 이를 적용하지 아니한다.

상가건물 임대차보호법 (약칭: 상가임대차법)

[시행 2022. 1. 4.] [법률 제18675호, 2022. 1. 4., 일부개정]

법무부(법무심의관실) 02-2110-3164

국토교통부(부동산산업과) 044-201-3412, 3418

제1조(목적) 이 법은 상가건물 임대차에 관하여 「민법」에 대한 특례를 규정하여 국민 경제생활의 안정을 보장함을 목적으로 한다.

[전문개정 2009. 1. 30.]

제2조(적용범위) ① 이 법은 상가건물(제3조제1항에 따른 사업자등록의 대상이 되는 건물을 말한다)의 임대차(임대차 목적물의 주된 부분을 영업용으로 사용하는 경우를 포함한다)에 대하여 적용한다. 다만, 제14조의2에 따른 상가건물임대차위원회의 심의를 거쳐 대통령령으로 정하는 보증금액을 초과하는 임대차에 대하여는 그러하지 아니하다. 〈개정 2020. 7. 31.〉

② 제1항 단서에 따른 보증금액을 정할 때에는 해당 지역의 경제 여건 및 임대차 목적물의 규모 등을 고려하여 지역별로 구분하여 규정하되, 보증금 외에 차임이 있는 경우에는 그 차임액에 「은행법」에 따른 은행의 대출금리 등을 고려하여 대통령령으로 정하는 비율을 곱하여 환산한 금액을 포함하여야 한다. 〈개정 2010. 5. 17.〉

③ 제1항 단서에도 불구하고 제3조, 제10조제1항, 제2항, 제3항 본문, 제10조의2부터 제10조의9까지의 규정, 제11조의2 및 제19조는 제1항 단서에 따른 보증금액을 초과하는 임대차에 대하여도 적용한다. 〈신설 2013. 8. 13., 2015. 5. 13., 2020. 9. 29., 2022. 1. 4.〉

[전문개정 2009. 1. 30.]

제3조(대항력 등) ① 임대차는 그 등기가 없는 경우에도 임차인이 건물의 인도와 「부가가치세법」 제8조, 「소득세법」 제168조 또는 「법인세법」 제111조에 따른 사업자등록을 신청하면 그 다음 날부터 제3자에 대하여 효력이 생긴다. 〈개정 2013. 6. 7.〉

② 임차건물의 양수인(그 밖에 임대할 권리를 승계한 자를 포함한다)은 임대인의 지위를 승계한 것으로 본다.

③ 이 법에 따라 임대차의 목적이 된 건물이 매매 또는 경매의 목적물이 된 경우에는 「민법」 제575조제1항·제3항 및 제578조를 준용한다.

④ 제3항의 경우에는 「민법」 제536조를 준용한다.

[전문개정 2009. 1. 30.]

제4조(확정일자 부여 및 임대차정보의 제공 등) ① 제5조제2항의 확정일자는 상가건물의 소재지 관할 세무서장이 부여한다.

② 관할 세무서장은 해당 상가건물의 소재지, 확정일자 부여일, 차임 및 보증금 등을 기재한 확정일자부를 작성하여야 한다. 이 경우 전산정보처리조직을 이용할 수 있다.

③ 상가건물의 임대차에 이해관계가 있는 자는 관할 세무서장에게 해당 상가건물의 확정일자 부여일, 차임 및 보증금 등 정보의 제공을 요청할 수 있다. 이 경우 요청을 받은 관할 세무서장은 정당한 사유 없이 이를 거부할 수 없다.

④ 임대차계약을 체결하려는 자는 임대인의 동의를 받아 관할 세무서장에게 제3항에 따른 정보제공을 요청할 수 있다.

⑤ 확정일자부에 기재하여야 할 사항, 상가건물의 임대차에 이해관계가 있는 자의 범위, 관할 세무서장에게 요청할 수 있는 정보의 범위 및 그 밖에 확정일자 부여사무와 정보제공 등에 필요한 사항은 대통령령으로 정한다.

[전문개정 2015. 5. 13.]

제5조(보증금의 회수) ① 임차인이 임차건물에 대하여 보증금반환청구소송의 확정판결, 그 밖에 이에 준하는 집행권원에 의하여 경매를 신청하는 경우에는 「민사집행법」 제41조에도 불구하고 반대의무의 이행이나 이행의 제공을 집행개시의 요건으로 하지 아니한다.

② 제3조제1항의 대항요건을 갖추고 관할 세무서장으로부터 임대차계약서상의 확정일자를 받은 임차인은 「민사집행법」에 따른 경매 또는 「국세징수법」에 따른 공매 시 임차건물(임대인 소유의 대지를 포함한다)의 환가대금에서 후순위권리자나 그 밖의 채권자보다 우선하여 보증금을 변제받을 권리가 있다.

③ 임차인은 임차건물을 양수인에게 인도하지 아니하면 제2항에 따른 보증금을 받을 수 없다.

④ 제2항 또는 제7항에 따른 우선변제의 순위와 보증금에 대하여 이의가 있는 이해관계인은

경매법원 또는 체납처분청에 이의를 신청할 수 있다. 〈개정 2013. 8. 13.〉

⑤ 제4항에 따라 경매법원에 이의를 신청하는 경우에는 「민사집행법」 제152조부터 제161조까지의 규정을 준용한다.

⑥ 제4항에 따라 이의신청을 받은 체납처분청은 이해관계인이 이의신청일부터 7일 이내에 임차인 또는 제7항에 따라 우선변제권을 승계한 금융기관 등을 상대로 소(訴)를 제기한 것을 증명한 때에는 그 소송이 종결될 때까지 이의가 신청된 범위에서 임차인 또는 제7항에 따라 우선변제권을 승계한 금융기관 등에 대한 보증금의 변제를 유보(留保)하고 남은 금액을 배분하여야 한다. 이 경우 유보된 보증금은 소송 결과에 따라 배분한다. 〈개정 2013. 8. 13.〉

⑦ 다음 각 호의 금융기관 등이 제2항, 제6조제5항 또는 제7조제1항에 따른 우선변제권을 취득한 임차인의 보증금반환채권을 계약으로 양수한 경우에는 양수한 금액의 범위에서 우선변제권을 승계한다. 〈신설 2013. 8. 13., 2016. 5. 29.〉

1. 「은행법」에 따른 은행

2. 「중소기업은행법」에 따른 중소기업은행

3. 「한국산업은행법」에 따른 한국산업은행

4. 「농업협동조합법」에 따른 농협은행

5. 「수산업협동조합법」에 따른 수협은행

6. 「우체국예금·보험에 관한 법률」에 따른 체신관서

7. 「보험업법」 제4조제1항제2호라목의 보증보험을 보험종목으로 허가받은 보험회사

8. 그 밖에 제1호부터 제7호까지에 준하는 것으로서 대통령령으로 정하는 기관

⑧ 제7항에 따라 우선변제권을 승계한 금융기관 등(이하 "금융기관등"이라 한다)은 다음 각 호의 어느 하나에 해당하는 경우에는 우선변제권을 행사할 수 없다. 〈신설 2013. 8. 13.〉

1. 임차인이 제3조제1항의 대항요건을 상실한 경우

2. 제6조제5항에 따른 임차권등기가 말소된 경우

3. 「민법」 제621조에 따른 임대차등기가 말소된 경우

⑨ 금융기관등은 우선변제권을 행사하기 위하여 임차인을 대리하거나 대위하여 임대차를 해지할 수 없다. 〈신설 2013. 8. 13.〉

[전문개정 2009. 1. 30.]

제6조(임차권등기명령) ① 임대차가 종료된 후 보증금이 반환되지 아니한 경우 임차인은 임차 건물의 소재지를 관할하는 지방법원, 지방법원지원 또는 시 · 군법원에 임차권등기명령을 신청할 수 있다. 〈개정 2013. 8. 13.〉

② 임차권등기명령을 신청할 때에는 다음 각 호의 사항을 기재하여야 하며, 신청 이유 및 임차권등기의 원인이 된 사실을 소명하여야 한다.

1. 신청 취지 및 이유

2. 임대차의 목적인 건물(임대차의 목적이 건물의 일부분인 경우에는 그 부분의 도면을 첨부한다)

3. 임차권등기의 원인이 된 사실(임차인이 제3조제1항에 따른 대항력을 취득하였거나 제5조제2항에 따른 우선변제권을 취득한 경우에는 그 사실)

4. 그 밖에 대법원규칙으로 정하는 사항

③ 임차권등기명령의 신청에 대한 재판, 임차권등기명령의 결정에 대한 임대인의 이의신청 및 그에 대한 재판, 임차권등기명령의 취소신청 및 그에 대한 재판 또는 임차권등기명령의 집행 등에 관하여는 「민사집행법」 제280조제1항, 제281조, 제283조, 제285조, 제286조, 제288조제1항 · 제2항 본문, 제289조, 제290조제2항 중 제288조제1항에 대한 부분, 제291조, 제293조를 준용한다. 이 경우 "가압류"는 "임차권등기"로, "채권자"는 "임차인"으로, "채무자"는 "임대인"으로 본다.

④ 임차권등기명령신청을 기각하는 결정에 대하여 임차인은 항고할 수 있다.

⑤ 임차권등기명령의 집행에 따른 임차권등기를 마치면 임차인은 제3조제1항에 따른 대항력과 제5조제2항에 따른 우선변제권을 취득한다. 다만, 임차인이 임차권등기 이전에 이미 대항력 또는 우선변제권을 취득한 경우에는 그 대항력 또는 우선변제권이 그대로 유지되며, 임차권등기 이후에는 제3조제1항의 대항요건을 상실하더라도 이미 취득한 대항력 또는 우선변제권을 상실하지 아니한다.

⑥ 임차권등기명령의 집행에 따른 임차권등기를 마친 건물(임대차의 목적이 건물의 일부분인 경우에는 그 부분으로 한정한다)을 그 이후에 임차한 임차인은 제14조에 따른 우선변제

를 받을 권리가 없다.

⑦ 임차권등기의 촉탁, 등기관의 임차권등기 기입 등 임차권등기명령의 시행에 관하여 필요한 사항은 대법원규칙으로 정한다.

⑧ 임차인은 제1항에 따른 임차권등기명령의 신청 및 그에 따른 임차권등기와 관련하여 든 비용을 임대인에게 청구할 수 있다.

⑨ 금융기관등은 임차인을 대위하여 제1항의 임차권등기명령을 신청할 수 있다. 이 경우 제3항·제4항 및 제8항의 "임차인"은 "금융기관등"으로 본다. 〈신설 2013. 8. 13.〉

[전문개정 2009. 1. 30.]

제7조(「민법」에 따른 임대차등기의 효력 등) ① 「민법」 제621조에 따른 건물임대차등기의 효력에 관하여는 제6조제5항 및 제6항을 준용한다.

② 임차인이 대항력 또는 우선변제권을 갖추고 「민법」 제621조제1항에 따라 임대인의 협력을 얻어 임대차등기를 신청하는 경우에는 신청서에 「부동산등기법」 제74조제1호부터 제6호까지의 사항 외에 다음 각 호의 사항을 기재하여야 하며, 이를 증명할 수 있는 서면(임대차의 목적이 건물의 일부분인 경우에는 그 부분의 도면을 포함한다)을 첨부하여야 한다. 〈개정 2011. 4. 12., 2020. 2. 4.〉

1. 사업자등록을 신청한 날

2. 임차건물을 점유한 날

3. 임대차계약서상의 확정일자를 받은 날

[전문개정 2009. 1. 30.]

제8조(경매에 의한 임차권의 소멸) 임차권은 임차건물에 대하여 「민사집행법」에 따른 경매가 실시된 경우에는 그 임차건물이 매각되면 소멸한다. 다만, 보증금이 전액 변제되지 아니한 대항력이 있는 임차권은 그러하지 아니하다.

[전문개정 2009. 1. 30.]

제9조(임대차기간 등) ① 기간을 정하지 아니하거나 기간을 1년 미만으로 정한 임대차는 그 기간을 1년으로 본다. 다만, 임차인은 1년 미만으로 정한 기간이 유효함을 주장할 수 있다.

② 임대차가 종료한 경우에도 임차인이 보증금을 돌려받을 때까지는 임대차 관계는 존속하

는 것으로 본다.

[전문개정 2009. 1. 30.]

제10조(계약갱신 요구 등) ① 임대인은 임차인이 임대차기간이 만료되기 6개월 전부터 1개월 전까지 사이에 계약갱신을 요구할 경우 정당한 사유 없이 거절하지 못한다. 다만, 다음 각 호의 어느 하나의 경우에는 그러하지 아니하다. 〈개정 2013. 8. 13.〉

1. 임차인이 3기의 차임액에 해당하는 금액에 이르도록 차임을 연체한 사실이 있는 경우

2. 임차인이 거짓이나 그 밖의 부정한 방법으로 임차한 경우

3. 서로 합의하여 임대인이 임차인에게 상당한 보상을 제공한 경우

4. 임차인이 임대인의 동의 없이 목적 건물의 전부 또는 일부를 전대(轉貸)한 경우

5. 임차인이 임차한 건물의 전부 또는 일부를 고의나 중대한 과실로 파손한 경우

6. 임차한 건물의 전부 또는 일부가 멸실되어 임대차의 목적을 달성하지 못할 경우

7. 임대인이 다음 각 목의 어느 하나에 해당하는 사유로 목적 건물의 전부 또는 대부분을 철거하거나 재건축하기 위하여 목적 건물의 점유를 회복할 필요가 있는 경우

　가. 임대차계약 체결 당시 공사시기 및 소요기간 등을 포함한 철거 또는 재건축 계획을 임차인에게 구체적으로 고지하고 그 계획에 따르는 경우

　나. 건물이 노후 · 훼손 또는 일부 멸실되는 등 안전사고의 우려가 있는 경우

　다. 다른 법령에 따라 철거 또는 재건축이 이루어지는 경우

8. 그 밖에 임차인이 임차인으로서의 의무를 현저히 위반하거나 임대차를 계속하기 어려운 중대한 사유가 있는 경우

② 임차인의 계약갱신요구권은 최초의 임대차기간을 포함한 전체 임대차기간이 10년을 초과하지 아니하는 범위에서만 행사할 수 있다. 〈개정 2018. 10. 16.〉

③ 갱신되는 임대차는 전 임대차와 동일한 조건으로 다시 계약된 것으로 본다. 다만, 차임과 보증금은 제11조에 따른 범위에서 증감할 수 있다.

④ 임대인이 제1항의 기간 이내에 임차인에게 갱신 거절의 통지 또는 조건 변경의 통지를 하지 아니한 경우에는 그 기간이 만료된 때에 전 임대차와 동일한 조건으로 다시 임대차한 것으로 본다. 이 경우에 임대차의 존속기간은 1년으로 본다. 〈개정 2009. 5. 8.〉

⑤ 제4항의 경우 임차인은 언제든지 임대인에게 계약해지의 통고를 할 수 있고, 임대인이 통고를 받은 날부터 3개월이 지나면 효력이 발생한다.

[전문개정 2009. 1. 30.]

제10조의2(계약갱신의 특례) 제2조제1항 단서에 따른 보증금액을 초과하는 임대차의 계약갱신의 경우에는 당사자는 상가건물에 관한 조세, 공과금, 주변 상가건물의 차임 및 보증금, 그 밖의 부담이나 경제사정의 변동 등을 고려하여 차임과 보증금의 증감을 청구할 수 있다.

[본조신설 2013. 8. 13.]

제10조의3(권리금의 정의 등) ① 권리금이란 임대차 목적물인 상가건물에서 영업을 하는 자 또는 영업을 하려는 자가 영업시설 · 비품, 거래처, 신용, 영업상의 노하우, 상가건물의 위치에 따른 영업상의 이점 등 유형 · 무형의 재산적 가치의 양도 또는 이용대가로서 임대인, 임차인에게 보증금과 차임 이외에 지급하는 금전 등의 대가를 말한다.

② 권리금 계약이란 신규임차인이 되려는 자가 임차인에게 권리금을 지급하기로 하는 계약을 말한다.

[본조신설 2015. 5. 13.]

제10조의4(권리금 회수기회 보호 등) ① 임대인은 임대차기간이 끝나기 6개월 전부터 임대차 종료 시까지 다음 각 호의 어느 하나에 해당하는 행위를 함으로써 권리금 계약에 따라 임차인이 주선한 신규임차인이 되려는 자로부터 권리금을 지급받는 것을 방해하여서는 아니 된다. 다만, 제10조제1항 각 호의 어느 하나에 해당하는 사유가 있는 경우에는 그러하지 아니하다. 〈개정 2018. 10. 16.〉

1. 임차인이 주선한 신규임차인이 되려는 자에게 권리금을 요구하거나 임차인이 주선한 신규임차인이 되려는 자로부터 권리금을 수수하는 행위

2. 임차인이 주선한 신규임차인이 되려는 자로 하여금 임차인에게 권리금을 지급하지 못하게 하는 행위

3. 임차인이 주선한 신규임차인이 되려는 자에게 상가건물에 관한 조세, 공과금, 주변 상가건물의 차임 및 보증금, 그 밖의 부담에 따른 금액에 비추어 현저히 고액의 차임과 보증금을 요구하는 행위

4. 그 밖에 정당한 사유 없이 임대인이 임차인이 주선한 신규임차인이 되려는 자와 임대차계약의 체결을 거절하는 행위

② 다음 각 호의 어느 하나에 해당하는 경우에는 제1항제4호의 정당한 사유가 있는 것으로 본다.

1. 임차인이 주선한 신규임차인이 되려는 자가 보증금 또는 차임을 지급할 자력이 없는 경우

2. 임차인이 주선한 신규임차인이 되려는 자가 임차인으로서의 의무를 위반할 우려가 있거나 그 밖에 임대차를 유지하기 어려운 상당한 사유가 있는 경우

3. 임대차 목적물인 상가건물을 1년 6개월 이상 영리목적으로 사용하지 아니한 경우

4. 임대인이 선택한 신규임차인이 임차인과 권리금 계약을 체결하고 그 권리금을 지급한 경우

③ 임대인이 제1항을 위반하여 임차인에게 손해를 발생하게 한 때에는 그 손해를 배상할 책임이 있다. 이 경우 그 손해배상액은 신규임차인이 임차인에게 지급하기로 한 권리금과 임대차 종료 당시의 권리금 중 낮은 금액을 넘지 못한다.

④ 제3항에 따라 임대인에게 손해배상을 청구할 권리는 임대차가 종료한 날부터 3년 이내에 행사하지 아니하면 시효의 완성으로 소멸한다.

⑤ 임차인은 임대인에게 임차인이 주선한 신규임차인이 되려는 자의 보증금 및 차임을 지급할 자력 또는 그 밖에 임차인으로서의 의무를 이행할 의사 및 능력에 관하여 자신이 알고 있는 정보를 제공하여야 한다.

[본조신설 2015. 5. 13.]

제10조의5(권리금 적용 제외) 제10조의4는 다음 각 호의 어느 하나에 해당하는 상가건물 임대차의 경우에는 적용하지 아니한다. 〈개정 2018. 10. 16.〉

1. 임대차 목적물인 상가건물이 「유통산업발전법」 제2조에 따른 대규모점포 또는 준대규모점포의 일부인 경우(다만, 「전통시장 및 상점가 육성을 위한 특별법」 제2조제1호에 따른 전통시장은 제외한다)

2. 임대차 목적물인 상가건물이 「국유재산법」에 따른 국유재산 또는 「공유재산 및 물품 관리법」에 따른 공유재산인 경우

[본조신설 2015. 5. 13.]

제10조의6(표준권리금계약서의 작성 등) 국토교통부장관은 법무부장관과 협의를 거쳐 임차인
과 신규임차인이 되려는 자의 권리금 계약 체결을 위한 표준권리금계약서를 정하여 그 사용
을 권장할 수 있다. 〈개정 2020. 7. 31.〉

[본조신설 2015. 5. 13.]

제10조의7(권리금 평가기준의 고시) 국토교통부장관은 권리금에 대한 감정평가의 절차와 방
법 등에 관한 기준을 고시할 수 있다.

[본조신설 2015. 5. 13.]

제10조의8(차임연체와 해지) 임차인의 차임연체액이 3기의 차임액에 달하는 때에는 임대인은
계약을 해지할 수 있다.

[본조신설 2015. 5. 13.]

제10조의9(계약 갱신요구 등에 관한 임시 특례) 임차인이 이 법(법률 제17490호 상가건물 임
대차보호법 일부개정법률을 말한다) 시행일부터 6개월까지의 기간 동안 연체한 차임액은 제
10조제1항제1호, 제10조의4제1항 단서 및 제10조의8의 적용에 있어서는 차임연체액으로
보지 아니한다. 이 경우 연체한 차임액에 대한 임대인의 그 밖의 권리는 영향을 받지 아니한다.

[본조신설 2020. 9. 29.]

제11조(차임 등의 증감청구권) ① 차임 또는 보증금이 임차건물에 관한 조세, 공과금, 그 밖의
부담의 증감이나 「감염병의 예방 및 관리에 관한 법률」 제2조제2호에 따른 제1급감염병 등
에 의한 경제사정의 변동으로 인하여 상당하지 아니하게 된 경우에는 당사자는 장래의 차임
또는 보증금에 대하여 증감을 청구할 수 있다. 그러나 증액의 경우에는 대통령령으로 정하는
기준에 따른 비율을 초과하지 못한다. 〈개정 2020. 9. 29.〉

② 제1항에 따른 증액 청구는 임대차계약 또는 약정한 차임 등의 증액이 있은 후 1년 이내에
는 하지 못한다.

③ 「감염병의 예방 및 관리에 관한 법률」 제2조제2호에 따른 제1급감염병에 의한 경제사정
의 변동으로 차임 등이 감액된 후 임대인이 제1항에 따라 증액을 청구하는 경우에는 증액된
차임 등이 감액 전 차임 등의 금액에 달할 때까지는 같은 항 단서를 적용하지 아니한다. 〈신
설 2020. 9. 29.〉

제11조의2(폐업으로 인한 임차인의 해지권) ① 임차인은 「감염병의 예방 및 관리에 관한 법률」 제49조제1항제2호에 따른 집합 제한 또는 금지 조치(같은 항 제2호의2에 따라 운영시간을 제한한 조치를 포함한다)를 총 3개월 이상 받음으로써 발생한 경제사정의 중대한 변동으로 폐업한 경우에는 임대차계약을 해지할 수 있다.

② 제1항에 따른 해지는 임대인이 계약해지의 통고를 받은 날부터 3개월이 지나면 효력이 발생한다.

[본조신설 2022. 1. 4.]

제12조(월 차임 전환 시 산정률의 제한) 보증금의 전부 또는 일부를 월 단위의 차임으로 전환하는 경우에는 그 전환되는 금액에 다음 각 호 중 낮은 비율을 곱한 월 차임의 범위를 초과할 수 없다. 〈개정 2010. 5. 17., 2013. 8. 13.〉

1. 「은행법」에 따른 은행의 대출금리 및 해당 지역의 경제 여건 등을 고려하여 대통령령으로 정하는 비율

2. 한국은행에서 공시한 기준금리에 대통령령으로 정하는 배수를 곱한 비율

[전문개정 2009. 1. 30.]

제13조(전대차관계에 대한 적용 등) ① 제10조, 제10조의2, 제10조의8, 제10조의9(제10조 및 제10조의8에 관한 부분으로 한정한다), 제11조 및 제12조는 전대인(轉貸人)과 전차인(轉借人)의 전대차관계에 적용한다. 〈개정 2015. 5. 13., 2020. 9. 29.〉

② 임대인의 동의를 받고 전대차계약을 체결한 전차인은 임차인의 계약갱신요구권 행사기간 이내에 임차인을 대위(代位)하여 임대인에게 계약갱신요구권을 행사할 수 있다.

[전문개정 2009. 1. 30.]

제14조(보증금 중 일정액의 보호) ① 임차인은 보증금 중 일정액을 다른 담보물권자보다 우선하여 변제받을 권리가 있다. 이 경우 임차인은 건물에 대한 경매신청의 등기 전에 제3조제1항의 요건을 갖추어야 한다.

② 제1항의 경우에 제5조제4항부터 제6항까지의 규정을 준용한다.

③ 제1항에 따라 우선변제를 받을 임차인 및 보증금 중 일정액의 범위와 기준은 임대건물가

액(임대인 소유의 대지가액을 포함한다)의 2분의 1 범위에서 해당 지역의 경제 여건, 보증금 및 차임 등을 고려하여 제14조의2에 따른 상가건물임대차위원회의 심의를 거쳐 대통령령으로 정한다. 〈개정 2013. 8. 13., 2020. 7. 31.〉

[전문개정 2009. 1. 30.]

제14조의2(상가건물임대차위원회) ① 상가건물 임대차에 관한 다음 각 호의 사항을 심의하기 위하여 법무부에 상가건물임대차위원회(이하 "위원회"라 한다)를 둔다.

1. 제2조제1항 단서에 따른 보증금액

2. 제14조에 따라 우선변제를 받을 임차인 및 보증금 중 일정액의 범위와 기준

② 위원회는 위원장 1명을 포함한 10명 이상 15명 이하의 위원으로 성별을 고려하여 구성한다.

③ 위원회의 위원장은 법무부차관이 된다.

④ 위원회의 위원은 다음 각 호의 어느 하나에 해당하는 사람 중에서 위원장이 임명하거나 위촉하되, 제1호부터 제6호까지에 해당하는 위원을 각각 1명 이상 임명하거나 위촉하여야 하고, 위원 중 2분의 1 이상은 제1호·제2호 또는 제7호에 해당하는 사람을 위촉하여야 한다.

1. 법학·경제학 또는 부동산학 등을 전공하고 상가건물 임대차 관련 전문지식을 갖춘 사람으로서 공인된 연구기관에서 조교수 이상 또는 이에 상당하는 직에 5년 이상 재직한 사람

2. 변호사·감정평가사·공인회계사·세무사 또는 공인중개사로서 5년 이상 해당 분야에서 종사하고 상가건물 임대차 관련 업무경험이 풍부한 사람

3. 기획재정부에서 물가 관련 업무를 담당하는 고위공무원단에 속하는 공무원

4. 법무부에서 상가건물 임대차 관련 업무를 담당하는 고위공무원단에 속하는 공무원(이에 상당하는 특정직공무원을 포함한다)

5. 국토교통부에서 상가건물 임대차 관련 업무를 담당하는 고위공무원단에 속하는 공무원

6. 중소벤처기업부에서 소상공인 관련 업무를 담당하는 고위공무원단에 속하는 공무원

7. 그 밖에 상가건물 임대차 관련 학식과 경험이 풍부한 사람으로서 대통령령으로 정하는 사람

⑤ 그 밖에 위원회의 구성 및 운영 등에 필요한 사항은 대통령령으로 정한다.

[본조신설 2020. 7. 31.]

제15조(강행규정) 이 법의 규정에 위반된 약정으로서 임차인에게 불리한 것은 효력이 없다.

[전문개정 2009. 1. 30.]

제16조(일시사용을 위한 임대차) 이 법은 일시사용을 위한 임대차임이 명백한 경우에는 적용하지 아니한다.

[전문개정 2009. 1. 30.]

제17조(미등기전세에의 준용) 목적건물을 등기하지 아니한 전세계약에 관하여 이 법을 준용한다. 이 경우 "전세금"은 "임대차의 보증금"으로 본다.

[전문개정 2009. 1. 30.]

제18조(「소액사건심판법」의 준용) 임차인이 임대인에게 제기하는 보증금반환청구소송에 관하여는 「소액사건심판법」 제6조ㆍ제7조ㆍ제10조 및 제11조의2를 준용한다.

[전문개정 2009. 1. 30.]

제19조(표준계약서의 작성 등) 법무부장관은 국토교통부장관과 협의를 거쳐 보증금, 차임액, 임대차기간, 수선비 분담 등의 내용이 기재된 상가건물임대차표준계약서를 정하여 그 사용을 권장할 수 있다. 〈개정 2020. 7. 31.〉

[본조신설 2015. 5. 13.]

제20조(상가건물임대차분쟁조정위원회) ① 이 법의 적용을 받는 상가건물 임대차와 관련된 분쟁을 심의ㆍ조정하기 위하여 대통령령으로 정하는 바에 따라 「법률구조법」 제8조에 따른 대한법률구조공단의 지부, 「한국토지주택공사법」에 따른 한국토지주택공사의 지사 또는 사무소 및 「한국감정원법」에 따른 한국감정원의 지사 또는 사무소에 상가건물임대차분쟁조정위원회(이하 "조정위원회"라 한다)를 둔다. 특별시ㆍ광역시ㆍ특별자치시ㆍ도 및 특별자치도는 그 지방자치단체의 실정을 고려하여 조정위원회를 둘 수 있다. 〈개정 2020. 7. 31.〉

② 조정위원회는 다음 각 호의 사항을 심의ㆍ조정한다.

1. 차임 또는 보증금의 증감에 관한 분쟁

2. 임대차 기간에 관한 분쟁

3. 보증금 또는 임차상가건물의 반환에 관한 분쟁

4. 임차상가건물의 유지ㆍ수선 의무에 관한 분쟁

5. 권리금에 관한 분쟁

6. 그 밖에 대통령령으로 정하는 상가건물 임대차에 관한 분쟁

③ 조정위원회의 사무를 처리하기 위하여 조정위원회에 사무국을 두고, 사무국의 조직 및 인력 등에 필요한 사항은 대통령령으로 정한다.

④ 사무국의 조정위원회 업무담당자는 「주택임대차보호법」 제14조에 따른 주택임대차분쟁조정위원회 사무국의 업무를 제외하고 다른 직위의 업무를 겸직하여서는 아니 된다.

[본조신설 2018. 10. 16.]

제21조(주택임대차분쟁조정위원회 준용) 조정위원회에 대하여는 이 법에 규정한 사항 외에는 주택임대차분쟁조정위원회에 관한 「주택임대차보호법」 제14조부터 제29조까지의 규정을 준용한다. 이 경우 "주택임대차분쟁조정위원회"는 "상가건물임대차분쟁조정위원회"로 본다.

[본조신설 2018. 10. 16.]

제22조(벌칙 적용에서 공무원 의제) 공무원이 아닌 상가건물임대차위원회의 위원 및 상가건물임대차분쟁조정위원회의 위원은 「형법」 제127조, 제129조부터 제132조까지의 규정을 적용할 때에는 공무원으로 본다. 〈개정 2020. 7. 31.〉

[본조신설 2018. 10. 16.]

부칙 〈제18675호, 2022. 1. 4.〉

제1조(시행일) 이 법은 공포한 날부터 시행한다.

제2조(임차인의 해지권에 관한 적용례) 제11조의2의 개정규정은 이 법 시행 당시 존속 중인 임대차에 대해서도 적용한다.

민간임대주택에 관한 특별법 (약칭: 민간임대주택법)

[시행 2022. 1. 15.] [법률 제18452호, 2021. 9. 14., 일부개정]

국토교통부(민간임대정책과) 044-201-4472, 4477

국토교통부(공공주택지원과-분양전환공공임대주택 관련) 044-201-4446, 4445

제1장 총칙

제1조(목적) 이 법은 민간임대주택의 건설·공급 및 관리와 민간 주택임대사업자 육성 등에 관한 사항을 정함으로써 민간임대주택의 공급을 촉진하고 국민의 주거생활을 안정시키는 것을 목적으로 한다.

제2조(정의) 이 법에서 사용하는 용어의 뜻은 다음과 같다. 〈개정 2016. 1. 19., 2017. 1. 17., 2018. 1. 16., 2018. 3. 13., 2020. 8. 18., 2021. 3. 16.〉

1. "민간임대주택"이란 임대 목적으로 제공하는 주택[토지를 임차하여 건설된 주택 및 오피스텔 등 대통령령으로 정하는 준주택(이하 "준주택"이라 한다) 및 대통령령으로 정하는 일부만을 임대하는 주택을 포함한다. 이하 같다]으로서 임대사업자가 제5조에 따라 등록한 주택을 말하며, 민간건설임대주택과 민간매입임대주택으로 구분한다.

2. "민간건설임대주택"이란 다음 각 목의 어느 하나에 해당하는 민간임대주택을 말한다.

   가. 임대사업자가 임대를 목적으로 건설하여 임대하는 주택

   나. 「주택법」 제4조에 따라 등록한 주택건설사업자가 같은 법 제15조에 따라 사업계획승인을 받아 건설한 주택 중 사용검사 때까지 분양되지 아니하여 임대하는 주택

3. "민간매입임대주택"이란 임대사업자가 매매 등으로 소유권을 취득하여 임대하는 민간임대주택을 말한다.

4. "공공지원민간임대주택"이란 임대사업자가 다음 각 목의 어느 하나에 해당하는 민간임대주택을 10년 이상 임대할 목적으로 취득하여 이 법에 따른 임대료 및 임차인의 자격 제한 등을 받아 임대하는 민간임대주택을 말한다.

   가. 「주택도시기금법」에 따른 주택도시기금(이하 "주택도시기금"이라 한다)의 출자를 받

아 건설 또는 매입하는 민간임대주택

나. 「주택법」 제2조제24호에 따른 공공택지 또는 이 법 제18조제2항에 따라 수의계약 등
으로 공급되는 토지 및 「혁신도시 조성 및 발전에 관한 특별법」 제2조제6호에 따른 종
전부동산(이하 "종전부동산"이라 한다)을 매입 또는 임차하여 건설하는 민간임대주택

다. 제21조제2호에 따라 용적률을 완화 받거나 「국토의 계획 및 이용에 관한 법률」 제30
조에 따라 용도지역 변경을 통하여 용적률을 완화 받아 건설하는 민간임대주택

라. 제22조에 따라 지정되는 공공지원민간임대주택 공급촉진지구에서 건설하는 민간임
대주택

마. 그 밖에 국토교통부령으로 정하는 공공지원을 받아 건설 또는 매입하는 민간임대주택

5. "장기일반민간임대주택"이란 임대사업자가 공공지원민간임대주택이 아닌 주택을 10년
이상 임대할 목적으로 취득하여 임대하는 민간임대주택[아파트(「주택법」 제2조제20호
의 도시형 생활주택이 아닌 것을 말한다)를 임대하는 민간매입임대주택은 제외한다]을
말한다.

6. 삭제〈2020. 8. 18.〉

7. "임대사업자"란 「공공주택 특별법」 제4조제1항에 따른 공공주택사업자(이하 "공공주택
사업자"라 한다)가 아닌 자로서 1호 이상의 민간임대주택을 취득하여 임대하는 사업을 할
목적으로 제5조에 따라 등록한 자를 말한다.

8. 삭제〈2018. 1. 16.〉

9. 삭제〈2018. 1. 16.〉

10. "주택임대관리업"이란 주택의 소유자로부터 임대관리를 위탁받아 관리하는 업(業)을 말
하며, 다음 각 목으로 구분한다.

가. 자기관리형 주택임대관리업: 주택의 소유자로부터 주택을 임차하여 자기책임으로
전대(轉貸)하는 형태의 업

나. 위탁관리형 주택임대관리업: 주택의 소유자로부터 수수료를 받고 임대료 부과·징
수 및 시설물 유지·관리 등을 대행하는 형태의 업

11. "주택임대관리업자"란 주택임대관리업을 하기 위하여 제7조제1항에 따라 등록한 자를

말한다.

12. "공공지원민간임대주택 공급촉진지구"란 공공지원민간임대주택의 공급을 촉진하기 위하여 제22조에 따라 지정하는 지구를 말한다.

13. "역세권등"이란 다음 각 목의 어느 하나에 해당하는 시설부터 1킬로미터 거리 이내에 위치한 지역을 말한다. 이 경우 특별시장·광역시장·특별자치시장·도지사·특별자치도지사(이하 "시·도지사"라 한다)는 해당 지방자치단체의 조례로 그 거리를 50퍼센트의 범위에서 증감하여 달리 정할 수 있다.

   가. 「철도의 건설 및 철도시설 유지관리에 관한 법률」, 「철도산업발전기본법」 및 「도시철도법」에 따라 건설 및 운영되는 철도역

   나. 「간선급행버스체계의 건설 및 운영에 관한 특별법」 제2조제3호다목에 따른 환승시설

   다. 「산업입지 및 개발에 관한 법률」 제2조제8호에 따른 산업단지

   라. 「수도권정비계획법」 제2조제3호에 따른 인구집중유발시설로서 대통령령으로 정하는 시설

   마. 그 밖에 해당 지방자치단체의 조례로 정하는 시설

14. "주거지원대상자"란 청년·신혼부부 등 주거지원이 필요한 사람으로서 국토교통부령으로 정하는 요건을 충족하는 사람을 말한다.

15. "복합지원시설"이란 공공지원민간임대주택에 거주하는 임차인 등의 경제활동과 일상생활을 지원하는 시설로서 대통령령으로 정하는 시설을 말한다.

제3조(다른 법률과의 관계) 민간임대주택의 건설·공급 및 관리 등에 관하여 이 법에서 정하지 아니한 사항에 대하여는 「주택법」, 「건축법」, 「공동주택관리법」 및 「주택임대차보호법」을 적용한다. 〈개정 2015. 8. 28.〉

제4조(국가 등의 지원) ① 국가 및 지방자치단체는 다음 각 호의 목적을 위하여 주택도시기금 등의 자금을 우선적으로 지원하고, 「조세특례제한법」, 「지방세특례제한법」 및 조례로 정하는 바에 따라 조세를 감면할 수 있다. 〈개정 2018. 1. 16.〉

1. 민간임대주택의 공급 확대

2. 민간임대주택의 개량 및 품질 제고

3. 사회적기업, 사회적협동조합 등 비영리단체의 민간임대주택 공급 참여 유도

4. 주택임대관리업의 육성

② 국가 및 지방자치단체는 공유형 민간임대주택(가족관계가 아닌 2명 이상의 임차인이 하나의 주택에서 거실·주방 등 어느 하나 이상의 공간을 공유하여 거주하는 민간임대주택으로서 임차인이 각각 임대차계약을 체결하는 민간임대주택을 말한다)의 활성화를 위하여 임대사업자 및 임차인에게 필요한 행정지원을 할 수 있다. 〈신설 2018. 1. 16.〉

제2장 임대사업자 및 주택임대관리업자

제5조(임대사업자의 등록) ① 주택을 임대하려는 자는 특별자치시장·특별자치도지사·시장·군수 또는 구청장(구청장은 자치구의 구청장을 말하며, 이하 "시장·군수·구청장"이라 한다)에게 등록을 신청할 수 있다.

② 제1항에 따라 등록하는 경우 다음 각 호에 따라 구분하여야 한다. 〈개정 2018. 1. 16., 2020. 8. 18.〉

1. 삭제 〈2018. 1. 16.〉

2. 민간건설임대주택 및 민간매입임대주택

3. 공공지원민간임대주택, 장기일반민간임대주택

③ 제1항에 따라 등록한 자가 그 등록한 사항을 변경하고자 할 경우 시장·군수·구청장에게 신고하여야 한다. 다만, 임대주택 면적을 10퍼센트 이하의 범위에서 증축하는 등 국토교통부령으로 정하는 경미한 사항은 신고하지 아니하여도 된다. 〈개정 2020. 6. 9.〉

④ 시장·군수·구청장은 제3항에 따른 신고를 받은 날부터 7일 이내에 신고수리 여부를 신고인에게 통지하여야 한다. 〈신설 2020. 6. 9.〉

⑤ 시장·군수·구청장이 제4항에서 정한 기간 내에 신고수리 여부 또는 민원 처리 관련 법령에 따른 처리기간의 연장을 신고인에게 통지하지 아니하면 그 기간(민원 처리 관련 법령에 따라 처리기간이 연장 또는 재연장된 경우에는 해당 처리기간을 말한다)이 끝난 날의 다음 날에 신고를 수리한 것으로 본다. 〈개정 2020. 8. 18.〉

⑥ 제1항부터 제5항까지에 따른 등록 및 신고의 기준과 절차 등에 필요한 사항은 대통령령으로 정한다. 〈개정 2020. 6. 9.〉

⑦ 시장·군수·구청장이 제1항에 따라 등록신청을 받은 경우 다음 각 호의 어느 하나에 해당하는 때에는 해당 등록신청을 거부할 수 있다. 〈신설 2020. 8. 18.〉

1. 해당 신청인의 신용도, 신청 임대주택의 부채비율(등록 시 존속 중인 임대차계약이 있는 경우 해당 임대보증금을 포함하여 산정하고, 임대차계약이 없는 경우에는 등록을 신청하려는 자로부터 등록 이후 책정하려는 임대차계약의 임대보증금의 상한을 제출받아 산정한다) 등을 고려하여 제49조에 따른 임대보증금 보증 가입이 현저히 곤란하다고 판단되는 경우

2. 해당 주택이 「도시 및 주거환경정비법」 제2조제2호에 따른 정비사업 또는 「빈집 및 소규모주택 정비에 관한 특례법」 제2조제1항제3호에 따른 소규모주택정비사업으로 인하여 제43조의 임대의무기간 내 멸실 우려가 있다고 판단되는 경우

제5조의2(등록 민간임대주택의 부기등기) ① 임대사업자는 제5조에 따라 등록한 민간임대주택이 제43조에 따른 임대의무기간과 제44조에 따른 임대료 증액기준을 준수하여야 하는 재산임을 소유권등기에 부기등기(附記登記)하여야 한다.

② 제1항에 따른 부기등기는 임대사업자의 등록 후 지체 없이 하여야 한다. 다만, 임대사업자로 등록한 이후에 소유권보존등기를 하는 경우에는 소유권보존등기와 동시에 하여야 한다.

③ 제1항 및 제2항에 따른 부기등기에 포함되어야 할 표기내용 및 말소 등에 필요한 사항은 대통령령으로 정한다.

[본조신설 2020. 6. 9.]

[종전 제5조의2는 제5조의3으로 이동 〈2020. 6. 9.〉]

제5조의3(조합원 모집신고 및 공개모집) ① 조합원에게 공급하는 민간건설임대주택을 포함하여 30호 이상으로서 대통령령으로 정하는 호수 이상의 주택을 공급할 목적으로 설립된 「협동조합 기본법」에 따른 협동조합 또는 사회적협동조합(이하 "민간임대협동조합"이라 한다)이나 민간임대협동조합의 발기인이 조합원을 모집하려는 경우 해당 민간임대주택 건설대지의 관할 시장·군수·구청장에게 신고하고, 공개모집의 방법으로 조합원을 모집하여야 한다.

② 제1항에도 불구하고 공개모집 이후 조합원의 사망·자격상실·탈퇴 등으로 인한 결원을 충원하거나 미달된 조합원을 재모집하는 경우에는 신고하지 아니하고 선착순의 방법으로 조합원을 모집할 수 있다.

③ 제1항에 따라 신고를 받은 시장·군수·구청장은 신고내용이 이 법에 적합한 경우에는 신고를 수리하고 그 사실을 신고인에게 통보하여야 한다.

④ 시장·군수·구청장은 다음 각 호의 어느 하나에 해당하는 경우 조합원 모집 신고를 수리해서는 아니 된다.

1. 해당 민간임대주택 건설대지의 80퍼센트 이상에 해당하는 토지의 사용권원을 확보하지 못한 경우

2. 이미 신고된 사업대지와 전부 또는 일부가 중복되는 경우

3. 이미 수립되었거나 수립 예정인 도시·군계획, 이미 수립된 토지이용계획 또는 이 법이나 관계 법령에 따른 건축기준 및 건축제한 등에 따라 해당 민간임대주택 건설대지에 민간임대협동조합이 건설하는 주택을 건설할 수 없는 경우

4. 해당 민간임대주택을 공급받을 수 없는 조합원을 모집하려는 경우

5. 신고한 내용이 사실과 다른 경우

⑤ 제1항에 따른 모집 시기, 모집 방법·절차 등 조합원 모집의 신고, 공개모집 및 민간임대협동조합 가입을 신청한 자(이하 "조합가입신청자"라 한다)에 대한 정보 공개 등에 필요한 사항은 국토교통부령으로 정한다.

[본조신설 2019. 11. 26.]

[제5조의2에서 이동, 종전 제5조의3은 제5조의4로 이동 〈2020. 6. 9.〉]

제5조의4(조합원 모집 시 설명의무) ① 제5조의3에 따라 조합원 모집 신고를 하고 조합원을 모집하는 민간임대협동조합 및 민간임대협동조합의 발기인(이하 "모집주체"라 한다)은 민간임대협동조합 가입 계약(민간임대협동조합의 설립을 위한 계약을 포함한다. 이하 같다) 체결 시 다음 각 호의 사항을 조합가입신청자에게 설명하고 이를 확인받아야 한다. 〈개정 2020. 6. 9.〉

1. 조합원의 권리와 의무에 관한 사항

2. 해당 민간임대주택 건설대지의 위치와 면적 및 해당 민간임대주택 건설대지에 대한 사용

   권, 소유권 확보 현황

3. 해당 민간임대주택사업의 자금계획에 관한 사항

4. 해당 민간임대주택을 공급받을 수 있는 조합원의 자격에 관한 사항

5. 민간임대협동조합의 탈퇴, 제명 및 출자금 등 납부한 금전의 반환 절차 등에 관한 사항

6. 제5조의5에 따른 청약 철회, 금전의 예치 및 가입비등의 반환 등에 관한 사항

7. 그 밖에 민간임대협동조합의 사업추진 및 운영을 위하여 필요한 사항으로서 대통령령으

   로 정하는 사항

② 제1항에 따른 설명 및 확인의 방법, 절차 등에 관한 사항은 대통령령으로 정한다.

[본조신설 2019. 11. 26.]

[제5조의3에서 이동, 종전 제5조의4는 제5조의5로 이동 〈2020. 6. 9.〉]

제5조의5(청약 철회 및 가입비등의 반환 등) ① 조합가입신청자가 민간임대협동조합 가입 계

약을 체결하면 모집주체는 조합가입신청자로 하여금 계약 체결 시 납부하여야 하는 일체의

금전(이하 "가입비등"이라 한다)을 대통령령으로 정하는 기관(이하 "예치기관"이라 한다)에

예치하게 하여야 한다.

② 조합가입신청자는 민간임대협동조합 가입 계약체결일부터 30일 이내에 민간임대협동조

합 가입에 관한 청약을 철회할 수 있다.

③ 청약 철회를 서면으로 하는 경우에는 청약 철회의 의사를 표시한 서면을 발송한 날에 그

효력이 발생한다.

④ 모집주체는 조합가입신청자가 청약 철회를 한 경우 청약 철회 의사가 도달한 날부터 7일

이내에 예치기관의 장에게 가입비등의 반환을 요청하여야 한다.

⑤ 예치기관의 장은 제4항에 따른 가입비등의 반환 요청을 받은 경우 요청일부터 10일 이내

에 가입비등을 조합가입신청자에게 반환하여야 한다.

⑥ 조합가입신청자가 제2항에 따른 기간 이내에 청약 철회를 하는 경우 모집주체는 조합가

입신청자에게 청약 철회를 이유로 위약금 또는 손해배상을 청구할 수 없다.

⑦ 제1항에 따라 예치된 가입비등의 관리, 지급 및 반환 등에 필요한 사항은 대통령령으로

정한다.

[본조신설 2019. 11. 26.]

[제5조의4에서 이동 〈2020. 6. 9.〉]

제5조의6(임대사업자의 결격사유) 다음 각 호의 어느 하나에 해당하는 자는 제5조에 따른 임대사업자로 등록할 수 없다. 법인의 경우 그 임원 중 다음 각 호의 어느 하나에 해당하는 사람이 있는 경우에도 또한 같다. 〈개정 2021. 9. 14.〉

1. 미성년자

2. 제6조제1항제1호, 제4호, 제7호부터 제10호까지, 제12호 및 제13호에 따라 등록이 전부 말소된 후 2년이 지나지 아니한 자

[본조신설 2020. 8. 18.]

제5조의7(임대사업자의 임대주택 추가 등록 제한 등) 제6조제1항제1호, 제4호, 제7호부터 제10호까지, 제12호 및 제13호에 따라 임대사업자 등록이 일부 말소된 후 2년이 지나지 아니한 자는 등록한 임대주택 외에 제5조제3항 본문에 따른 등록사항 변경신고를 통하여 임대주택을 변경·추가(일부 말소로 임대주택에서 제외된 주택을 변경·추가하는 경우를 포함한다) 등록할 수 없다. 〈개정 2021. 9. 14.〉

[본조신설 2020. 8. 18.]

제6조(임대사업자 등록의 말소) ① 시장·군수·구청장은 임대사업자가 다음 각 호의 어느 하나에 해당하면 등록의 전부 또는 일부를 말소할 수 있다. 다만, 제1호에 해당하는 경우에는 등록의 전부 또는 일부를 말소하여야 한다. 〈개정 2020. 6. 9., 2020. 8. 18., 2021. 3. 16., 2021. 9. 14.〉

1. 거짓이나 그 밖의 부정한 방법으로 등록한 경우

2. 임대사업자가 제5조에 따라 등록한 후 대통령령으로 정하는 일정 기간 안에 민간임대주택을 취득하지 아니하는 경우

3. 제5조제1항에 따라 등록한 날부터 3개월이 지나기 전(임대주택으로 등록한 이후 체결한 임대차계약이 있는 경우에는 그 임차인의 동의가 있는 경우로 한정한다) 또는 제43조의 임대의무기간이 지난 후 등록 말소를 신청하는 경우

4. 제5조제6항의 등록기준을 갖추지 못한 경우

5. 제43조제2항 또는 제6항에 따라 민간임대주택을 양도한 경우

6. 제43조제4항에 따라 민간임대주택을 양도한 경우

7. 제44조에 따른 임대조건을 위반한 경우

8. 제45조를 위반하여 임대차계약을 해제·해지하거나 재계약을 거절한 경우

9. 제50조의 준주택에 대한 용도제한을 위반한 경우

10. 제48조제1항제2호에 따른 설명이나 정보를 거짓이나 그 밖의 부정한 방법으로 제공한 경우

11. 제43조에도 불구하고 종전의 「민간임대주택에 관한 특별법」(법률 제17482호 민간임대주택에 관한 특별법 일부개정법률에 따라 개정되기 전의 것을 말한다. 이하 이 조에서 같다) 제2조제5호의 장기일반민간임대주택 중 아파트(「주택법」 제2조제20호의 도시형생활주택이 아닌 것을 말한다)를 임대하는 민간매입임대주택 또는 제2조제6호의 단기민간임대주택에 대하여 임대사업자가 임대의무기간 내 등록 말소를 신청(신청 당시 체결된 임대차계약이 있는 경우 임차인의 동의가 있는 경우로 한정한다)하는 경우

12. 임대사업자가 보증금 반환을 지연하여 임차인의 피해가 명백히 발생하였다고 대통령령으로 정하는 경우

13. 제46조에 따른 임대차계약 신고 또는 변경신고를 하지 아니하여 시장·군수·구청장이 제61조제1항에 따라 보고를 하게 하였으나 거짓으로 보고하거나 3회 이상 불응한 경우

14. 제49조제1항에 따른 임대보증금에 대한 보증에 가입하지 아니한 경우로서 대통령령으로 정하는 경우

15. 그 밖에 민간임대주택으로 계속 임대하는 것이 어렵다고 인정하는 경우로서 대통령령으로 정하는 경우

② 시장·군수·구청장은 제1항에 따라 등록을 말소하는 경우 청문을 하여야 한다. 다만, 제1항제3호, 제5호 및 제6호의 경우는 제외한다.

③ 시장·군수·구청장은 제1항에 따라 등록을 말소하면 해당 임대사업자의 명칭과 말소 사유 등 필요한 사항을 공고하여야 한다.

④ 임대사업자가 제1항제3호에 따라 등록말소를 신청하거나 제2항에 따른 청문 통보를 받은 경우 7일 이내에 그 사실을 임차인에게 통지하여야 한다.

⑤ 종전의 「민간임대주택에 관한 특별법」 제2조제5호에 따른 장기일반민간임대주택 중 아파트(「주택법」 제2조제20호의 도시형 생활주택이 아닌 것을 말한다)를 임대하는 민간매입임대주택 및 제2조제6호에 따른 단기민간임대주택은 임대의무기간이 종료한 날 등록이 말소된다. 〈개정 2020. 8. 18., 2021. 3. 16.〉

⑥ 제1항 각 호(제5호 중 제43조제2항에 따라 민간임대주택을 다른 임대사업자에게 양도하는 경우는 제외한다) 및 제5항에 따라 등록이 말소된 경우에는 그 임대사업자(해당 주택을 양도한 경우에는 그 양수한 자를 말한다)를 이미 체결된 임대차계약의 기간이 끝날 때까지 임차인에 대한 관계에서 이 법에 따른 임대사업자로 본다. 〈개정 2020. 8. 18.〉

제7조(주택임대관리업의 등록) ① 주택임대관리업을 하려는 자는 시장·군수·구청장에게 등록할 수 있다. 다만, 100호 이상의 범위에서 대통령령으로 정하는 규모 이상으로 주택임대관리업을 하려는 자[국가, 지방자치단체, 「공공기관의 운영에 관한 법률」 제4조제1항에 따른 공공기관(이하 "공공기관"이라 한다), 「지방공기업법」 제49조제1항에 따라 설립된 지방공사(이하 "지방공사"라 한다)는 제외한다]는 등록하여야 한다.

② 제1항에 따라 등록하는 경우에는 자기관리형 주택임대관리업과 위탁관리형 주택임대관리업을 구분하여 등록하여야 한다. 이 경우 자기관리형 주택임대관리업을 등록한 경우에는 위탁관리형 주택임대관리업도 등록한 것으로 본다.

③ 제1항에 따라 등록한 자가 등록한 사항을 변경하거나 말소하고자 할 경우 시장·군수·구청장에게 신고하여야 한다. 다만, 자본금의 증가 등 국토교통부령으로 정하는 경미한 사항은 신고하지 아니하여도 된다.

④ 시장·군수·구청장은 제3항에 따른 신고를 받은 날부터 5일 이내에 신고수리 여부를 신고인에게 통지하여야 한다. 〈신설 2020. 6. 9.〉

⑤ 시장·군수·구청장이 제4항에서 정한 기간 내에 신고수리 여부 또는 민원 처리 관련 법령에 따른 처리기간의 연장을 신고인에게 통지하지 아니하면 그 기간(민원 처리 관련 법령에 따라 처리기간이 연장 또는 재연장된 경우에는 해당 처리기간을 말한다)이 끝난 날의 다음

날에 신고를 수리한 것으로 본다. 〈신설 2020. 6. 9.〉

⑥ 제1항부터 제5항까지의 등록 및 신고의 절차 등에 필요한 사항은 대통령령으로 정한다. 〈개정 2020. 6. 9.〉

제8조(주택임대관리업의 등록기준) 제7조에 따라 등록을 하려는 자는 다음 각 호의 요건을 갖추어야 한다.

1. 자본금(법인이 아닌 경우 자산평가액을 말한다)이 1억원 이상으로서 대통령령으로 정하는 금액 이상일 것

2. 주택관리사 등 대통령령으로 정하는 전문인력을 보유할 것

3. 사무실 등 대통령령으로 정하는 시설을 보유할 것

제9조(주택임대관리업의 결격사유) 다음 각 호의 어느 하나에 해당하는 자는 주택임대관리업의 등록을 할 수 없다. 법인의 경우 그 임원 중 다음 각 호의 어느 하나에 해당하는 사람이 있을 때에도 또한 같다. 〈개정 2016. 1. 19.〉

1. 파산선고를 받고 복권되지 아니한 자

2. 피성년후견인 또는 피한정후견인

3. 제10조에 따라 주택임대관리업의 등록이 말소된 후 2년이 지나지 아니한 자. 이 경우 등록이 말소된 자가 법인인 경우에는 말소 당시의 원인이 된 행위를 한 사람과 대표자를 포함한다.

4. 이 법, 「주택법」, 「공공주택 특별법」 또는 「공동주택관리법」을 위반하여 금고 이상의 실형을 선고받고 집행이 종료(집행이 종료된 것으로 보는 경우를 포함한다)되거나 그 집행이 면제된 날부터 3년이 지나지 아니한 사람

5. 이 법, 「주택법」, 「공공주택 특별법」 또는 「공동주택관리법」을 위반하여 형의 집행유예를 선고받고 그 유예기간 중에 있는 사람

제10조(주택임대관리업의 등록말소 등) ① 시장·군수·구청장은 주택임대관리업자가 다음 각 호의 어느 하나에 해당하면 그 등록을 말소하거나 1년 이내의 기간을 정하여 영업의 전부 또는 일부의 정지를 명할 수 있다. 다만, 제1호, 제2호 또는 제6호에 해당하는 경우에는 그 등록을 말소하여야 한다.

1. 거짓이나 그 밖의 부정한 방법으로 등록을 한 경우

2. 영업정지기간 중에 주택임대관리업을 영위한 경우 또는 최근 3년간 2회 이상의 영업정지 처분을 받은 자로서 그 정지처분을 받은 기간이 합산하여 12개월을 초과한 경우

3. 고의 또는 중대한 과실로 임대를 목적으로 하는 주택을 잘못 관리하여 임대인 및 임차인 에게 재산상의 손해를 입힌 경우

4. 정당한 사유 없이 최종 위탁계약 종료일의 다음 날부터 1년 이상 위탁계약 실적이 없는 경우

5. 제8조에 따른 등록기준을 갖추지 못한 경우. 다만, 일시적으로 등록기준에 미달하는 등 대 통령령으로 정하는 경우는 그러하지 아니하다.

6. 제16조제1항을 위반하여 다른 자에게 자기의 명의 또는 상호를 사용하여 이 법에서 정한 사업이나 업무를 수행하게 하거나 그 등록증을 대여한 경우

7. 제61조에 따른 보고, 자료의 제출 또는 검사를 거부ㆍ방해 또는 기피하거나 거짓으로 보 고한 경우

② 시장ㆍ군수ㆍ구청장은 주택임대관리업자가 제1항제3호부터 제5호까지 및 제7호 중 어느 하나에 해당하는 경우에는 영업정지를 갈음하여 1천만원 이하의 과징금을 부과할 수 있다.

③ 시장ㆍ군수ㆍ구청장은 주택임대관리업자가 제2항에 따라 부과받은 과징금을 기한까지 내지 아니하면 「지방행정제재ㆍ부과금의 징수 등에 관한 법률」에 따라 징수한다. 〈개정 2020. 3. 24.〉

④ 제1항에 따른 등록말소 및 영업정지처분에 관한 기준과 제2항에 따른 과징금을 부과하는 위반행위의 종류 및 위반정도에 따른 과징금의 금액 등에 필요한 사항은 대통령령으로 정한다.

제11조(주택임대관리업자의 업무 범위) ① 주택임대관리업자는 임대를 목적으로 하는 주택에 대하여 다음 각 호의 업무를 수행한다.

1. 임대차계약의 체결ㆍ해제ㆍ해지ㆍ갱신 및 갱신거절 등

2. 임대료의 부과ㆍ징수 등

3. 임차인의 입주 및 명도ㆍ퇴거 등(「공인중개사법」 제2조제3호에 따른 중개업은 제외한다)

② 주택임대관리업자는 임대를 목적으로 하는 주택에 대하여 부수적으로 다음 각 호의 업무 를 수행할 수 있다.

1. 시설물 유지 · 보수 · 개량 및 그 밖의 주택관리 업무

2. 그 밖에 임차인의 주거 편익을 위하여 필요하다고 대통령령으로 정하는 업무

제12조(주택임대관리업자의 현황 신고) ① 주택임대관리업자는 분기마다 그 분기가 끝나는 달의 다음 달 말일까지 자본금, 전문인력, 관리 호수 등 대통령령으로 정하는 정보를 시장 · 군수 · 구청장에게 신고하여야 한다. 이 경우 신고받은 시장 · 군수 · 구청장은 국토교통부장관에게 이를 보고하여야 한다.

② 제1항에 따른 신고 및 보고 등에 필요한 사항은 대통령령으로 정한다.

③ 국토교통부장관은 다음 각 호의 정보를 제60조제1항에 따른 임대주택정보체계 등 대통령령으로 정하는 방식에 따라 공개할 수 있다.

1. 제1항 후단에 따라 보고받은 정보

2. 제61조에 따라 보고받은 정보

제13조(위 · 수탁계약서 등) ① 주택임대관리업자는 제11조의 업무를 위탁받은 경우 위 · 수탁계약서를 작성하여 주택의 소유자에게 교부하고 그 사본을 보관하여야 한다.

② 제1항의 위 · 수탁계약서에는 계약기간, 주택임대관리업자의 의무 등 대통령령으로 정하는 사항이 포함되어야 한다.

③ 국토교통부장관은 제1항에 따른 위 · 수탁계약의 체결에 필요한 표준위 · 수탁계약서를 작성하여 보급하고 활용하게 할 수 있다.

제14조(보증상품의 가입) ① 자기관리형 주택임대관리업을 하는 주택임대관리업자는 임대인 및 임차인의 권리보호를 위하여 보증상품에 가입하여야 한다.

② 제1항에 따른 보증상품의 종류와 가입절차 등에 필요한 사항은 대통령령으로 정한다.

제15조(자기관리형 주택임대관리업자의 의무) 임대사업자인 임대인이 자기관리형 주택임대관리업자에게 임대관리를 위탁한 경우 주택임대관리업자는 위탁받은 범위에서 이 법에 따른 임대사업자의 의무를 이행하여야 한다. 이 경우 제7장을 적용할 때에는 주택임대관리업자를 임대사업자로 본다. 〈개정 2020. 6. 9.〉

제16조(등록증 대여 등 금지) ① 주택임대관리업자는 다른 자에게 자기의 명의 또는 상호를 사용하여 이 법에서 정한 업무를 수행하게 하거나 그 등록증을 대여하여서는 아니 된다.

② 주택임대관리업자가 아닌 자는 주택임대관리업 또는 이와 유사한 명칭을 사용하지 못한다.

제3장 민간임대주택의 건설

제17조(민간임대주택의 건설) 민간임대주택의 건설은 「주택법」 또는 「건축법」에 따른다. 이 경우 관계 법률에서 「주택법」 제15조에 따른 사업계획의 승인 또는 「건축법」 제11조에 따른 건축허가 등을 준용하는 경우 그 법률을 포함한다. 〈개정 2016. 1. 19.〉

제18조(토지 등의 우선 공급) ① 국가 · 지방자치단체 · 공공기관 또는 지방공사가 그가 소유하거나 조성한 토지를 공급(매각 또는 임대를 말한다. 이하 이 조에서 같다)하는 경우에는 「주택법」 제30조제1항에도 불구하고 민간임대주택을 건설하려는 임대사업자에게 우선적으로 공급할 수 있다. 〈개정 2016. 1. 19.〉

② 국가 · 지방자치단체 · 공공기관 또는 지방공사가 공공지원민간임대주택 건설용으로 토지를 공급하거나 종전부동산을 보유하고 있는 공공기관[같은 법 제43조제3항의 매입공공기관(이하 "매입공공기관"이라 한다)을 포함한다]이 공공지원민간임대주택 건설용으로 종전부동산을 매각하는 경우에는 「택지개발촉진법」, 「혁신도시 조성 및 발전에 관한 특별법」 등 관계 법령에도 불구하고 추첨, 자격 제한, 수의계약 등 대통령령으로 정하는 방법 및 조건에 따라 공급할 수 있다. 〈개정 2017. 12. 26., 2018. 1. 16.〉

③ 국가 · 지방자치단체 · 한국토지주택공사 또는 지방공사는 그가 조성한 토지 중 1퍼센트 이상의 범위에서 대통령령으로 정하는 비율 이상을 임대사업자[소속 근로자에게 임대하기 위하여 민간임대주택을 건설하려는 고용자(법인에 한정한다)로서 임대사업자로 등록한 자를 포함한다]에게 우선 공급하여야 한다. 다만, 해당 토지는 2개 단지 이상의 공동주택용지 공급계획이 포함된 경우로서 대통령령으로 정하는 규모 이상이어야 한다. 〈개정 2017. 1. 17.〉

④ 제1항부터 제3항까지의 규정에 따라 토지 및 종전부동산(이하 이 조에서 "토지등"이라 한다)을 공급받은 자는 토지등을 공급받은 날부터 4년 이하의 범위에서 대통령령으로 정하는 기간 이내에 민간임대주택을 건설하여야 한다.

⑤ 제4항에도 불구하고 민간임대주택을 건설하지 아니한 경우 토지등을 공급한 자는 대통령

령으로 정하는 기준과 절차에 따라 토지등을 환매하거나 임대차계약을 해제 또는 해지할 수 있다.

⑥ 「주택법」 제54조에 따른 사업주체가 주택을 공급하는 경우에는 같은 조 제1항에도 불구하고 그 주택을 공공지원민간임대주택 또는 장기일반민간임대주택으로 운영하려는 임대사업자에게 주택(같은 법 제57조에 따른 분양가상한제 적용주택은 제외한다) 전부를 우선적으로 공급할 수 있다. 〈개정 2016. 1. 19., 2018. 1. 16.〉

제19조(간선시설의 우선 설치) 「주택법」 제28조에 따라 간선시설(幹線施設)을 설치하는 자는 민간임대주택 건설사업이나 민간임대주택 건설을 위한 대지조성사업에 필요한 간선시설을 다른 주택건설사업이나 대지조성사업보다 우선하여 설치하여야 한다. 〈개정 2016. 1. 19.〉

제20조(「공익사업을 위한 토지 등의 취득 및 보상에 관한 법률」에 관한 특례) ① 임대사업자가 전용면적 85제곱미터 이하의 민간임대주택을 100호 이상의 범위에서 대통령령으로 정하는 호수 이상 건설하기 위하여 사업 대상 토지 면적의 80퍼센트 이상을 매입한 경우(토지 소유자로부터 매입에 관한 동의를 받은 경우를 포함한다)로서 나머지 토지를 취득하지 아니하면 그 사업을 시행하기가 현저히 곤란해질 사유가 있는 경우에는 시·도지사에게 「공익사업을 위한 토지 등의 취득 및 보상에 관한 법률」 제4조제5호에 따른 지정을 요청할 수 있다. 이 경우 요청절차, 제출서류 등 필요한 사항은 대통령령으로 정한다. 〈개정 2018. 1. 16.〉

② 제1항에 따라 지정을 받은 임대사업자가 「주택법」 제15조에 따른 사업계획승인을 받으면 「공익사업을 위한 토지 등의 취득 및 보상에 관한 법률」 제20조제1항에 따른 사업인정을 받은 것으로 본다. 다만, 재결신청(裁決申請)은 「공익사업을 위한 토지 등의 취득 및 보상에 관한 법률」 제23조제1항 및 같은 법 제28조제1항에도 불구하고 사업계획승인을 받은 주택건설사업 기간에 할 수 있다. 〈개정 2016. 1. 19.〉

제21조(「국토의 계획 및 이용에 관한 법률」 등에 관한 특례) 「주택법」 제15조에 따른 사업계획승인권자 또는 「건축법」 제11조에 따른 허가권자(이하 "승인권자등"이라 한다)는 임대사업자가 공공지원민간임대주택을 건설하기 위하여 「주택법」 제15조에 따른 사업계획승인을 신청하거나 「건축법」 제11조에 따른 건축허가를 신청하는 경우에 관계 법령에도 불구하고 다음 각 호에 따라 완화된 기준을 적용할 수 있다. 다만, 공공지원민간임대주택과 공공지원

민간임대주택이 아닌 시설을 같은 건축물로 건축하는 경우 전체 연면적 대비 공공지원민간임대주택 연면적의 비율이 50퍼센트 이상의 범위에서 대통령령으로 정하는 비율 이상인 경우에 한정한다. 〈개정 2016. 1. 19., 2018. 1. 16.〉

1. 「국토의 계획 및 이용에 관한 법률」 제77조에 따라 조례로 정한 건폐율에도 불구하고 같은 조 및 관계 법령에 따른 건폐율의 상한까지 완화

2. 「국토의 계획 및 이용에 관한 법률」 제52조에 따라 지구단위계획에서 정한 용적률 또는 같은 법 제78조에 따라 조례로 정한 용적률에도 불구하고 같은 조 및 관계 법령에 따른 용적률의 상한까지 완화

3. 「건축법」 제2조제2항에 따른 건축물의 층수 제한을 대통령령으로 정하는 바에 따라 완화

제21조의2(용적률의 완화로 건설되는 주택의 공급 등) ① 승인권자등이 임대사업자의 사업계획승인 또는 건축허가 신청 당시 30호 이상으로서 대통령령으로 정하는 호수 이상의 공공지원민간임대주택을 건설하는 사업에 대하여 「국토의 계획 및 이용에 관한 법률」에 따라 해당 지방자치단체의 조례로 정한 용적률 또는 지구단위계획으로 정한 용적률(이하 "기준용적률"이라 한다)보다 완화된 제21조제2호에 따른 용적률(이하 "완화용적률"이라 한다)을 적용하는 경우 승인권자등은 시·도지사 및 임대사업자와 협의하여 임대사업자에게 다음 각 호의 어느 하나에 해당하는 조치를 명할 수 있다. 다만, 다른 법령에서 임대사업자에게 부여한 이행 부담이 있는 경우에는 본문에 따른 조치를 감면하여야 한다. 〈개정 2020. 4. 7.〉

1. 임대사업자는 완화용적률에서 기준용적률을 뺀 용적률의 50퍼센트 이하의 범위에서 해당 지방자치단체의 조례로 정하는 비율을 곱하여 증가하는 면적에 해당하는 임대주택을 건설하여 시·도지사에게 공급하여야 한다. 이 경우 주택의 공급가격은 「공공주택 특별법」 제50조의3제1항에 따른 공공건설임대주택의 분양전환가격 산정기준에서 정하는 건축비로 하고, 그 부속토지는 시·도지사에게 기부채납한 것으로 본다.

2. 임대사업자는 완화용적률에서 기준용적률을 뺀 용적률의 50퍼센트 이하의 범위에서 해당 지방자치단체의 조례로 정하는 비율을 곱하여 증가하는 면적에 해당하는 주택의 부속토지에 해당하는 가격을 시·도지사에게 현금으로 납부하여야 한다. 이 경우 토지의 가격은 사업계획승인 또는 건축허가 신청 당시 표준지공시지가를 기준으로 「감정평가 및 감

정평가사에 관한 법률」제2조제4호에 따른 감정평가법인등(이하 "감정평가법인등"이라 한다)이 평가한 금액으로 한다.

3. 임대사업자는 완화용적률에서 기준용적률을 뺀 용적률의 100퍼센트 이하의 범위에서 해당 지방자치단체의 조례로 정하는 비율을 곱하여 증가하는 면적의 범위에서 주거지원대상자에게 공급하는 임대주택을 건설하거나 복합지원시설을 설치하여야 한다.

4. 임대사업자는 완화용적률에서 기준용적률을 뺀 용적률의 50퍼센트 이하의 범위에서 해당 지방자치단체의 조례로 정하는 비율을 곱하여 증가하는 면적에 해당하는 임대주택을 건설하여 주거지원대상자에게 20년 이상 민간임대주택으로 공급하여야 한다.

② 제1항제2호에 따라 임대사업자가 납부한 현금은 「주택법」제84조에 따라 설치되는 국민주택사업특별회계의 재원으로 귀속된다.

③ 제1항 및 제2항에서 규정한 사항 외에 시 · 도지사에게 주택을 공급하는 절차, 토지의 가격 산정 절차, 현금납부 방법, 설치된 복합지원시설의 운영 등 필요한 사항은 대통령령으로 정한다.

[본조신설 2018. 1. 16.]

제21조의3(용도지역의 변경 결정을 통하여 건설되는 주택의 공급 등) 공공지원민간임대주택의 공급확대를 위하여 「국토의 계획 및 이용에 관한 법률」제30조에 따라 해당 용도지역을 용적률이 완화되는 용도지역으로 변경 결정하고 사업계획승인 또는 건축허가를 하는 경우 임대주택의 건설, 공급, 부속토지의 현금 납부, 복합지원시설의 설치 등에 관하여는 제21조의2를 준용한다. 이 경우 "기준용적률"은 "용도지역 변경 전에 조례 또는 지구단위계획에서 정한 용적률"로, "완화용적률"은 "용도지역 변경 후 승인권자등이 사업계획승인 또는 건축허가 시 적용한 용적률"로 본다.

[본조신설 2018. 1. 16.]

제4장 공공지원민간임대주택 공급촉진지구 〈개정 2018. 1. 16.〉

제22조(촉진지구의 지정) ① 시 · 도지사는 공공지원민간임대주택이 원활하게 공급될 수 있도록 공공지원민간임대주택 공급촉진지구(이하 "촉진지구"라 한다)를 지정할 수 있다. 이 경우

촉진지구는 다음 각 호의 요건을 모두 갖추어야 한다. 〈개정 2018. 1. 16., 2019. 4. 23.〉

1. 촉진지구에서 건설·공급되는 전체 주택 호수의 50퍼센트 이상이 공공지원민간임대주택으로 건설·공급될 것

2. 촉진지구의 면적은 5천제곱미터 이상의 범위에서 대통령령으로 정하는 면적 이상일 것. 다만, 역세권등에서 촉진지구를 지정하는 경우 1천제곱미터 이상의 범위에서 해당 지방자치단체가 조례로 정하는 면적 이상이어야 한다.

3. 유상공급 토지면적(도로, 공원 등 관리청에 귀속되는 공공시설 면적을 제외한 면적을 말한다. 이하 이 호에서 같다) 중 주택건설 용도가 아닌 토지로 공급하는 면적이 유상공급 토지면적의 50퍼센트를 초과하지 아니할 것

② 삭제 〈2018. 1. 16.〉

③ 국토교통부장관은 제1항에도 불구하고 국민의 주거안정을 위하여 공공지원민간임대주택을 건설·공급할 필요가 있는 경우에는 촉진지구를 지정할 수 있다. 〈개정 2017. 1. 17., 2018. 1. 16.〉

④ 제1항 및 제3항에 따른 촉진지구의 지정기준, 지정절차 등 필요한 사항은 대통령령으로 정한다. 〈개정 2017. 1. 17., 2018. 1. 16.〉

제23조(시행자) ① 제22조에 따라 촉진지구를 지정할 수 있는 자(이하 "지정권자"라 한다)는 다음 각 호의 자 중에서 공공지원민간임대주택 개발사업의 시행자(이하 "시행자"라 한다)를 지정한다. 〈개정 2017. 1. 17., 2018. 1. 16.〉

1. 촉진지구에서 국유지·공유지를 제외한 토지 면적의 50퍼센트 이상에 해당하는 토지를 소유한 임대사업자

2. 「공공주택 특별법」 제4조제1항 각 호에 해당하는 자

② 시행자가 할 수 있는 공공지원민간임대주택 개발사업의 범위는 다음 각 호와 같다. 다만, 제1항제2호에 해당하는 시행자는 이 항 제2호에 따른 주택건설사업 중 공공지원민간임대주택 건설사업을 시행할 수 없다. 〈신설 2018. 1. 16.〉

1. 촉진지구 조성사업

2. 공공지원민간임대주택 건설사업 등 주택건설사업

③ 지정권자는 촉진지구 조성사업의 시행자를 지정하는 경우 제1항 각 호에 해당하는 자를 공동시행자로 지정할 수 있다. 〈개정 2018. 1. 16.〉

④ 제1항 각 호에 해당하는 자 또는 촉진지구 안에서 국유지·공유지를 제외한 토지면적의 50퍼센트 이상에 해당하는 토지소유자의 동의를 받은 자는 지정권자에게 촉진지구의 지정을 제안할 수 있다. 이 경우 지정권자는 그 지정을 제안한 자가 제1항제1호의 요건을 갖춘 경우에 우선적으로 시행자로 지정할 수 있다. 〈개정 2017. 1. 17., 2018. 1. 16.〉

⑤ 지정권자는 다음 각 호의 어느 하나에 해당하는 경우에는 시행자를 변경할 수 있다. 〈신설 2017. 1. 17., 2018. 1. 16., 2020. 12. 22.〉

1. 시행자가 출자한 「부동산투자회사법」 제2조제1호에 따른 부동산투자회사로 시행자 변경을 요청하는 경우

2. 시행자의 부도·파산, 사정 변경 등 대통령령으로 정하는 사유로 촉진지구 사업 추진이 곤란하여 시행자를 공공기관 또는 지방공사로 변경하는 경우

3. 제40조제1항에 따라 지구계획 승인이 취소되어 시행자를 공공기관 또는 지방공사로 변경하는 경우

⑥ 제1항제2호에 따른 자가 시행자인 경우 지정권자는 촉진지구에 복합지원시설을 건설·운영하도록 요청할 수 있다. 이 경우 시행자는 대통령령으로 정하는 바에 따라 복합지원시설의 설치·운영계획을 수립하여야 한다. 〈신설 2018. 1. 16.〉

⑦ 그 밖에 촉진지구 지정·변경 및 해제의 제안절차, 제출서류, 동의자 수의 산정방법 및 동의절차 등에 필요한 사항은 국토교통부령으로 정한다. 〈개정 2017. 1. 17., 2018. 1. 16.〉

제24조(촉진지구의 지정 절차) ① 지정권자가 제22조에 따라 촉진지구를 지정하는 경우에는 관계 중앙행정기관의 장 및 관할 지방자치단체의 장과 협의하여야 한다. 촉진지구를 변경하는 경우에도 또한 같다. 〈개정 2017. 1. 17.〉

② 지정권자가 제1항에 따라 협의를 하는 경우 다음 각 호에서 정한 협의를 별도로 하여야 한다. 이 경우 협의기간은 30일 이내로 한다. 〈개정 2017. 10. 24.〉

1. 「환경영향평가법」 제16조에 따른 전략환경영향평가 협의(「자연환경보전법」 제28조에 따른 자연경관영향 협의를 포함한다)

2. 「자연재해대책법」에 따른 재해영향평가등의 협의

③ 지정권자가 촉진지구를 지정하려면 「국토의 계획 및 이용에 관한 법률」 제106조에 따른 중앙도시계획위원회(이하 "중앙도시계획위원회"라 한다) 또는 같은 법 제113조에 따른 시 · 도도시계획위원회(이하 "시 · 도도시계획위원회"라 한다)의 심의를 거쳐야 하며, 이 경우 같은 법 제8조 및 제9조는 적용하지 아니한다. 다만, 촉진지구의 면적을 10퍼센트 범위에서 증감하는 경우 등 대통령령으로 정하는 경미한 사항은 심의를 거치지 아니하여도 된다.

제25조(주민 등의 의견청취) ① 지정권자는 촉진지구를 지정하려면 대통령령으로 정하는 바에 따라 주민 및 관계 전문가 등의 의견을 들어야 한다. 촉진지구 면적 등 대통령령으로 정하는 중요 사항을 변경하는 경우에도 또한 같다. 〈개정 2017. 1. 17.〉

② 지정권자는 제1항에 따른 의견 청취와 「환경영향평가법」 제13조에 따른 전략환경영향평가를 위한 주민 등의 의견 수렴을 동시에 할 수 있다.

제26조(촉진지구 지정 등의 고시 등) ① 지정권자는 촉진지구를 지정한 경우 위치 · 면적, 시행자, 사업의 종류, 수용 또는 사용할 「공익사업을 위한 토지 등의 취득 및 보상에 관한 법률」 제3조에서 정하는 토지 · 물건 및 권리(이하 "토지등"이라 한다)의 세목 등을 대통령령으로 정하는 바에 따라 관보 또는 공보에 고시하고, 관계 서류의 사본을 시장 · 군수 · 구청장에게 송부하여야 하며 「토지이용규제 기본법」 제8조에 따라 지형도면을 고시하여야 한다. 촉진지구를 변경한 경우에도 또한 같다. 〈개정 2017. 1. 17.〉

② 제1항에 따라 관계 서류의 사본을 송부받은 시장 · 군수 · 구청장은 이를 일반인이 열람할 수 있도록 하여야 한다.

③ 제25조제1항에 따라 촉진지구의 지정 또는 변경에 관한 주민 등의 의견청취 공고 등이 있는 지역 및 촉진지구 내에서 건축물의 건축 등 대통령령으로 정하는 행위를 하고자 하는 자는 시장 · 군수 · 구청장의 허가를 받아야 한다. 허가받은 사항을 변경하는 경우에도 또한 같다. 〈개정 2017. 1. 17.〉

④ 다음 각 호의 어느 하나에 해당하는 행위는 제3항에도 불구하고 허가를 받지 아니하고 할 수 있다.

1. 재해복구 또는 재난수습에 필요한 응급조치를 위하여 하는 행위

2. 그 밖에 경작을 위한 토지의 형질 변경 등 대통령령으로 정하는 행위

⑤ 제3항에 따라 허가를 받아야 하는 행위로서 제25조제1항에 따른 의견청취 공고 당시 또는 촉진지구의 지정·고시 당시에 이미 관계 법령에 따라 행위허가를 받았거나 그 공사 또는 사업에 착수한 자는 대통령령으로 정하는 바에 따라 시장·군수·구청장에게 신고한 후 이를 계속 시행할 수 있다. 〈개정 2017. 1. 17.〉

⑥ 시장·군수·구청장은 제3항을 위반한 자에 대하여 원상회복을 명할 수 있다. 이 경우 명령을 받은 자가 그 의무를 이행하지 아니하는 때에는 「행정대집행법」에 따라 대집행할 수 있다.

⑦ 제3항에 따른 허가에 관하여 이 법에서 규정한 것을 제외하고는 「국토의 계획 및 이용에 관한 법률」 제57조부터 제60조까지 및 제62조를 준용한다. 〈신설 2017. 1. 17.〉

⑧ 제3항에 따라 허가를 받은 경우에는 「국토의 계획 및 이용에 관한 법률」 제56조에 따라 허가를 받은 것으로 본다. 〈신설 2017. 1. 17.〉

⑨ 제1항에 따라 촉진지구가 지정·고시된 경우 「국토의 계획 및 이용에 관한 법률」 제6조 제1호에 따른 도시지역과 같은 법 제50조에 따른 지구단위계획구역(이하 "지구단위계획구역"이라 한다)으로 결정되어 고시된 것으로 본다. 〈개정 2017. 1. 17.〉

제27조(촉진지구 지정의 해제) ① 지정권자는 다음 각 호의 어느 하나에 해당하는 경우에는 촉진지구의 지정을 해제할 수 있다. 〈개정 2018. 1. 16.〉

1. 촉진지구가 지정고시된 날부터 2년 이내에 제28조에 따른 지구계획 승인을 신청하지 아니하는 경우

2. 공공지원민간임대주택 개발사업이 완료된 경우

② 제1항에 따라 촉진지구의 지정이 해제되는 경우 지정권자는 대통령령으로 정하는 바에 따라 관보 또는 공보에 고시하고, 다음 각 호의 구분에 따라 조치하여야 한다.

1. 국토교통부장관: 관계 행정기관의 장 및 관할 시·도지사에게 통보할 것. 이 경우 통보를 받은 시·도지사는 관할 시장·군수·구청장에게 통보하여야 하고, 통보를 받은 시장·군수·구청장은 관계 서류의 사본을 일반인에게 공람시켜야 한다.

2. 시·도지사: 국토교통부장관, 관계 행정기관의 장 및 관할 시장·군수·구청장에게 통보할 것. 이 경우 지정권자인 특별자치시장·특별자치도지사 및 통보를 받은 시장·군

수ㆍ구청장은 관계 서류의 사본을 일반인에게 공람시켜야 한다.

③ 제1항제1호의 사유로 촉진지구가 해제고시된 경우 「국토의 계획 및 이용에 관한 법률」에 따른 용도지역ㆍ용도지구ㆍ용도구역, 지구단위계획구역 및 도시ㆍ군계획시설은 각각 지정 당시로 환원된 것으로 본다. 다만, 해제하는 당시 이미 사업이나 공사에 착수한 경우 등 해제 고시에서 별도로 정하는 도시ㆍ군계획시설은 그 사업이나 공사를 계속할 수 있다.

제28조(지구계획 승인 등) ① 시행자는 대통령령으로 정하는 바에 따라 다음 각 호의 내용을 포함한 공공지원민간임대주택 공급촉진지구계획(이하 "지구계획"이라 한다)을 작성하여 지정 권자의 승인을 받아야 한다. 승인받은 지구계획을 변경(대통령령으로 정하는 경미한 사항의 변경은 제외한다)하는 경우에도 또한 같다. 〈개정 2017. 1. 17., 2018. 1. 16.〉

1. 지구계획의 개요

2. 사업시행자의 성명 또는 명칭(주소와 대표자의 성명을 포함한다)

3. 사업 시행기간 및 재원조달 계획

4. 토지이용계획 및 개략설계도서

5. 인구ㆍ주택 수용계획

6. 교통ㆍ공공ㆍ문화체육시설 등을 포함한 기반시설 설치 계획

7. 환경보전 및 탄소저감 등 환경계획

8. 그 밖에 지구단위계획 등 대통령령으로 정하는 사항

② 지정권자는 지구계획에 따른 기반시설 확보를 위하여 필요한 부지 또는 설치비용의 전부 또는 일부를 시행자에게 부담시킬 수 있다. 이 경우 기반시설의 부지 또는 설치비용의 부담 은 건축제한의 완화에 따른 토지가치상승분(감정평가법인등이 건축제한 완화 전ㆍ후에 대 하여 각각 감정평가한 토지가액의 차이를 말한다)을 초과하지 아니하도록 한다. 〈개정 2016. 1. 19., 2018. 1. 16., 2020. 4. 7.〉

③ 지정권자가 제1항에 따라 지구계획을 승인하는 경우 시행자의 요청이 있으면 제32조에 따른 공공지원민간임대주택 통합심의위원회의 심의를 거쳐야 한다. 〈개정 2018. 1. 16.〉

④ 지정권자는 제1항에 따라 지구계획을 승인한 때에는 대통령령으로 정하는 바에 따라 관보 또는 공보에 고시하고, 관계 서류의 사본을 시장ㆍ군수ㆍ구청장에게 송부하여야 하며, 이

를 송부받은 시장·군수·구청장은 이를 일반인이 열람할 수 있도록 하여야 한다.

⑤ 제4항에 따라 관계 서류의 사본을 송부받은 시장·군수·구청장은 관계 서류에 도시·군 관리계획결정사항이 포함되어 있는 경우에는 「국토의 계획 및 이용에 관한 법률」 제32조 및 「토지이용규제 기본법」 제8조에 따라 지형도면 작성에 필요한 조치를 하여야 한다. 이 경우 시행자는 지형도면 고시에 필요한 서류를 시장·군수·구청장에게 제출하여야 한다.

제28조의2(촉진지구 조성사업에 관한 공사의 감리) ① 제28조제4항에 따라 지구계획 서류의 사본을 송부 받은 시장·군수·구청장은 「건설기술 진흥법」에 따른 건설엔지니어링사업자 또는 「건축사법」에 따른 건축사를 촉진지구 조성사업의 공사에 대한 감리를 하는 자로 지정하고 지도·감독하여야 한다. 다만, 시행자가 제23조제1항제2호에 해당하는 자인 경우에는 그러하지 아니하다. 〈개정 2021. 3. 16.〉

② 제1항에도 불구하고 촉진지구 조성사업을 「주택법」 제15조에 따른 주택건설사업계획 승인대상 공사 또는 「건축법」에 따른 감리대상인 공사와 함께 시행하는 경우에는 「주택법」 등 관련 법령에서 정하는 바에 따른다.

[본조신설 2018. 1. 16.]

제29조(다른 법률에 따른 인가·허가 등의 의제) ① 제28조에 따른 지구계획의 승인·승인고시 또는 변경승인·변경승인고시가 있는 때에는 다음 각 호의 승인·허가·인가·결정·신고·지정·면허·협의·동의·해제·심의 등(이하 "인·허가등"이라 한다)을 받은 것으로 보며, 지구계획 승인고시 또는 변경승인고시가 있는 때에는 다음 각 호의 법률에 따른 인·허가등의 고시 또는 공고가 있는 것으로 본다. 〈개정 2016. 12. 27., 2017. 1. 17., 2018. 1. 16., 2020. 3. 31.〉

1. 「공유수면 관리 및 매립에 관한 법률」 제8조에 따른 공유수면의 점용·사용허가, 같은 법 제28조에 따른 공유수면의 매립면허, 같은 법 제35조에 따른 국가 등이 시행하는 매립의 협의 또는 승인 및 같은 법 제38조에 따른 공유수면매립실시계획의 승인·고시

2. 「공유재산 및 물품 관리법」 제20조에 따른 사용·수익허가

3. 「관광진흥법」 제54조에 따른 조성계획의 승인, 같은 법 제55조에 따른 조성사업시행의 허가

4. 「광업법」제24조에 따른 광업권설정의 불허가처분, 같은 법 제34조에 따른 광업권 취소
   처분 또는 광구 감소처분

5. 「국유재산법」제30조에 따른 행정재산의 사용허가(허가기간은 공공지원민간임대주택
   개발사업 준공 시까지로 한다)

6. 「국토의 계획 및 이용에 관한 법률」제30조에 따른 도시 · 군관리계획의 결정, 같은 법 제
   50조에 따른 지구단위계획의 결정, 같은 법 제56조에 따른 개발행위의 허가, 같은 법 제
   86조에 따른 도시 · 군계획시설사업의 시행자의 지정, 같은 법 제88조에 따른 실시계획
   의 작성 및 인가, 같은 법 제118조에 따른 토지거래계약에 관한 허가

7. 「농어촌정비법」제23조에 따른 농업생산기반시설의 사용허가

8. 「농지법」제34조에 따른 농지전용(農地轉用)의 허가 또는 협의, 같은 법 제35조에 따른
   농지의 전용신고, 같은 법 제36조에 따른 농지의 타용도 일시사용허가 · 협의, 같은 법 제
   40조에 따른 용도변경의 승인

9. 「대기환경보전법」제23조에 따른 배출시설의 설치 허가 및 신고

10. 「도로법」제36조에 따른 도로공사 시행의 허가, 같은 법 제61조에 따른 도로의 점용
    허가

11. 「도시개발법」제3조에 따른 도시개발구역의 지정, 같은 법 제4조에 따른 개발계획의 수
    립 및 변경, 같은 법 제11조에 따른 사업시행자의 지정, 같은 법 제17조에 따른 실시계
    획의 작성 및 인가, 같은 법 제26조에 따른 조성토지등의 공급 계획 제출, 같은 법 제53
    조에 따른 조성토지등의 준공 전 사용의 허가

12. 「사도법」제4조에 따른 사도(私道)의 개설허가

13. 「사방사업법」제14조에 따른 벌채 등의 허가, 같은 법 제20조에 따른 사방지(砂防地) 지
    정의 해제

14. 「산림자원의 조성 및 관리에 관한 법률」제36조제1항 · 제4항에 따른 입목벌채등의 허
    가 · 신고

15. 「산지관리법」제14조 · 제15조에 따른 산지전용허가 및 산지전용신고, 같은 법 제15조
    의2에 따른 산지일시사용허가 · 신고, 같은 법 제25조에 따른 토석채취허가

16. 「소음 · 진동관리법」 제8조에 따른 배출시설 설치 허가 및 신고

17. 「소하천정비법」 제10조에 따른 소하천공사 시행의 허가, 같은 법 제14조에 따른 소하천 점용 등의 허가

18. 「수도법」 제17조 또는 제49조에 따른 수도사업의 인가, 같은 법 제52조 또는 제54조에 따른 전용상수도 또는 전용공업용수도의 설치 인가

19. 「물환경보전법」 제33조에 따른 배출시설의 설치 허가 및 신고

20. 「에너지이용 합리화법」 제10조에 따른 에너지사용계획의 협의

21. 「유통산업발전법」 제8조에 따른 대규모점포의 개설등록

22. 「장사 등에 관한 법률」 제27조제1항에 따른 무연분묘의 개장허가

23. 「전기안전관리법」 제8조에 따른 자가용전기설비의 공사계획의 인가 또는 신고

24. 「집단에너지사업법」 제4조에 따른 집단에너지의 공급 타당성에 관한 협의

25. 「공간정보의 구축 및 관리 등에 관한 법률」 제86조제1항에 따른 사업의 착수 · 변경 또는 완료의 신고

26. 「체육시설의 설치 · 이용에 관한 법률」 제12조에 따른 사업계획의 승인

27. 「초지법」 제21조의2에 따른 토지의 형질변경 등의 허가, 같은 법 제23조에 따른 초지전용의 허가

28. 「하수도법」 제16조에 따른 공공하수도공사 시행의 허가, 같은 법 제24조에 따른 공공하수도의 점용허가

29. 「하천법」 제30조에 따른 하천공사 시행의 허가 및 하천공사실시계획의 인가, 같은 법 제33조에 따른 하천의 점용허가, 같은 법 제50조에 따른 하천수의 사용허가

② 시행자는 제1항에 따른 인 · 허가등의 의제를 받으려는 경우에는 해당 법률에서 정하는 서류를 제출하여야 한다.

③ 지정권자는 제1항 각 호의 어느 하나에 해당하는 사항이 포함되어 있는 지구계획을 승인하고자 하는 경우에는 시행자가 제출한 관계 서류를 첨부하여 미리 관계 행정기관의 장과 협의하여야 한다. 이 경우 관계 행정기관의 장은 협의요청을 받은 날부터 30일 이내에 의견을 제출하여야 하며 같은 기간 이내에 의견제출이 없는 경우에는 의견이 없는 것으로 본다.

제30조(관계 법률에 관한 특례) ① 제23조제1항제1호에 해당하는 자가 제안하는 촉진지구를 지정하기 위하여 「국토의 계획 및 이용에 관한 법률」 제2조제3호에 따른 도시·군기본계획의 변경이 필요한 경우 시·도지사는 공청회, 지방의회 의견청취 등을 동시에 실시하여 90일 이내의 범위에서 대통령령으로 정하는 기간 이내에 변경 여부를 결정하여야 한다. 〈개정 2018. 1. 16.〉

② 제23조제1항제2호에 해당하는 자가 제안하는 촉진지구를 지정, 변경 또는 해제하기 위하여 도시·군기본계획의 변경이 필요한 경우 지정권자가 촉진지구의 지정, 변경 또는 해제를 고시한 때에는「국토의 계획 및 이용에 관한 법률」 제18조, 제22조 및 제22조의2에 따라 도시·군기본계획의 변경이 확정되거나 도지사의 승인을 받은 것으로 본다. 〈신설 2018. 1. 16.〉

③ 제28조에 따라 지구계획이 승인된 때에는 국토교통부장관과 특별시장·광역시장·특별자치시장·특별자치도지사·시장·군수(광역시의 군수는 세외한다. 이하 이 조에서 같다)는 이를 「수도법」 제5조에 따른 수도정비계획에 우선적으로 반영하여야 한다. 이 경우 환경부장관은 정당한 사유가 없으면 관할 특별시장·광역시장·특별자치시장·특별자치도지사·시장·군수로부터 수도정비계획 승인 신청을 접수한 날부터 30일 이내에 수도정비계획을 승인하여야 한다. 〈개정 2018. 1. 16., 2022. 1. 11.〉

④ 제28조에 따라 지구계획이 승인된 때에는 특별시장·광역시장·특별자치시장·특별자치도지사·시장·군수는 이를 「하수도법」 제5조 및 제6조에 따른 하수도정비기본계획에 우선적으로 반영하여야 한다. 이 경우 환경부장관은 정당한 사유가 없으면 관할 특별시장·광역시장·특별자치시장·특별자치도지사·시장·군수로부터 하수도정비기본계획 승인 신청을 접수한 날부터 40일 이내에 하수도정비기본계획을 승인하여야 한다. 〈개정 2018. 1. 16.〉

제31조(개발제한구역에 관한 특례) ① 「개발제한구역의 지정 및 관리에 관한 특별조치법」 제3조제1항에 따라 해제할 필요가 있는 개발제한구역에 촉진지구 지정이 필요한 경우 제23조제1항제2호에 해당하는 시행자는 개발제한구역의 해제를 위한 도시·군관리계획의 변경을 지정권자에게 제안할 수 있다. 이 경우 지정권자는 촉진지구 지정 절차와 함께 개발제한구역

해제 절차를 진행하거나 이를 관계 기관에 요청할 수 있다. 〈개정 2018. 1. 16.〉

② 다음 각 호의 어느 하나에 해당하는 경우에는 개발제한구역에서 해제된 지역이 개발제한구역으로 환원된 것으로 본다.

1. 제1항에 따른 개발제한구역 해제에 관한 도시·군관리계획이 결정·고시된 날부터 2년 이내에 제28조에 따른 지구계획이 수립·고시되지 아니한 경우

2. 제27조제1항제1호에 따라 촉진지구가 해제된 경우

③ 국토교통부장관은 제2항에 따라 개발제한구역으로 환원된 사실을 대통령령으로 정하는 바에 따라 고시하고, 그 지역을 관할하는 시·도지사에게 통보하여야 한다.

제32조(공공지원민간임대주택 통합심의위원회) ① 지정권자는 도시계획·건축·환경·교통·재해 등 지구계획 승인과 관련된 다음 각 호의 사항을 검토 및 심의하기 위하여 공공지원민간임대주택 통합심의위원회(이하 "통합심의위원회"라 한다)를 둔다. 〈개정 2017. 10. 24., 2018. 1. 16.〉

1. 「국토의 계획 및 이용에 관한 법률」에 따른 도시·군관리계획 관련 사항

2. 「대도시권 광역교통 관리에 관한 특별법」에 따른 광역교통개선대책

3. 「도시교통정비 촉진법」에 따른 교통영향평가

4. 「산지관리법」에 따라 촉진지구에 속한 산지의 이용계획

5. 「에너지이용 합리화법」에 따른 에너지사용계획

6. 「자연재해대책법」에 따른 재해영향평가등

7. 「교육환경 보호에 관한 법률」에 따른 교육환경에 대한 평가

8. 「경관법」에 따른 사전경관계획

9. 「건축법」에 따른 건축 심의

10. 그 밖에 지정권자가 필요하다고 인정하여 통합심의위원회의 회의에 부치는 사항

② 통합심의위원회는 위원장 1명, 부위원장 1명을 포함하여 24명 이내의 위원으로 구성한다.

③ 통합심의위원회의 위원은 다음 각 호의 사람이 되고, 위원장은 제2호에 해당하는 사람 중 위원들이 호선하는 사람으로 한다. 〈개정 2017. 1. 17., 2017. 10. 24., 2018. 1. 16.〉

1. 국토교통부, 관계 행정기관(제24조제1항에 따라 사전협의를 거치는 기관을 말한다) 또는

　지정권자 소속의 관계 부서의 장으로서 대통령령으로 정하는 공무원

2. 도시계획·건축·교통·환경·재해 분야 등의 전문가로서 택지개발 및 주택사업에 관한 학식과 경험이 풍부한 사람 중 지정권자가 위촉하는 사람

3. 중앙도시계획위원회(국토교통부장관이 촉진지구를 지정한 경우에 한정한다) 또는 시·도도시계획위원회의 위원 중 도시계획전문가·설계전문가·환경전문가 각 1명 이상을 포함하여 해당 위원회의 위원장이 추천하는 사람

4. 「국가통합교통체계효율화법」에 따른 국가교통위원회 또는 지방교통위원회의 위원 중 해당 위원회의 위원장이 추천하는 사람

5. 「도시교통정비 촉진법」에 따른 교통영향평가심의위원회의 위원 중 해당 위원회의 위원장이 추천하는 사람

6. 「산지관리법」에 따라 해당 주택지구에 속한 산지의 이용계획에 대하여 심의권한을 가진 산지관리위원회의 위원 중 해당 위원회의 위원장이 추천하는 사람

7. 「에너지이용 합리화법」에 따른 에너지사용계획에 대하여 심의권한을 가진 위원회의 위원 중 해당 위원회의 위원장이 추천하는 사람

8. 「자연재해대책법」에 따른 재해영향평가심의위원회의 위원 중 해당 위원회의 위원장이 추천하는 사람

9. 「교육환경 보호에 관한 법률」에 따른 시·도교육환경보호위원회의 위원 중 해당 위원회의 위원장이 추천하는 사람

10. 「경관법」에 따른 경관위원회의 위원 중 해당 위원회의 위원장이 추천하는 사람

11. 「건축법」에 따른 건축위원회의 위원 중 해당 위원회의 위원장이 추천하는 사람

④ 통합심의위원회의 회의는 재적위원 과반수의 출석으로 개의하고, 출석위원 과반수의 찬성으로 의결한다.

⑤ 통합심의위원회는 회의내용을 녹취하고 회의록을 작성하여야 한다.

⑥ 통합심의를 받고자 하는 시행자는 대통령령으로 정하는 바에 따라 제1항 각 호와 관련된 서류를 제출하여야 하며 통합심의위원회에 최종의견서를 제출할 수 있다.

⑦ 통합심의위원회는 지구계획의 승인과 관련된 사항, 시행자의 최종의견서, 관계 기관 의견

서 등을 종합적으로 검토하여 심의하여야 한다. 이 경우 정당한 사유가 없으면 지정권자는 심의 결과를 반영하여 지구계획을 승인하여야 한다.

⑧ 통합심의위원회의 검토 및 심의를 거친 경우에는 다음 각 호에서 정한 위원회의 검토 및 심의를 거친 것으로 본다. 〈개정 2017. 10. 24., 2018. 1. 16.〉

1. 중앙도시계획위원회(국토교통부장관이 촉진지구를 지정한 경우에 한정한다) 및 시·도 도시계획위원회

2. 「국가통합교통체계효율화법」에 따른 국가교통위원회

3. 「도시교통정비 촉진법」에 따른 교통영향평가심의위원회

4. 「산지관리법」에 따른 산지관리위원회

5. 「에너지이용 합리화법」에 따른 에너지사용계획에 대하여 심의권한을 가진 위원회

6. 「자연재해대책법」에 따른 재해영향평가심의위원회

7. 「교육환경 보호에 관한 법률」에 따른 시·도교육환경보호위원회

8. 「경관법」에 따른 경관위원회

9. 「건축법」에 따른 건축위원회. 다만, 제33조에 따라 촉진지구 지정과 동시에 지구계획 승인, 사업계획승인(건축허가를 포함한다)을 동시에 진행하는 경우에 한정한다.

[제목개정 2018. 1. 16.]

제33조(촉진지구 지정절차에 관한 특례) ① 촉진지구가 10만제곱미터 이하의 범위에서 대통령령으로 정하는 면적 이하인 경우 시행자는 촉진지구 지정을 신청할 때 다음 각 호의 승인 또는 허가를 포함하여 신청할 수 있다. 이 경우 지정권자는 촉진지구 지정과 통합하여 승인 또는 허가를 하여야 한다. 〈개정 2016. 1. 19.〉

1. 제28조에 따른 지구계획 승인

2. 「주택법」 제15조에 따른 사업계획승인

3. 「건축법」 제11조에 따른 건축허가

② 지정권자는 「국토의 계획 및 이용에 관한 법률」 제36조제1항에 따른 녹지지역이 아닌 도시지역으로서 대통령령으로 정하는 지역에서 제1항에 따라 촉진지구 지정과 지구계획을 통합 승인하기 위하여 통합심의위원회 심의를 거친 경우에는 제24조제3항에 따른 중앙도시계

획위원회 또는 시·도도시계획위원회의 심의를 생략할 수 있다. 〈신설 2018. 1. 16.〉

③ 지정권자는 「국토의 계획 및 이용에 관한 법률」 제36조제1항제1호가목에 따른 주거지역 안에서 10만제곱미터 이하의 범위에서 대통령령으로 정하는 면적 이하의 촉진지구를 지정 또는 변경하는 경우에는 중앙도시계획위원회 또는 시·도도시계획위원회의 심의를 생략할 수 있다. 〈개정 2018. 1. 16.〉

④ 시행자가 제3항에 따른 촉진지구의 지정 또는 변경을 제안할 때에는 토지이용계획 등 대통령령으로 정하는 사항을 포함하여야 한다. 〈개정 2018. 1. 16.〉

⑤ 제2항 및 제3항에 따라 지정되는 촉진지구에 대하여는 「국토의 계획 및 이용에 관한 법률」 제8조, 제9조 및 제59조를 적용하지 아니한다. 〈개정 2018. 1. 16.〉

제34조(토지등의 수용 등) ① 시행자는 촉진지구 토지 면적의 3분의 2 이상에 해당하는 토지를 소유하고 토지 소유자 총수의 2분의 1 이상에 해당하는 자의 동의를 받은 경우 나머지 토지등을 수용 또는 사용할 수 있다. 다만, 제23조제1항제2호의 자가 시행자인 경우 본문의 요건을 적용하지 아니하고 수용 또는 사용할 수 있다.

② 촉진지구를 지정하여 고시한 때에는 「공익사업을 위한 토지 등의 취득 및 보상에 관한 법률」 제20조제1항 및 같은 법 제22조에 따른 사업인정 및 사업인정의 고시가 있는 것으로 본다. 〈개정 2017. 1. 17.〉

③ 재결신청은 제1항에 따른 토지를 확보한 후에 할 수 있으며, 「공익사업을 위한 토지 등의 취득 및 보상에 관한 법률」 제23조제1항 및 제28조제1항에도 불구하고 지구계획에서 정하는 사업시행기간 종료일까지 하여야 한다. 〈신설 2017. 1. 17.〉

④ 제1항에 따른 토지등의 수용 또는 사용에 관하여 동의 요건의 산정기준일, 동의자 수 산정방법 등 필요한 사항은 대통령령으로 정하고, 그 밖에 이 법에 특별한 규정이 있는 것을 제외하고는 「공익사업을 위한 토지 등의 취득 및 보상에 관한 법률」을 준용한다. 〈개정 2017. 1. 17.〉

제35조(촉진지구에서의 공공지원민간임대주택 건설에 관한 특례) ① 지정권자는 촉진지구에서 공공지원민간임대주택 건설의 원활한 시행을 위하여 다음 각 호의 완화된 기준을 적용한다. 〈개정 2017. 1. 17., 2018. 1. 16.〉

1. 「국토의 계획 및 이용에 관한 법률」 제76조에 따른 용도지역에서의 건축물 용도, 종류 및 규모 제한에도 불구하고 공공지원민간임대주택 외의 건축물 중 위락시설, 일반숙박시설 등 대통령령으로 정하는 시설을 제외하고는 설치를 허용. 다만, 제33조제3항에 따라 주거지역에 촉진지구를 지정하는 경우로서 용도지역별로 허용하는 범위를 초과하는 건축물을 설치하는 경우에는 통합심의위원회의 심의를 거쳐야 한다.

2. 「국토의 계획 및 이용에 관한 법률」 제77조에 따라 조례로 정한 건폐율에도 불구하고 같은 조 및 관계 법령에 따른 건폐율의 상한까지 완화

3. 「국토의 계획 및 이용에 관한 법률」 제78조에 따라 조례로 정한 용적률에도 불구하고 같은 조 및 관계 법령에 따른 용적률의 상한까지 완화

4. 「건축법」 제2조제2항에 따른 건축물의 층수 제한을 대통령령으로 정하는 바에 따라 완화

② 지정권자는 촉진지구에서 공공지원민간임대주택 건설의 원활한 시행을 위하여 다음 각 호에 따른 관계 규정에도 불구하고 대통령령으로 정하는 범위에서 완화된 기준을 적용한다. 〈개정 2016. 1. 19., 2018. 1. 16.〉

1. 「건축법」 제42조, 제60조 및 제61조에 따른 대지의 조경, 건축물의 높이 등 건축 제한

2. 「도시공원 및 녹지 등에 관한 법률」 제14조에 따른 도시공원 또는 녹지 확보 기준

3. 「주택법」 제35조에 따른 주택건설기준

③ 국가, 지방자치단체, 한국토지주택공사 또는 지방공사가 조성한 토지에 공공지원민간임대주택을 건설하기 위하여 지구단위계획을 변경한 경우에는 촉진지구로 지정하지 아니한 경우에도 제1항 및 제2항을 적용한다. 〈개정 2018. 1. 16.〉

[제목개정 2018. 1. 16.]

제35조의2(촉진지구에서의 용적률 완화 등을 통하여 건설되는 주택의 공급 등) 공공지원민간임대주택의 공급 촉진을 위하여 촉진지구에서 용적률을 완화하여 사업계획승인 또는 건축허가를 하는 경우 임대주택의 건설, 공급, 부속토지의 현금 납부, 복합지원시설의 설치 등에 관하여는 제21조의2를 준용한다. 이 경우 "승인권자등"은 "지정권자 또는 승인권자등"으로, "지구단위계획"은 "촉진지구 지정 전의 지구단위계획"으로 본다.

[본조신설 2018. 1. 16.]

제36조(「국유재산법」 등에 관한 특례) ① 국가와 지방자치단체는 「국유재산법」, 「공유재산 및 물품 관리법」, 그 밖의 관계 법률에도 불구하고 시행자에게 수의계약의 방법으로 국유재산 또는 공유재산을 사용허가하거나 매각·대부할 수 있다. 이 경우 국가와 지방자치단체는 사용허가 및 대부의 기간을 50년 이내로 할 수 있다.

② 제1항의 국유재산은 국토교통부장관이 관리하는 행정재산 중 본래의 기능을 유지하는 범위에서 사용하려는 철도, 유수지 및 주차장으로서 기획재정부장관과 협의를 거친 것에 한정한다.

③ 국가와 지방자치단체는 「국유재산법」 및 「공유재산 및 물품 관리법」에도 불구하고 시행자에게 제1항에 따라 사용허가하거나 대부를 받은 국유재산 또는 공유재산에 영구시설물을 축조하게 할 수 있다. 이 경우 해당 영구시설물의 소유권은 국가, 지방자치단체 또는 그 밖의 관계 기관과 시행자 간에 별도의 합의가 없으면 그 국유재산 또는 공유재산을 반환할 때까지 시행자에게 귀속된다.

제37조(지방이전 공공기관의 종전부동산 활용계획 변경) ① 매입공공기관이 「혁신도시 조성 및 발전에 관한 특별법」 제43조제5항에 따라 활용계획이 수립된 종전부동산의 전부 또는 일부를 공공지원민간임대주택 건설용으로 매각하려는 경우에는 국토교통부장관에게 종전부동산 활용계획의 변경을 요청할 수 있다. 〈개정 2017. 12. 26., 2018. 1. 16.〉

② 제1항에 따라 요청을 받은 국토교통부장관은 종전부동산 소재지를 관할하는 시·도지사 및 시장·군수·구청장과 협의하고, 「수도권정비계획법」 제21조에 따른 수도권정비위원회 심의를 거쳐 종전부동산 활용계획을 변경할 수 있다.

제38조(준공된 사업지구 내 미매각 용지 활용) 국가, 지방자치단체, 공공기관 또는 지방공사가 조성한 토지가 준공 후에도 매각되지 아니한 경우에 지정권자는 해당 토지의 전부 또는 일부를 촉진지구로 지정할 수 있다.

제39조(조성토지의 공급) ① 시행자는 촉진지구 조성사업으로 조성된 토지(시행자가 직접 사용하는 토지는 제외한다)를 지구계획에서 정한 바에 따라 공급하여야 한다.

② 제1항에 따라 공급하는 토지의 용도, 공급의 절차·방법·대상자 및 조건 등에 필요한 사항은 대통령령으로 정한다.

제39조의2(준공검사) ① 시행자가 촉진지구 조성사업의 공사를 완료한 때에는 국토교통부령으로 정하는 바에 따라 공사완료 보고서를 작성하여 시장·군수·구청장에게 준공검사를 받아야 한다. 다만, 시행자가 한국토지주택공사 또는 지방공사인 경우에는 시장·군수·구청장의 준공검사 권한을 한국토지주택공사 또는 지방공사에 위탁할 수 있다.

② 시장·군수·구청장은 공사완료 보고서의 내용에 포함된 공공시설(제28조제2항에 따른 기반시설을 포함한다)을 인수하거나 관리하게 될 국가기관·지방자치단체 또는 공공기관의 장 등에게 준공검사에 참여할 것을 요청할 수 있다. 이 경우 기관·단체의 장은 특별한 사유가 없으면 요청에 따라야 한다.

③ 시장·군수·구청장은 준공검사를 한 결과 공공지원민간임대주택사업이 실시계획대로 끝났다고 인정되면 시행자에게 준공검사 증명서를 내어주고 공사 완료 공고를 하여야 하며, 실시계획대로 끝나지 아니하였으면 지체 없이 보완 시공 등 필요한 조치를 하도록 명하여야 한다.

④ 시행자가 준공검사를 받은 경우에는 제29조에 따라 의제되는 인·허가등에 따른 해당 사업의 준공검사 또는 준공인가를 받은 것으로 본다.

⑤ 제1항부터 제4항까지에서 규정한 사항 외에 공사완료 공고, 준공검사 신청 절차 등 준공검사에 필요한 사항은 국토교통부령으로 정한다.

[본조신설 2018. 1. 16.]

제40조(감독) ① 지정권자는 시행자가 다음 각 호의 어느 하나에 해당하는 경우에는 이 장에 따른 허가 또는 승인을 취소하거나 공사의 중지·변경, 시설물 또는 물건의 개축·변경 또는 이전 등을 명할 수 있다. 〈개정 2018. 1. 16.〉

1. 거짓이나 그 밖의 부정한 방법으로 이 장에 따른 허가 또는 승인을 받은 경우

2. 제28조제1항에 따른 지구계획의 승인 또는 변경승인의 내용을 위반하여 사업을 시행한 경우

3. 사정의 변경으로 인하여 촉진지구 조성사업 또는 주택건설사업의 계속적인 시행이 불가능하게 된 경우

4. 제39조의2에 따른 준공검사를 받지 아니한 경우

② 제1항에 따라 허가 또는 승인을 취소하는 경우에는 청문을 하여야 한다.

③ 지정권자가 제1항에 따른 처분 또는 명령을 한 때에는 대통령령으로 정하는 바에 따라 이를 고시하여야 한다.

제41조(관계 법률의 준용) 촉진지구 지정, 사업의 시행, 공공시설의 귀속, 조성사업의 감리 및 준공검사 등에 관하여 이 법에서 정하지 아니한 사항은 「도시개발법」을 준용한다. 〈개정 2018. 1. 16.〉

제41조의2(촉진지구 밖의 사업에 대한 준용) 공공지원민간임대주택 개발사업의 원활한 추진을 위하여 촉진지구 밖에 기반시설을 설치하는 등에 관한 사업에 대해서는 제25조, 제26조 제3항부터 제6항까지, 제28조, 제28조의2, 제29조부터 제31조까지, 제34조, 제36조, 제39조, 제39조의2, 제40조, 제62조의 규정을 준용한다.

[본조신설 2018. 1. 16.]

제5장 민간임대주택의 공급, 임대차계약 및 관리

제42조(민간임대주택의 공급) ① 임대사업자는 임대기간 중 민간임대주택의 임차인 자격 및 선정방법 등에 대하여 다음 각 호에서 정하는 바에 따라 공급하여야 한다. 〈개정 2018. 1. 16., 2020. 8. 18.〉

1. 공공지원민간임대주택의 경우: 주거지원대상자 등의 주거안정을 위하여 국토교통부령으로 정하는 기준에 따라 공급

2. 장기일반민간임대주택의 경우: 임대사업자가 정한 기준에 따라 공급

② 공공지원민간임대주택의 임차인은 국토교통부령으로 정하는 임차인의 자격을 갖추어야 하며, 거짓이나 그 밖의 부정한 방법으로 공공지원민간임대주택을 공급받아서는 아니 된다. 〈개정 2018. 1. 16.〉

③ 민간임대주택의 공급에 관한 사항에 대해서는 「주택법」 제20조, 제54조, 제57조부터 제63조까지, 제64조 및 제65조를 적용하지 아니한다. 다만, 임차인 자격 확인 등 임차인의 원활한 모집과 관리가 필요한 경우에 국토교통부령으로 정하는 바에 따라 일부 적용할 수 있다. 〈신설 2018. 1. 16., 2019. 4. 23.〉

④ 동일한 주택단지에서 30호 이상의 민간임대주택을 건설 또는 매입한 임대사업자가 최초로 민간임대주택을 공급하는 경우에는 시장·군수·구청장에게 대통령령으로 정하는 방법에 따라 신고하여야 한다. 〈신설 2017. 1. 17., 2018. 1. 16.〉

⑤ 시장·군수·구청장은 제4항에 따라 공공지원민간임대주택의 공급신고를 받은 경우 그 내용을 검토하여 이 법에 적합하면 신고를 수리하여야 한다. 〈신설 2020. 6. 9.〉

⑥ 시장·군수·구청장은 제4항에 따라 장기일반민간임대주택 또는 단기민간임대주택의 공급신고를 받은 날부터 7일 이내에 신고수리 여부를 신고인에게 통지하여야 한다. 〈신설 2020. 6. 9.〉

⑦ 시장·군수·구청장이 제6항에서 정한 기간 내에 신고수리 여부 또는 민원 처리 관련 법령에 따른 처리기간의 연장을 신고인에게 통지하지 아니하면 그 기간(민원 처리 관련 법령에 따라 처리기간이 연장 또는 재연장된 경우에는 해당 처리기간을 말한다)이 끝난 날의 다음 날에 신고를 수리한 것으로 본다. 〈신설 2020. 6. 9.〉

제42조의2(공공지원민간임대주택의 중복 입주 등의 확인) ① 국토교통부장관 및 지방자치단체의 장은 공공지원민간임대주택과 「공공주택 특별법」 제2조제1호가목에 따른 공공임대주택(이하 "공공임대주택"이라 한다)에 중복하여 입주 또는 계약하고 있는 임차인(임대차계약 당사자를 말한다. 이하 이 조에서 같다)이 있는지를 확인할 수 있다.

② 임대사업자는 다음 각 호에 해당하는 공공지원민간임대주택 임차인에 관한 정보를 국토교통부장관이 지정·고시하는 기관(이하 이 조에서 "전산관리지정기관"이라 한다)에 통보하여야 한다.

1. 임차인의 성명

2. 임차인의 주민등록번호

3. 민간임대주택의 유형

4. 거주지 주소

5. 최초 입주일자

③ 전산관리지정기관은 제2항에 따른 정보를 전산으로 관리하여야 하며, 임차인에 관한 정보가 분실·도난·위조·변조 또는 훼손되지 아니하도록 안정성 확보에 필요한 조치를 마

련하여야 한다.

④ 공공지원민간임대주택과 공공임대주택의 중복 입주 또는 계약 여부 확인 방법 및 절차, 중복 입주자 또는 계약자에 대한 조치 등에 필요한 사항은 국토교통부령으로 정한다.

[본조신설 2018. 1. 16.]

제42조의3(임차인의 자격 확인) 임대사업자는 임차인(입주를 신청하는 자와 계약 중인 임차인을 포함한다. 이하 이 조, 제42조의4부터 제42조의6까지에서 같다) 자격 확인을 위하여 필요한 경우 임차인 및 배우자, 임차인 또는 배우자와 세대를 같이하는 세대원(이하 "임차인등"이라 한다)으로부터 소득 자료를 제출받아 확인할 수 있다. 〈개정 2019. 4. 23.〉

[본조신설 2018. 1. 16.]

[제목개정 2019. 4. 23.]

제42조의4(임차인의 자격 확인 요청 등) ① 임대사업자는 임차인 자격 확인을 위하여 필요한 경우 국토교통부장관에게 제42조의5부터 제42조의7까지의 규정에 따라 임차인의 자격을 확인하여 줄 것을 요청할 수 있다. 〈신설 2019. 4. 23.〉

② 국토교통부장관은 제1항에 따라 임대사업자가 요청한대로 임차인의 자격을 확인하여 주는 것이 임차인의 주거 생활 안정 등을 위하여 필요하다고 인정하는 경우 임차인등에게 다음 각 호의 정보 또는 자료를 제공받는 데 필요한 동의서면을 제출하도록 요청할 수 있다. 〈개정 2019. 4. 23.〉

1. 「금융실명거래 및 비밀보장에 관한 법률」 제2조제2호·제3호에 따른 금융자산 및 금융거래의 내용에 대한 자료 또는 정보 중 예금·적금·저축의 잔액 또는 불입금·지급금과 유가증권 등 금융자산에 대한 증권·증서의 가액(이하 "금융정보"라 한다)

2. 「신용정보의 이용 및 보호에 관한 법률」 제2조제1호에 따른 신용정보 중 채무액과 연체정보(이하 "신용정보"라 한다)

3. 「보험업법」 제4조제1항 각 호에 따른 보험에 가입하여 납부한 보험료, 환급금 및 지급금(이하 "보험정보"라 한다)

③ 국토교통부장관이 제2항에 따라 동의서면의 제출을 요청하는 경우 임차인등은 동의서면을 제출하여야 한다. 〈신설 2019. 4. 23.〉

④ 제1항부터 제3항까지의 규정에 따른 확인 요청의 방법, 동의 방법·절차 등에 필요한 사항과 구체적인 자료 또는 정보의 내용은 「대통령령으로 정한다. 〈개정 2019. 4. 23.〉

[본조신설 2018. 1. 16.]

[제목개정 2019. 4. 23.]

제42조의5(금융정보등의 제공) ① 국토교통부장관은 제42조의4제2항에 따라 임차인의 자격을 확인하여 주는 것이 필요하다고 인정한 경우 「금융실명거래 및 비밀보장에 관한 법률」 제4조제1항과 「신용정보의 이용 및 보호에 관한 법률」 제32조제1항에도 불구하고 임차인등이 제출한 동의서면을 전자적 형태로 바꾼 문서에 의하여 금융기관등(「금융실명거래 및 비밀보장에 관한 법률」 제2조제1호에 따른 금융회사등, 「신용정보의 이용 및 보호에 관한 법률」 제25조에 따른 신용정보집중기관을 말한다. 이하 같다)의 장에게 금융정보·신용정보 또는 보험정보(이하 "금융정보등"이라 한다)의 제공을 요청할 수 있다. 〈개정 2019. 4. 23.〉

② 제1항에 따라 금융정보등의 제공을 요청받은 금융기관등의 장은 「금융실명거래 및 비밀보장에 관한 법률」 제4조제1항과 「신용정보의 이용 및 보호에 관한 법률」 제32조제1항 및 제3항에도 불구하고 명의인의 금융정보등을 제공하여야 한다.

③ 제2항에 따라 금융정보등을 제공한 금융기관등의 장은 금융정보등의 제공사실을 명의인에게 통보하여야 한다. 다만, 명의인의 동의가 있는 경우에는 「금융실명거래 및 비밀보장에 관한 법률」 제4조의2제1항과 「신용정보의 이용 및 보호에 관한 법률」 제35조에도 불구하고 통보하지 아니할 수 있다.

④ 제1항 및 제2항에 따른 금융정보등의 제공요청 및 제공은 「정보통신망 이용촉진 및 정보보호 등에 관한 법률」 제2조제1항제1호에 따른 정보통신망을 이용하여야 한다. 다만, 정보통신망의 손상 등 불가피한 사유가 있는 경우에는 그러하지 아니하다.

⑤ 제1항·제2항 및 제4항에 따른 금융정보등의 제공요청 및 제공 등에 필요한 사항은 대통령령으로 정한다.

[본조신설 2018. 1. 16.]

제42조의6(자료요청) ① 국토교통부장관은 제42조의4제2항에 따라 임차인의 자격을 확인하여 주는 것이 필요하다고 인정한 경우 임차인등에 대한 다음 각 호의 자료를 관계 기관의 장

에게 요청할 수 있다. 이 경우 자료의 제공을 요청받은 관계 기관의 장은 특별한 사유가 없으면 이에 따라야 한다. 〈개정 2019. 4. 23.〉

1. 「가족관계의 등록 등에 관한 법률」 제9조제1항에 따른 가족관계 등록사항 또는 「주민등록법」 제30조제1항에 따른 주민등록전산정보자료, 「출입국관리법」에 따른 외국인 등록 자료

2. 국세 및 지방세에 관한 자료

3. 국민연금·공무원연금·군인연금·사립학교교직원연금·별정우체국연금·장애인연금· 건강보험·고용보험·산업재해보상보험·보훈급여 등 각종 연금·보험·급여에 관한 자료

4. 「부동산등기법」 제2조제1호에 따른 등기부, 「건축법」 제38조에 따른 건축물대장, 「자동차관리법」 제5조에 따른 자동차등록원부 등 부동산 및 자동차에 관한 자료

② 제1항에 따라 국토교통부장관 또는 제62조에 따라 업무를 위임·위탁받은 기관에 제공되는 자료에 대해서는 사용료, 수수료 등을 면제한다.

[본조신설 2018. 1. 16.]

제42조의7(자료 및 정보의 수집 등) ① 국토교통부장관, 제42조의2에 따른 전산관리지정기관, 임대사업자 및 제62조에 따라 제42조의4부터 제42조의6까지의 업무를 위임·위탁받은 기관의 장은 민간임대주택 공급을 위하여 제42조의2부터 제42조의6까지의 규정에 따라 제공받은 자료 및 정보를 제공받은 목적의 범위에서 수집·관리·보유 또는 활용할 수 있다. 〈개정 2019. 4. 23.〉

② 국토교통부장관 및 지방자치단체의 장은 제42조의5 및 제42조의6에 따른 자료 및 정보를 확인하기 위하여 「사회복지사업법」 제6조의2제2항에 따른 정보시스템을 연계하여 사용할 수 있다.

③ 제42조의2부터 제42조의6까지의 규정에 따른 업무에 종사하거나 종사하였던 자는 제42조의2부터 제42조의6까지의 규정에 따라 제공받은 정보와 자료를 이 법에서 정한 목적 외의 다른 용도로 사용하거나 다른 사람 또는 기관에 제공하거나 누설해서는 아니 된다. 〈개정 2019. 4. 23.〉

[본조신설 2018. 1. 16.]

제43조(임대의무기간 및 양도 등) ① 임대사업자는 임대사업자 등록일 등 대통령령으로 정하는 시점부터 제2조제4호 또는 제5호의 규정에 따른 기간(이하 "임대의무기간"이라 한다) 동안 민간임대주택을 계속 임대하여야 하며, 그 기간이 지나지 아니하면 이를 양도할 수 없다. 〈개정 2020. 8. 18., 2021. 9. 14.〉

② 제1항에도 불구하고 임대사업자는 임대의무기간 동안에도 국토교통부령으로 정하는 바에 따라 시장·군수·구청장에게 신고한 후 민간임대주택을 다른 임대사업자에게 양도할 수 있다. 이 경우 양도받는 자는 양도하는 자의 임대사업자로서의 지위를 포괄적으로 승계하며, 이러한 뜻을 양수도계약서에 명시하여야 한다.

③ 임대사업자가 임대의무기간이 지난 후 민간임대주택을 양도하려는 경우 국토교통부령으로 정하는 바에 따라 시장·군수·구청장에게 신고하여야 한다. 이 경우 양도받는 자가 임대사업자로 등록하는 경우에는 제2항 후단을 적용한다. 〈개정 2020. 6. 9.〉

④ 제1항에도 불구하고 임대사업자는 임대의무기간 중에도 다음 각 호의 어느 하나에 해당하는 경우에는 임대의무기간 내에도 계속 임대하지 아니하고 말소하거나, 대통령령으로 정하는 바에 따라 시장·군수·구청장에게 허가를 받아 임대사업자가 아닌 자에게 민간임대주택을 양도할 수 있다. 〈개정 2020. 8. 18.〉

1. 부도, 파산, 그 밖의 대통령령으로 정하는 경제적 사정 등으로 임대를 계속할 수 없는 경우

2. 공공지원임대주택을 20년 이상 임대하기 위한 경우로서 필요한 운영비용 등을 마련하기 위하여 제21조의2제1항제4호에 따라 20년 이상 공급하기로 한 주택 중 일부를 10년 임대 이후 매각하는 경우

3. 제6조제1항제11호에 따라 말소하는 경우

⑤ 임대사업자가 제2항에 따라 임대의무기간 동안 다른 임대사업자에게 민간임대주택을 양도하기 위하여 신고하거나 제3항에 따라 임대의무기간이 지난 후 공공지원민간임대주택을 양도하기 위하여 신고하는 경우 시장·군수·구청장은 그 내용을 검토하여 이 법에 적합하면 신고를 수리하여야 한다. 〈신설 2020. 6. 9., 2020. 8. 18.〉

⑥ 임대사업자는 제3항에 따라 신고된 장기일반민간임대주택과 제5항에 따라 신고가 수리

된 공공지원민간임대주택을 양도할 수 있다. 〈신설 2020. 6. 9., 2020. 8. 18.〉

제44조(임대료) ① 임대사업자가 민간임대주택을 임대하는 경우에 최초 임대료(임대보증금과 월임대료를 포함한다. 이하 같다)는 다음 각 호의 임대료와 같다. 〈개정 2019. 4. 23., 2020. 8. 18.〉

1. 공공지원민간임대주택의 경우: 주거지원대상자 등의 주거안정을 위하여 국토교통부령으로 정하는 기준에 따라 임대사업자가 정하는 임대료

2. 장기일반민간임대주택의 경우: 임대사업자가 정하는 임대료. 다만, 제5조에 따른 민간임대주택 등록 당시 존속 중인 임대차계약(이하 "종전임대차계약"이라 한다)이 있는 경우에는 그 종전임대차계약에 따른 임대료

② 임대사업자는 임대기간 동안 임대료의 증액을 청구하는 경우에는 임대료의 5퍼센트의 범위에서 주거비 물가지수, 인근 지역의 임대료 변동률, 임대주택 세대 수 등을 고려하여 대통령령으로 정하는 증액 비율을 초과하여 청구해서는 아니 된다. 〈개정 2018. 1. 16., 2018. 8. 14., 2019. 4. 23.〉

③ 제2항에 따른 임대료 증액 청구는 임대차계약 또는 약정한 임대료의 증액이 있은 후 1년 이내에는 하지 못한다. 〈신설 2018. 8. 14.〉

④ 임대사업자가 제2항에 따라 임대료의 증액을 청구하면서 임대보증금과 월임대료를 상호 간에 전환하는 경우의 적용기준은 국토교통부령으로 정한다. 〈신설 2018. 1. 16., 2018. 8. 14.〉

⑤ 임대사업자는 임대료를 현금 또는 「여신전문금융업법」 제2조에 따른 신용카드, 직불카드, 선불카드를 이용한 결제로 받을 수 있다. 〈신설 2018. 12. 18.〉

제44조의2(초과 임대료의 반환 청구) 임차인은 제44조제2항에 따른 증액 비율을 초과하여 증액된 임대료를 지급한 경우 초과 지급한 임대료 상당금액의 반환을 청구할 수 있다.

[본조신설 2018. 8. 14.]

제45조(임대차계약의 해제·해지 등) ① 임대사업자는 임차인이 의무를 위반하거나 임대차를 계속하기 어려운 경우 등 대통령령으로 정하는 사유가 발생한 때를 제외하고는 임대사업자로 등록되어 있는 기간 동안 임대차계약을 해제 또는 해지하거나 재계약을 거절할 수 없다.

〈개정 2018. 8. 14., 2021. 9. 14.〉

② 임차인은 시장·군수·구청장이 임대주택에 거주하기 곤란할 정도의 중대한 하자가 있다고 인정하는 경우 등 대통령령으로 정하는 경우에는 임대차계약을 해제하거나 해지할 수 있다. 〈신설 2018. 8. 14.〉

제46조(임대차계약 신고) ① 임대사업자는 민간임대주택의 임대차기간, 임대료 및 임차인(준주택에 한정한다) 등 대통령령으로 정하는 임대차계약에 관한 사항을 임대차 계약을 체결한 날(종전임대차계약이 있는 경우 민간임대주택으로 등록한 날을 말한다) 또는 임대차 계약을 변경한 날부터 3개월 이내에 시장·군수·구청장에게 신고 또는 변경신고를 하여야 한다. 〈개정 2018. 1. 16., 2019. 4. 23.〉

② 제1항에도 불구하고 100세대 이상의 공동주택을 임대하는 임대사업자가 임대차계약에 관한 사항을 변경하여 신고하는 경우에는 변경예정일 1개월 전까지 신고하여야 한다. 〈신설 2018. 1. 16.〉

③ 시장·군수·구청장은 제2항에 따라 신고된 임대료가 제44조제2항에 따른 증액 비율을 초과하여 증액되었거나 해당 지역의 경제적 사정 변동 등으로 조정될 필요가 있다고 인정하는 경우에는 임대료를 조정하도록 권고할 수 있다. 〈신설 2018. 1. 16., 2018. 8. 14.〉

④ 제3항에 따른 조정권고를 받은 임대사업자는 권고사항을 통지받은 날부터 10일 이내에 재신고하여야 한다. 〈신설 2018. 1. 16.〉

⑤ 시장·군수·구청장은 제1항에 따른 신고 또는 제4항에 따른 재신고를 받거나 제2항에 따른 신고를 받고 조정권고하지 아니한 경우 그 내용을 검토하여 이 법에 적합하면 신고를 수리하여야 한다. 〈신설 2018. 8. 14., 2020. 6. 9.〉

⑥ 제1항, 제2항 및 제4항에 따른 신고의 절차 등에 필요한 사항은 대통령령으로 정한다. 〈개정 2018. 1. 16., 2018. 8. 14.〉

제47조(표준임대차계약서) ① 임대사업자가 민간임대주택에 대한 임대차계약을 체결하려는 경우에는 국토교통부령으로 정하는 표준임대차계약서를 사용하여야 한다.

② 제1항의 표준임대차계약서에는 다음 각 호의 사항이 포함되어야 한다. 〈개정 2018. 8. 14., 2020. 8. 18.〉

1. 임대료 및 제44조에 따른 임대료 증액 제한에 관한 사항

2. 임대차 계약기간

3. 제49조에 따른 임대보증금의 보증에 관한 사항

4. 민간임대주택의 선순위 담보권, 국세 · 지방세의 체납사실 등 권리관계에 관한 사항

5. 임대사업자 및 임차인의 권리 · 의무에 관한 사항

6. 민간임대주택의 수선 · 유지 및 보수에 관한 사항

7. 임대의무기간 중 남아 있는 기간과 제45조에 따른 임대차계약의 해제·해지 등에 관한 사항

8. 그 밖에 국토교통부령으로 정하는 사항

제48조(임대사업자의 설명의무) ① 민간임대주택에 대한 임대차계약을 체결하거나 월임대료를 임대보증금으로 전환하는 등 계약내용을 변경하는 경우에는 임대사업자는 다음 각 호의 사항을 임차인에게 설명하고 이를 확인받아야 한다. 〈개정 2018. 1. 16., 2018. 8. 14., 2020. 8. 18.〉

1. 제49조에 따른 임대보증금에 대한 보증의 보증기간 등 대통령령으로 정하는 사항

2. 민간임대주택의 선순위 담보권, 국세 · 지방세의 체납사실 등 권리관계에 관한 사항. 이 경우 등기부등본 및 납세증명서를 제시하여야 한다.

3. 임대의무기간 중 남아 있는 기간과 제45조에 따른 임대차계약의 해제·해지 등에 관한 사항

4. 제44조제2항에 따른 임대료 증액 제한에 관한 사항

② 민간임대주택에 둘 이상의 임대차계약이 존재하는 등 대통령령으로 정하는 사유에 해당하는 경우 임대사업자는 그 주택에 대한 임대차계약을 체결하려는 자에게 「주택임대차보호법」 제3조의6제2항에 따라 확정일자부에 기재된 주택의 차임 및 보증금 등의 정보를 제공하여야 한다. 〈신설 2020. 8. 18.〉

③ 제1항에 따른 설명 및 확인의 방법, 절차 등과 제2항에 따른 제공 정보의 범위, 정보제공의 방법 및 절차 등에 필요한 사항은 대통령령으로 정한다. 〈개정 2020. 8. 18.〉

[제목개정 2019. 11. 26.]

제49조(임대보증금에 대한 보증) ① 임대사업자는 다음 각 호의 어느 하나에 해당하는 민간임대주택을 임대하는 경우 임대보증금에 대한 보증에 가입하여야 한다. 〈개정 2019. 4. 23.,

2020. 8. 18.〉

1. 민간건설임대주택

2. 제18조제6항에 따라 분양주택 전부를 우선 공급받아 임대하는 민간매입임대주택

3. 동일 주택단지에서 100호 이상으로서 대통령령으로 정하는 호수 이상의 주택을 임대하는 민간매입임대주택(제2호에 해당하는 민간매입임대주택은 제외한다)

4. 제2호와 제3호 외의 민간매입임대주택

② 제1항에 따른 보증에 가입하는 경우 보증대상은 임대보증금 전액으로 한다. 다만, 임대사업자가 사용검사 전에 임차인을 모집하는 경우 임차인을 모집하는 날부터 사용검사를 받는 날까지의 보증대상액은 임대보증금 중 사용검사 이후 납부하는 임대보증금을 제외한 금액으로 한다. 〈개정 2017. 1. 17.〉

③ 제2항에도 불구하고 다음 각 호에 모두 해당하는 경우에는 담보권이 설정된 금액과 임대보증금을 합한 금액에서 주택가격의 100분의 60에 해당하는 금액을 뺀 금액 이상으로 대통령령에서 정하는 금액을 보증대상으로 할 수 있다. 이 경우 주택가격의 산정방법은 대통령령으로 정한다. 〈개정 2019. 4. 23., 2021. 9. 14.〉

1. 근저당권이 세대별로 분리된 경우(근저당권이 주택단지에 설정된 경우에는 근저당권의 공동담보를 해제하고, 채권최고액을 감액하는 근저당권 변경등기의 방법으로 할 수 있다)

2. 임대사업자가 임대보증금보다 선순위인 제한물권(다만, 제1호에 따라 세대별로 분리된 근저당권은 제외한다), 압류 · 가압류 · 가처분 등을 해소한 경우

3. 전세권이 설정된 경우 또는 임차인이 「주택임대차보호법」 제3조의2제2항에 따른 대항요건과 확정일자를 갖춘 경우

4. 임차인이 이 항 각 호 외의 부분 전단에 따른 대통령령으로 정하는 금액을 보증대상으로 하는 데 동의한 경우

5. 그 밖에 제1호에서 제4호까지에 준하는 경우로서 대통령령으로 정하는 경우

④ 제1항에 따른 보증의 가입기간은 다음 각 호의 시점부터 제6조에 따라 임대사업자 등록이 말소되는 날(임대사업자 등록이 말소되는 날에 임대 중인 경우에는 임대차계약이 종료되는 날로 한다)까지로 한다. 이 경우 임대사업자는 제1항에 따른 보증의 수수료를 1년 단위로

재산정하여 분할납부할 수 있다. 〈개정 2017. 1. 17., 2019. 4. 23., 2020. 8. 18., 2021. 9. 14.〉

1. 제1항제1호 및 제2호에 해당하는 민간임대주택: 사용검사를 받은 날(사용검사 전에 임차인을 모집하는 경우에는 그 날을 말한다)

2. 제1호 이외의 민간임대주택 중 등록일에 존속 중인 임대차계약이 있는 경우: 민간임대주택 등록일

3. 제1호 이외의 민간임대주택 중 등록일에 존속 중인 임대차계약이 없는 경우: 민간임대주택 등록일 이후 최초 임대차계약 개시일

⑤ 제1항에 따른 보증에 가입한 임대사업자가 가입 후 1년이 지났으나 제4항에 따라 재산정한 보증수수료를 보증회사에 납부하지 아니하는 경우에는 보증회사는 그 보증계약을 해지할 수 있다. 다만, 임차인이 보증수수료를 납부하는 경우에는 그러하지 아니하다.

⑥ 제1항에 따라 임대사업자가 보증에 가입하거나 제5항에 따라 보증회사가 보증계약을 해지하는 경우 보증회사는 보증 가입 또는 보증계약 해지 사실을 시장·군수·구청장에게 알리고, 관련 자료를 제출하여야 한다. 이 경우 시장·군수·구청장은 대통령령으로 정하는 바에 따라 국토교통부장관에게 관련 자료를 제공하여야 한다. 〈신설 2020. 8. 18., 2021. 9. 14.〉

⑦ 제1항에도 불구하고 다음 각 호의 어느 하나에 해당하면 임대보증금에 대한 보증에 가입하지 아니할 수 있다. 〈신설 2021. 9. 14.〉

1. 임대보증금이 「주택임대차보호법」 제8조제3항에 따른 금액 이하이고 임차인이 임대보증금에 대한 보증에 가입하지 아니하는 것에 동의한 경우

2. 임대사업자가 「공공주택 특별법」 제45조의2에 따라 기존주택을 임차하는 공공주택사업자와 임대차계약을 체결하는 경우로서 해당 공공주택사업자가 보증 가입 등 임대보증금 회수를 위하여 필요한 조치를 취한 경우

3. 임차인이 보증회사 및 이에 준하는 기관에서 운용하는 전세금 반환을 보장하는 보증에 가입하였고, 임대사업자가 해당 보증의 보증수수료를 임차인에게 전부 지급한 경우

⑧ 제1항에 따른 보증에 가입하는 경우 보증수수료의 납부방법, 소요 비용의 부담비율, 보증

대상 임대보증금의 범위, 보증의 가입·유지·탈퇴 등에 필요한 사항은 대통령령으로 정한다. 〈개정 2020. 8. 18., 2021. 9. 14.〉

제50조(준주택의 용도제한) ① 민간임대주택으로 등록한 준주택은 주거용이 아닌 용도로 사용할 수 없다.

② 시장·군수·구청장은 민간임대주택으로 등록한 준주택이 주거용으로 사용되고 있는지를 확인하기 위하여 필요한 경우 임대사업자 및 임차인에게 필요한 서류 등의 제출을 요구할 수 있고, 소속 공무원으로 하여금 해당 준주택에 출입하여 조사하게 하거나 관계인에게 필요한 질문을 하게 할 수 있다. 이 경우 임대사업자 및 임차인은 정당한 사유가 없으면 이에 따라야 한다.

제50조의2(가정어린이집 운영에 관한 특례) ① 민간임대주택의 임대사업자는 보육 수요 충족을 위하여 필요한 경우 해당 민간임대주택의 일부 세대를 「영유아보육법」 제10조제5호에 따른 가정어린이집을 운영하려는 자에게 임대할 수 있다.

② 임대사업자는 제1항에 따라 민간임대주택을 임대하는 경우 제42조 및 제44조제1항에도 불구하고 국토교통부령으로 정하는 바에 따라 임차인의 자격, 선정방법 및 임대료를 달리 정할 수 있다.

[본조신설 2019. 11. 26.]

제51조(민간임대주택의 관리) ① 민간건설임대주택 및 대통령령으로 정하는 민간매입임대주택의 회계서류 작성, 보관 등 관리에 필요한 사항은 대통령령으로 정하는 바에 따라 「공동주택관리법」을 적용한다. 〈개정 2015. 8. 28.〉

② 임대사업자는 민간임대주택이 300세대 이상의 공동주택 등 대통령령으로 정하는 규모 이상에 해당하면 「공동주택관리법」 제2조제1항제15호에 따른 주택관리업자에게 관리를 위탁하거나 자체관리하여야 한다. 〈개정 2015. 8. 28.〉

③ 임대사업자가 제2항에 따라 민간임대주택을 자체관리하려면 대통령령으로 정하는 기술인력 및 장비를 갖추고 국토교통부령으로 정하는 바에 따라 시장·군수·구청장의 인가를 받아야 한다.

④ 임대사업자(둘 이상의 임대사업자를 포함한다)가 동일한 시(특별시·광역시·특별자치

시 · 특별자치도를 포함한다) · 군 지역에서 민간임대주택을 관리하는 경우에는 대통령령으로 정하는 바에 따라 공동으로 관리할 수 있다.

⑤ 임대사업자는 국토교통부령으로 정하는 바에 따라 임차인으로부터 민간임대주택을 관리하는 데에 필요한 경비를 받을 수 있다.

제52조(임차인대표회의) ① 임대사업자가 20세대 이상의 범위에서 대통령령으로 정하는 세대 이상의 민간임대주택을 공급하는 공동주택단지에 입주하는 임차인은 임차인대표회의를 구성할 수 있다. 다만, 임대사업자가 150세대 이상의 민간임대주택을 공급하는 공동주택단지 중 대통령령으로 정하는 공동주택단지에 입주하는 임차인은 임차인대표회의를 구성하여야 한다. 〈개정 2018. 8. 14.〉

② 임대사업자는 입주예정자의 과반수가 입주한 때에는 과반수가 입주한 날부터 30일 이내에 입주현황과 임차인대표회의를 구성할 수 있다는 사실 또는 구성하여야 한다는 사실을 입주한 임차인에게 통지하여야 한다. 다만, 임대사업자가 본문에 따른 통지를 하지 아니하는 경우 시장 · 군수 · 구청장이 임차인대표회의를 구성하도록 임차인에게 통지할 수 있다. 〈개정 2018. 8. 14.〉

③ 제1항 단서에 따라 임차인대표회의를 구성하여야 하는 임차인이 임차인대표회의를 구성하지 아니한 경우 임대사업자는 임차인이 임차인대표회의를 구성할 수 있도록 대통령령으로 정하는 바에 따라 지원하여야 한다. 〈신설 2018. 8. 14.〉

④ 제1항에 따라 임차인대표회의가 구성된 경우에는 임대사업자는 다음 각 호의 사항에 관하여 협의하여야 한다. 〈개정 2018. 8. 14.〉

1. 민간임대주택 관리규약의 제정 및 개정

2. 관리비

3. 민간임대주택의 공용부분 · 부대시설 및 복리시설의 유지 · 보수

4. 임대료 증감

5. 그 밖에 민간임대주택의 유지 · 보수 · 관리 등에 필요한 사항으로서 대통령령으로 정하는 사항

⑤ 제1항의 임차인대표회의의 구성 및 운영 등에 필요한 사항은 대통령령으로 정한다. 〈개

정 2018. 8. 14.〉

제53조(특별수선충당금의 적립 등) ① 제51조제2항에 따른 민간임대주택의 임대사업자는 주요 시설을 교체하고 보수하는 데에 필요한 특별수선충당금(이하 "특별수선충당금"이라 한다)을 적립하여야 한다. 〈개정 2017. 1. 17.〉

② 임대사업자가 제51조제2항에 따른 민간임대주택을 양도하는 경우에는 특별수선충당금을 「공동주택관리법」 제11조에 따라 최초로 구성되는 입주자대표회의에 넘겨주어야 한다. 〈개정 2015. 8. 28., 2017. 1. 17.〉

③ 특별수선충당금의 요율, 사용 절차, 사후 관리와 적립 방법 등에 필요한 사항은 대통령령으로 정한다.

④ 제1항에 따른 주요 시설의 범위 · 교체 및 보수 시기 · 방법 등에 필요한 사항은 국토교통부령으로 정한다.

제54조(준주택에 관한 특례) 민간임대주택으로 등록한 준주택에 대하여는 제51조부터 제53조까지의 규정을 적용하지 아니한다.

제55조(임대주택분쟁조정위원회) ① 시장 · 군수 · 구청장은 임대주택[민간임대주택 및 공공임대주택을 말한다. 이하 같다]에 관한 학식 및 경험이 풍부한 자 등으로 임대주택분쟁조정위원회(이하 "조정위원회"라 한다)를 구성한다. 〈개정 2017. 1. 17.〉

② 조정위원회는 위원장 1명을 포함하여 10명 이내로 구성하되, 조정위원회의 운영, 절차 등에 필요한 사항은 대통령령으로 정한다. 〈개정 2018. 8. 14.〉

③ 위원장은 해당 지방자치단체의 장이 된다.

④ 위원장을 제외한 위원은 다음 각 호의 어느 하나에 해당하는 사람 중에서 해당 시장 · 군수 · 구청장이 성별을 고려하여 임명하거나 위촉하되, 각 호의 사람이 각각 1명 이상 포함되어야 하고, 공무원이 아닌 위원이 6명 이상이 되어야 한다. 〈신설 2018. 8. 14.〉

1. 법학, 경제학이나 부동산학 등 주택 분야와 관련된 학문을 전공한 사람으로서 「고등교육법」 제2조제1호 · 제2호 또는 제5호에 따른 학교에서 조교수 이상으로 1년 이상 재직한 사람

2. 변호사, 공인회계사, 감정평가사 또는 세무사로서 해당 자격과 관련된 업무에 1년 이상 종

사한 사람

3. 「공동주택관리법」 제67조제2항에 따른 주택관리사가 된 후 관련 업무에 3년 이상 근무한 사람

4. 국가 또는 다른 지방자치단체에서 민간임대주택 또는 공공임대주택 사업의 인·허가 등 관련 업무를 수행하는 5급 이상 공무원으로서 해당 기관의 장이 추천한 사람 또는 해당 지방자치단체에서 민간임대주택 또는 공공임대주택 사업의 인·허가 등 관련 업무를 수행하는 5급 이상 공무원

5. 한국토지주택공사 또는 지방공사에서 민간임대주택 또는 공공임대주택 사업 관련 업무에 종사하고 있는 임직원으로서 해당 기관의 장이 추천한 사람

6. 임대주택과 관련된 시민단체 또는 소비자단체가 추천한 사람

⑤ 공무원이 아닌 위원의 임기는 2년으로 하며 두 차례만 연임할 수 있다. 〈신설 2018. 8. 14.〉

제56조(분쟁의 조정신청) ① 임대사업자 또는 임차인대표회의는 다음 각 호의 어느 하나에 해당하는 분쟁에 관하여 조정위원회에 조정을 신청할 수 있다. 〈개정 2018. 8. 14., 2020. 12. 22.〉

1. 제44조에 따른 임대료의 증액

2. 제51조에 따른 주택관리

3. 제52조제4항 각 호의 사항

4. 그 밖에 대통령령으로 정하는 사항

② 공공주택사업자 또는 임차인대표회의는 다음 각 호의 어느 하나에 해당하는 분쟁에 관하여 조정위원회에 조정을 신청할 수 있다. 〈개정 2020. 12. 22.〉

1. 제1항 각 호의 사항

2. 공공임대주택의 분양전환가격. 다만, 분양전환승인에 관한 사항은 제외한다.

③ 공공주택사업자, 임차인대표회의 또는 임차인은 「공공주택 특별법」 제50조의3에 따른 우선 분양전환 자격에 대한 분쟁에 관하여 조정위원회에 조정을 신청할 수 있다. 〈신설 2020. 12. 22.〉

제57조(조정의 효력) 제56조제1항부터 제3항까지의 규정에 따른 조정의 각 당사자가 조정위원회의 조정안을 받아들이면 당사자 간에 조정조서와 같은 내용의 합의가 성립된 것으로 본다. 〈개정 2020. 12. 22.〉

제6장 보칙

제58조(협회의 설립 등) ① 임대사업자는 민간임대사업의 건전한 발전을 도모하기 위하여 임대사업자단체를 설립할 수 있다.

② 주택임대관리업자는 주택임대관리업의 효율적인 업무수행을 위하여 주택임대관리업자단체를 설립할 수 있다.

③ 제1항 및 제2항에 따른 단체(이하 "협회"라 한다)는 각각 법인으로 한다.

④ 협회는 그 주된 사무소의 소재지에서 설립등기를 함으로써 성립한다.

⑤ 이 법에 따라 국토교통부장관, 시 · 도지사 또는 시장 · 군수 · 구청장으로부터 영업의 정지처분을 받은 협회 회원의 권리 · 의무는 그 영업 및 자격의 정지기간 중에는 정지되며, 임대사업자 등록이 말소된 때에는 협회의 회원자격을 상실한다.

제59조(협회의 설립인가 등) ① 협회를 설립하려면 5인 이상의 범위에서 대통령령으로 정하는 수 이상의 인원을 발기인으로 하여 정관을 마련한 후 창립총회의 의결을 거쳐 국토교통부장관의 인가를 받아야 한다.

② 국토교통부장관은 제1항에 따른 인가를 하였을 때에는 이를 지체 없이 공고하여야 한다.

제59조의2(임대사업 등의 지원) ① 국토교통부장관 또는 지방자치단체의 장은 민간임대주택의 원활한 공급을 위하여 한국토지주택공사, 지방공사 또는 「한국부동산원법」에 따른 한국부동산원(이하 "부동산원"이라 한다)에 다음 각 호의 어느 하나에 해당하는 업무를 수행하게 할 수 있다. 다만, 부동산원이 수행할 수 있는 업무는 제1호, 제4호 및 제5호의 업무로 한정한다. 〈개정 2019. 4. 23., 2020. 6. 9.〉

1. 공공지원민간임대주택 사업계획의 자문 및 사업성 분석

2. 사업계획 수립 시 기반시설 설치계획 등의 자문

3. 공공지원민간임대주택의 건설 및 재원조달 등 사업 지원

4. 임차인의 모집 · 선정 및 명도 · 퇴거 지원

5. 임대료의 부과 · 징수 등의 업무 지원

② 한국토지주택공사, 지방공사 및 부동산원은 제1항제4호에 따라 임차인의 자격 확인이 필요한 경우에 제42조의3부터 제42조의7에 따른 자료 또는 정보를 해당 기관에 요청하여 그 자료 또는 정보를 활용할 수 있다. 〈개정 2020. 6. 9.〉

③ 한국토지주택공사, 지방공사 및 부동산원의 소속 임직원은 제2항에 따라 제공받은 자료 또는 정보를 이 법에서 정한 목적 외의 다른 용도로 사용하거나 다른 사람 또는 기관에 제공하거나 누설해서는 아니 된다. 〈개정 2020. 6. 9.〉

[본조신설 2018. 1. 16.]

제60조(임대주택정보체계) ① 국토교통부장관은 임대주택에 대한 국민의 정보 접근을 쉽게 하고 관련 통계의 정확성을 제고하며 부동산 정책 등에 활용하기 위하여 임대주택정보체계(이하 "정보체계"라 한다)를 구축 · 운영할 수 있다. 〈개정 2020. 8. 18.〉

② 시장 · 군수 · 구청장과 공공주택사업자는 임대주택, 임대사업자(시행자를 포함한다), 임차인(공공임대주택에 한정한다), 임대차계약 등 대통령령으로 정하는 자료를 국토교통부령으로 정하는 절차 및 방법에 따라 국토교통부장관에게 제공하여야 한다.

③ 국토교통부장관은 정보체계상의 임대주택 등록자료와 임대주택 통계의 정확성을 제고하기 위하여 주민등록 · 국세 · 지방세 등 대통령령으로 정하는 자료를 관계 기관의 장에게 요청할 수 있다. 이 경우 관계 기관의 장은 자료의 사용 목적 · 방법, 자료 사용의 안전성 등을 검토하여 정당한 이유가 없으면 요청에 따라야 한다. 〈신설 2017. 12. 26.〉

④ 지방자치단체의 장은 임대주택을 효율적으로 관리하기 위하여 정보체계에서 제공하는 자료를 활용할 수 있다. 이 경우 국토교통부장관은 정보체계 운영을 위하여 불가피한 사유가 있거나 개인정보 보호를 위하여 필요하다고 인정할 때에는 제공하는 정보의 종류와 내용을 제한할 수 있다. 〈개정 2017. 12. 26.〉

⑤ 제1항부터 제4항까지의 업무에 종사하고 있거나 종사하였던 자는 제2항부터 제4항까지의 규정에 따라 받은 정보 또는 자료를 이 법에서 정한 목적 외의 다른 용도로 사용하거나 다른 자 또는 기관에 제공하거나 누설하여서는 아니 된다. 다만, 다른 법률에 특별한 규정이 있

는 경우에는 제2항부터 제4항까지의 규정에 따라 받은 정보 또는 자료를 제공할 수 있다. 〈개정 2017. 12. 26., 2020. 8. 18.〉

⑥ 국토교통부장관은 이 법에 따라 정보체계에 구축된 정보를 활용하는 경우 개인의 사생활의 비밀을 침해하지 아니하도록 정보를 보호하여야 한다. 〈신설 2020. 8. 18.〉

⑦ 정보체계의 구축·운영에 필요한 사항은 대통령령으로 정한다. 〈개정 2017. 12. 26., 2020. 8. 18.〉

제61조(보고·검사 등) ① 국토교통부장관 또는 지방자치단체의 장은 필요하다고 인정할 때에는 임대사업자, 주택임대관리업자, 그 밖에 이 법에 따른 인가·승인 또는 등록을 한 자에게 필요한 보고를 하게 하거나 관계 공무원으로 하여금 사업장에 출입하여 필요한 검사를 하게 할 수 있다.

② 제1항에 따른 검사를 할 때에는 검사 7일 전까지 검사 일시, 검사 이유 및 검사 내용 등 검사계획을 검사를 받을 자에게 알려야 한다. 다만, 긴급한 경우나 사전에 통지하면 증거인멸 등으로 검사 목적을 달성할 수 없다고 인정하는 경우에는 그러하지 아니하다.

③ 제1항에 따라 검사를 하는 공무원은 그 권한을 나타내는 증표를 지니고 이를 관계인에게 내보여야 한다.

④ 지방자치단체의 장은 제5조에 따른 임대주택 등록실적, 제46조에 따른 임대조건 등 대통령령으로 정한 사항에 대하여 분기마다 그 분기가 끝나는 달의 다음 달 말일까지 국토교통부장관에게 보고하여야 한다.

제62조(권한의 위임 등) ① 국토교통부장관은 이 법에 따른 권한의 일부를 대통령령으로 정하는 바에 따라 시·도지사에게 위임할 수 있다. 〈개정 2015. 8. 28., 2016. 1. 19., 2018. 8. 14.〉

② 제1항에 따라 권한을 위임받은 시·도지사는 그 권한의 일부를 국토교통부장관의 승인을 받아 시장(행정시의 시장을 포함한다)·군수·구청장에게 재위임할 수 있다.

③ 시·도지사는 이 법에 따른 권한의 일부를 대통령령으로 정하는 바에 따라 시장·군수·구청장 또는 시행자에게 위임 또는 위탁할 수 있다.

④ 국토교통부장관은 다음 각 호의 업무를 위임 또는 위탁할 수 있다. 〈신설 2018. 1. 16.,

2018. 8. 14., 2020. 6. 9.〉

1. 제42조의4에 따른 동의서 제출에 관한 업무: 임대사업자

2. 제42조의5 및 제42조의6에 따른 관계기관의 장에 대한 자료제공 요청에 관한 업무: 보건복지부장관 또는 지방자치단체의 장

3. 제60조에 따른 임대주택정보체계 구축·운영: 한국토지주택공사 또는 부동산원

제63조(가산금리) ① 국토교통부장관은 다음 각 호의 어느 하나에 해당하는 임대사업자에 대하여 주택도시기금 융자금에 연 1퍼센트 포인트의 범위에서 가산금리를 부과할 수 있다. 〈개정 2017. 1. 17., 2019. 4. 23.〉

1. 제49조에 따른 보증에 가입하지 아니하거나 보증수수료(분할납부액을 포함한다)를 납부하지 아니한 자

2. 제67조제2항제8호에 따라 과태료를 부과받은 시점부터 6개월 이상 특별수선충당금을 적립하지 아니한 자

② 제1항에 따른 가산금리 부과의 방법 및 절차 등은 국토교통부령으로 정한다.

제64조(벌칙 적용에서 공무원 의제) 통합심의위원회의 위원 중 공무원이 아닌 사람은 「형법」 제129조부터 제132조까지의 규정을 적용할 때에는 공무원으로 본다.

제7장 벌칙

제65조(벌칙) ① 제42조의7제3항, 제59조의2제3항 및 제60조제5항을 위반하여 정보 또는 자료를 사용·제공 또는 누설한 자는 5년 이하의 징역이나 5천만원 이하의 벌금에 처한다. 〈개정 2017. 12. 26., 2018. 1. 16.〉

② 다음 각 호의 어느 하나에 해당하는 자는 2년 이하의 징역이나 2천만원 이하의 벌금에 처한다. 〈개정 2019. 11. 26., 2020. 6. 9.〉

1. 제5조의3제1항을 위반하여 신고하지 아니하고 조합원을 모집하거나 조합원을 공개로 모집하지 아니한 자

2. 제5조의5제1항을 위반하여 가입비등을 예치하게 하지 아니한 자

3. 제5조의5제4항을 위반하여 가입비등의 반환을 요청하지 아니한 자

4. 제7조에 따른 등록을 하지 아니하고 주택임대관리업을 한 자 또는 거짓이나 그 밖의 부정한 방법으로 등록한 자

5. 제10조에 따른 영업정지기간 중에 주택임대관리업을 영위한 주택임대관리업자

6. 제14조에 따른 보증상품에 가입하지 아니한 주택임대관리업자

7. 제16조제1항을 위반하여 다른 자에게 자기의 명의 또는 상호를 사용하여 이 법에서 정한 사업이나 업무를 수행하게 하거나 그 등록증을 대여한 주택임대관리업자

8. 제16조제2항을 위반하여 주택임대관리업자가 아니면서 주택임대관리업 또는 이와 유사한 명칭을 사용한 자

9. 삭제 〈2021. 9. 14.〉

③ 다음 각 호의 어느 하나에 해당하는 자는 1년 이하의 징역이나 1천만원 이하의 벌금에 처한다. 〈개정 2017. 1. 17., 2018. 1. 16.〉

1. 거짓 또는 부정한 방법으로 제23조에 따른 시행자 지정 또는 변경을 받은 자

2. 제26조제3항을 위반하여 촉진지구 내에서 시장 · 군수 · 구청장의 허가를 받지 아니하고 건축물의 건축 등의 행위를 하거나 거짓 또는 부정한 방법으로 허가를 받은 자

3. 거짓 또는 부정한 방법으로 제28조에 따른 지구계획 승인(제41조의2에 따라 준용하는 경우를 포함한다)을 받은 자

4. 제28조제1항에 따른 지구계획의 승인 또는 변경승인(제41조의2에 따라 준용하는 경우를 포함한다)의 내용을 위반하여 사업을 시행한 자

5. 제42조제2항을 위반하여 공공지원민간임대주택을 공급받은 자

6. 제51조를 위반하여 민간임대주택을 관리한 자

제66조(양벌규정) ① 법인의 대표자, 대리인, 사용인, 그 밖의 종업원이 그 법인의 업무에 관하여 제65조에 따른 위반행위를 하면 그 행위자를 벌할 뿐만 아니라 그 법인에도 해당 조문의 벌금형을 과(科)한다. 다만, 법인이 그 위반행위를 방지하기 위하여 해당 업무에 관하여 상당한 주의와 감독을 게을리하지 아니한 때에는 그러하지 아니하다.

② 개인의 대리인, 사용인, 그 밖의 종업원이 그 개인의 업무에 관하여 제65조에 따른 위반행위를 하면 그 행위자를 벌할 뿐만 아니라 그 개인에게도 해당 조문의 벌금형을 과한다. 다

만, 개인이 그 위반행위를 방지하기 위하여 해당 업무에 관하여 상당한 주의와 감독을 게을리하지 아니한 때에는 그러하지 아니하다.

제67조(과태료) ① 다음 각 호의 어느 하나에 해당하는 자에게는 3천만원 이하의 과태료를 부과한다. 〈신설 2019. 4. 23., 2020. 6. 9., 2020. 8. 18.〉

1. 제43조제1항을 위반하여 임대의무기간 중에 민간임대주택을 임대하지 아니한 자

2. 제43조제4항을 위반하여 시장·군수·구청장의 허가를 받지 아니하고 임대의무기간 중에 임대사업자가 아닌 자에게 민간임대주택을 양도한 자

3. 제44조제1항제1호를 위반하여 공공지원민간임대주택의 최초 임대료를 국토교통부령으로 정하는 기준에 따라 정하지 아니한 자

4. 제44조제2항에 따른 임대료의 증액 비율을 초과하여 임대료의 증액을 청구한 자

② 다음 각 호의 어느 하나에 해당하는 자에게는 1천만원 이하의 과태료를 부과한다. 〈개정 2017. 1. 17., 2018. 1. 16., 2019. 4. 23.〉

1. 제42조제4항을 위반하여 신고를 하지 아니한 임대사업자

2. 삭제 〈2019. 4. 23.〉

3. 삭제 〈2019. 4. 23.〉

4. 제45조를 위반하여 임대차계약을 해제·해지하거나 재계약을 거절한 임대사업자

5. 제46조에 따른 임대차계약 신고를 하지 아니하거나 거짓으로 신고한 자

6. 제47조에 따른 표준임대차계약서를 사용하지 아니한 임대사업자

7. 제50조를 위반하여 준주택을 주거용이 아닌 용도로 사용한 자

8. 제53조제1항 및 제2항에 따라 특별수선충당금을 적립하지 아니하거나 입주자대표회의에 넘겨주지 아니한 자

③ 다음 각 호의 어느 하나에 해당하는 자에게는 500만원 이하의 과태료를 부과한다. 〈개정 2018. 8. 14., 2019. 4. 23., 2019. 11. 26., 2020. 6. 9., 2020. 8. 18.〉

1. 제5조의2에 따른 부기등기를 하지 아니한 자

2. 제5조의4를 위반하여 설명하지 않거나 설명한 사항을 확인받지 아니한 자

3. 제7조를 위반하여 등록사항 변경신고 또는 말소신고를 하지 아니한 주택임대관리업자

4. 제12조에 따른 현황 신고를 하지 아니한 주택임대관리업자

5. 제48조제1항에 따른 설명 및 확인의무를 위반하거나 제48조제2항에 따른 정보 제공 의무를 위반한 임대사업자

6. 제50조제2항, 제60조 및 제61조에 따른 보고, 자료의 제출 또는 검사를 거부 · 방해 또는 기피하거나 거짓으로 보고한 자

7. 제52조제4항을 위반하여 임차인대표회의와 관리규약 제정 · 개정 등을 협의하지 아니한 임대사업자

8. 제5조제7항에 따라 등록 신청 당시 임대차계약이 없는 경우 산정한 임대보증금의 상한을 추후 임대차계약에서 준수하지 아니한 임대사업자

④ 다음 각 호의 어느 하나에 해당하는 자에게는 100만원 이하의 과태료를 부과한다. 〈개정 2018. 8. 14., 2019. 4. 23.〉

1. 삭제 〈2020. 6. 9.〉

2. 제13조제1항 및 제2항에 따른 위 · 수탁계약서 작성 · 교부 및 보관의무를 게을리한 주택임대관리업자

2의2. 제43조제2항 또는 제3항을 위반하여 민간임대주택 양도신고를 하지 아니하고 민간임대주택을 양도한 자

3. 제52조제2항을 위반하여 임차인대표회의를 구성할 수 있다는 사실 또는 구성하여야 한다는 사실을 임차인에게 통지하지 아니한 임대사업자

⑤ 제49조를 위반하여 임대보증금에 대한 보증에 가입하지 아니한 임대사업자에게는 임대보증금의 100분의 10 이하에 상당하는 금액의 과태료를 부과한다. 이 경우 그 금액이 3천만원을 초과하는 경우에는 3천만원으로 한다. 〈신설 2021. 9. 14.〉

⑥ 이 조에 따른 과태료는 대통령령으로 정하는 바에 따라 국토교통부장관이나 시장 · 군수 · 구청장이 부과 · 징수한다. 〈개정 2019. 4. 23., 2021. 9. 14.〉

부칙 〈제18750호, 2022. 1. 11.〉 (수도법)

제1조(시행일) 이 법은 공포한 날부터 시행한다. 〈단서 생략〉

제2조 부터 제5조까지 생략

제6조(다른 법률의 개정) ①부터 ⑦까지 생략

⑧ 민간임대주택에 관한 특별법 일부를 다음과 같이 개정한다.

제30조제3항 전단 중 "제4조에 따른 수도정비기본계획"을 "제5조에 따른 수도정비계획"으로 하고, 같은 항 후단 중 "수도정비기본계획"을 각각 "수도정비계획"으로 한다.

⑨부터 ⑭까지 생략

이 계약서는 법무부가 국토교통부·서울시 및 관련 전문가들과 함께 민법, 주택임대차보호법, 공인중개사법 등 관계법령에 근거하여 만들었습니다. 법의 보호를 받기 위해 【중요확인사항】(별지1)을 꼭 확인하시기 바랍니다.

주택임대차표준계약서

□보증금 있는 월세
□전세 □월세

임대인(　　　　　)과 임차인(　　　　　)은 아래와 같이 임대차 계약을 체결한다

[임차주택의 표시]

소 재 지	(도로명주소)			
토 지	지목		면적	m²
건 물	구조·용도		면적	m²
임차할부분	상세주소가 있는 경우 동·층·호 정확히 기재		면적	m²
계약의종류	□ 신규 계약		□ 합의에 의한 재계약	
	□「주택임대차보호법」제6조의3의 계약갱신요구권 행사에 의한 갱신계약 * 갱신 전 임대차계약 기간 및 금액 　계약 기간:　　　　～　　　　　보증금:　　　　원, 차임: 월　　　　원			
미납 국세·지방세		선순위 확정일자 현황		확정일자 부여란
□ 없음 (임대인 서명 또는 날인　　　　　인)		□ 해당 없음 (임대인 서명 또는 날인　　　　　인)		
□ 있음(중개대상물 확인·설명서 제2쪽 II. 개업공인 중개사 세부 확인사항 '⑨ 실제 권리관계 또는 공시되 지 않은 물건의 권리사항'에 기재)		□ 해당 있음(중개대상물 확인·설명서 제2쪽 II. 개 업공인중개사 세부 확인사항 '⑨ 실제 권리관계 또는 공시되지 않은 물건의 권리사항'에 기재)		※ 주택임대차계약서를 제출하고 임대차 신고의 접수를 완료한 경우에는 별도로 확정일자 부여 를 신청할 필요가 없습니다.

[계약내용]

제1조(보증금과 차임) 위 부동산의 임대차에 관하여 임대인과 임차인은 합의에 의하여 보증금 및 차임을 아래와 같이 지불하기로 한다.

보 증 금	금		원정(₩ 　　　　　　　)		
계 약 금	금	원정(₩　　　　　)	은 계약시에 지불하고 영수함. 영수자 (　　　　　인)		
중 도 금	금	원정(₩　　　　　)	은 　　　년　　　월　　　일에 지불하며		
잔 금	금	원정(₩　　　　　)	은 　　　년　　　월　　　일에 지불한다		
차임(월세)	금	원정은 매월　　　일에 지불한다(입금계좌: 　　　　　)			

제2조(임대차기간) 임대인은 임차주택을 임대차 목적대로 사용·수익할 수 있는 상태로 　　　년 　　월 　　일까지 임차인에게 인도하고, 임대차기간은 인도일로부터 　　　년 　　　월 　　　일까지로 한다.

제3조(입주 전 수리) 임대인과 임차인은 임차주택의 수리가 필요한 시설물 및 비용부담에 관하여 다음과 같이 합의한다.

수리 필요 시설	□ 없음 □ 있음(수리할 내용: 　　　　　　　　　　　　)
수리 완료 시기	□ 잔금지급 기일인　　　년　　　월　　　일까지 □ 기타 (　　　　)
약정한 수리 완료 시기 까지 미 수리한 경우	□ 수리비를 임차인이 임대인에게 지급하여야 할 보증금 또는 차임에서 공제 □ 기타 (　　　　　　　　　　　)

제4조(임차주택의 사용·관리·수선) ① 임차인은 임대인의 동의 없이 임차주택의 구조변경 및 전대나 임차권 양도를 할 수 없으며, 임대차 목적인 주거 이외의 용도로 사용할 수 없다.

② 임대인은 계약 존속 중 임차주택을 사용·수익에 필요한 상태로 유지하여야 하고, 임차인은 임대인이 임차주택의 보존에 필요한 행위를 하는 때 이를 거절하지 못한다.

③ 임대인과 임차인은 계약 존속 중에 발생하는 임차주택의 수리 및 비용부담에 관하여 다음과 같이 합의한다. 다만, 합의되지 아니한 기타 수선비용에 관한 부담은 민법, 판례 기타 관습에 따른다.

임대인부담	(예컨대, 난방, 상·하수도, 전기시설 등 임차주택의 주요설비에 대한 노후·불량으로 인한 수선은 민법 제623조, 판례상 임대인이 부담하는 것으로 해석됨)
임차인부담	(예컨대, 임차인의 고의·과실에 기한 파손, 전구 등 통상의 간단한 수선, 소모품 교체 비용은 민법 제623조, 판례상 임차인이 부담하는 것으로 해석됨)

④ 임차인이 임대인의 부담에 속하는 수선비용을 지출한 때에는 임대인에게 그 상환을 청구할 수 있다.

제5조(계약의 해제) 임차인이 임대인에게 중도금(중도금이 없을 때는 잔금)을 지급하기 전까지, 임대인은 계약금의 배액을 상환하고, 임차인은 계약금을 포기하고 이 계약을 해제할 수 있다.

- 1 / 4 -

제6조(채무불이행과 손해배상) 당사자 일방이 채무를 이행하지 아니하는 때에는 상대방은 상당한 기간을 정하여 그 이행을 최고하고 계약을 해제할 수 있으며, 그로 인한 손해배상을 청구할 수 있다. 다만, 채무자가 미리 이행하지 아니할 의사를 표시한 경우의 계약해제는 최고를 요하지 아니한다.

제7조(계약의 해지) ① 임차인은 본인의 과실 없이 임차주택의 일부가 멸실 기타 사유로 인하여 임대차의 목적대로 사용할 수 없는 경우에는 계약을 해지할 수 있다.

② 임대인은 임차인이 2기의 차임액에 달하도록 연체하거나, 제4조 제1항을 위반한 경우 계약을 해지할 수 있다.

제8조(갱신요구와 거절) ① 임차인은 임대차기간이 끝나기 6개월 전부터 2개월 전까지의 기간에 계약갱신을 요구할 수 있다. 다만, 임대인은 자신 또는 그 직계존속·직계비속의 실거주 등 주택임대차보호법 제6조의3 제1항 각 호의 사유가 있는 경우에 한하여 계약갱신의 요구를 거절할 수 있다. ※ 별지의 계약갱신 거절통지서 양식 사용 가능

② 임대인이 주택임대차보호법 제6조의3 제1항 제8호에 따른 실거주를 사유로 갱신을 거절하였음에도 불구하고 갱신요구가 거절되지 아니하였더라면 갱신되었을 기간이 만료되기 전에 정당한 사유 없이 제3자에게 주택을 임대한 경우, 임대인은 갱신거절로 인하여 임차인이 입은 손해를 배상하여야 한다.

③ 제2항에 따른 손해배상액은 주택임대차보호법 제6조의3 제6항에 의한다.

제9조(계약의 종료) 임대차계약이 종료된 경우에 임차인은 임차주택을 원래의 상태로 복구하여 임대인에게 반환하고, 이와 동시에 임대인은 보증금을 임차인에게 반환하여야 한다. 다만, 시설물의 노후화나 통상 생길 수 있는 파손 등은 임차인의 원상복구의무에 포함되지 아니한다.

제10조(비용의 정산) ① 임차인은 계약종료 시 공과금과 관리비를 정산하여야 한다.

② 임차인은 이미 납부한 관리비 중 장기수선충당금을 임대인(소유자인 경우)에게 반환 청구할 수 있다. 다만, 관리사무소 등 관리주체가 장기수선충당금을 정산하는 경우에는 그 관리주체에게 청구할 수 있다.

제11조(분쟁의 해결) 임대인과 임차인은 본 임대차계약과 관련한 분쟁이 발생하는 경우, 당사자 간의 협의 또는 주택임대차분쟁조정위원회의 조정을 통해 호혜적으로 해결하기 위해 노력한다.

제12조(중개보수 등) 중개보수는 거래 가액의 _____ % 인 _____원(□ 부가가치세 포함 □ 불포함)으로 임대인과 임차인이 각각 부담한다. 다만, 개업공인중개사의 고의 또는 과실로 인하여 중개의뢰인간의 거래행위가 무효·취소 또는 해제된 경우에는 그러하지 아니하다.

제13조(중개대상물확인·설명서 교부) 개업공인중개사는 중개대상물 확인·설명서를 작성하고 업무보증관계증서 (공제증서등) 사본을 첨부하여 _____ 년 _____ 월 _____ 일 임대인과 임차인에게 각각 교부한다.

[특약사항]

• 주택 임대차 계약과 관련하여 분쟁이 있는 경우 임대인 또는 임차인은 법원에 소를 제기하기 전에 먼저 주택임대차 분쟁조정위원회에 조정을 신청한다 (□ 동의 □ 미동의)

※ 주택임대차분쟁조정위원회 조정을 통할 경우 60일(최대 90일) 이내 신속하게 조정 결과를 받아볼 수 있습니다.

• 주택의 철거 또는 재건축에 관한 구체적 계획 (□ 없음 □ 있음 ※공사시기 : _____ ※ 소요기간 : _____ 개월)

• 상세주소가 없는 경우 임차인의 상세주소부여 신청에 대한 소유자 동의여부 (□ 동의 □ 미동의)

※ 기타 임차인의 대항력·우선변제권 확보를 위한 사항, 관리비·전기료 납부방법 등 특별히 임대인과 임차인이 약정할 사항이 있으면 기재
─ 【대항력과 우선변제권 확보 관련 예시】"주택을 인도받은 임차인은 _____ 년 _____ 월 _____ 일까지 주민등록(전입신고)과 주택임대차계약서상 확정일자를 받기로 하고, 임대인은 _____ 년 _____ 월 _____ 일(최소한 임차인의 위 약정일 이틀 후부터 가능)에 저당권 등 담보권을 설정할 수 있다"는 등 당사자 사이 합의에 의한 특약 가능

본 계약을 증명하기 위하여 계약 당사자가 이의 없음을 확인하고 각각 서명날인 후 임대인, 임차인, 개업공인중개사는 매 장마다 간인하여, 각각 1통씩 보관한다.   _____ 년 _____ 월 _____ 일

	주 소						서명 또는
임대인	주민등록번호		전 화		성 명		날인㊞
	대 리 인	주 소		주민등록번호		성 명	
임차인	주 소						서명 또는
	주민등록번호		전 화		성 명		날인㊞
	대 리 인	주 소		주민등록번호		성 명	
개업공인중개사	사무소소재지			사무소소재지			
	사무소명칭			사무소명칭			
	대 표	서명 및 날인	㊞	대 표	서명 및 날인		㊞
	등 록 번 호		전화	등 록 번 호		전화	
	소속공인중개사	서명 및 날인	㊞	소속공인중개사	서명 및 날인		㊞

주택임대차 관련 분쟁은 전문가로 구성된 대한법률구조공단, 한국토지주택공사, 한국부동산원, 지방자치단체에 설치된 주택임대차분쟁조정위원회에서 신속하고 효율적으로 해결할 수 있습니다.

- 2 / 4 -

별지1)

법의 보호를 받기 위한 중요사항! 반드시 확인하세요

< 계약 체결 시 꼭 확인하세요 >

【대항력 및 우선변제권 확보】

① 임차인이 주택의 인도와 주민등록을 마친 때에는 그 다음날부터 제3자에게 임차권을 주장할 수 있고, 계약서에 **확정일자까지** 받으면 후순위권리자나 그 밖의 채권자에 우선하여 변제받을 수 있으며, 주택의 점유와 주민등록은 임대차 기간 중 계속 유지하고 있어야 합니다.

② **등기사항증명서, 미납국세·지방세, 다가구주택 확정일자 현황** 등을 반드시 확인하여 선순위 권리자 및 금액을 확인하고 계약 체결여부를 결정하여야 보증금을 지킬 수 있습니다.

※ 임차인은 임대인의 동의를 받아 미납국세·지방세는 관할 세무서에서, 확정일자 현황은 관할 주민센터·등기소에서 확인할 수 있습니다.

【임대차 신고의무 및 확정일자 부여 의제】

① 수도권 전역, 광역시, 세종시 및 도(道)의 시(市) 지역에서 보증금 6천만원 또는 월차임 30만원을 초과하여 주택임대차계 약을 체결(금액의 변동이 있는 재계약·갱신계약 포함)한 경우, 임대인과 임차인은 계약체결일로부터 30일 이내에 시군구 청에 해당 계약을 공동(계약서를 제출하는 경우 단독신고 가능)으로 신고하여야 합니다.

② 주택임대차계약서를 제출하고 임대차 신고의 접수를 완료한 경우, 임대차 신고필증상 접수완료일에 확정일자가 부여된 것으로 간주되므로, 별도로 확정일자 부여를 신청할 필요가 없습니다.

< 계약기간 중 꼭 확인하세요 >

【차임증액청구】

계약기간 중이나 임차인의 계약갱신요구권 행사로 인한 갱신 시 차임·보증금을 증액하는 경우에는 기존 차임·보증금의 5%를 초과하여 증액하지 못하고, 계약체결 또는 약정한 차임 등의 증액이 있은 후 1년 이내에는 하지 못합니다.

【묵시적 갱신 등】

① 임대인은 임대차기간이 끝나기 6개월부터 2개월* 전까지, 임차인은 2개월 전까지 각 상대방에 계약을 종료하겠다거나 조건을 변경하여 재계약을 하겠다는 취지의 통지를 하지 않으면 종전 임대차와 동일한 조건으로 자동 갱신됩니다.

* 기존 규정은 1개월이고, '20. 12. 10. 이후 최초로 체결되거나 갱신된 계약의 경우 2개월이 적용됩니다.

② 제1항에 따라 갱신된 임대차의 존속기간은 2년입니다. 이 경우, 임차인은 언제든지 계약을 해지할 수 있지만 임대인은 계약서 제7조의 사유 또는 임차인과의 합의가 있어야 계약을 해지할 수 있습니다.

【계약갱신요구 등】

① 임차인이 임대차기간이 만료되기 6개월 전부터 2개월* 전까지 사이에 계약갱신을 요구할 경우 임대인은 정당한 사유 없이 거절하지 못하고, 갱신거절 시 별지 2에 게재된 계약갱신 거절통지서 양식을 활용할 수 있습니다.

* 기존 규정은 1개월이고, '20. 12. 10. 이후 최초로 체결되거나 갱신된 계약의 경우 2개월이 적용됩니다.

② 임차인은 계약갱신요구권을 1회에 한하여 행사할 수 있고, 이 경우 갱신되는 임대차의 존속기간은 2년, 나머지 조건은 전 임대차와 동일한 조건으로 다시 계약된 것으로 봅니다. 다만, 차임과 보증금의 증액은 청구 당시의 차임 또는 보증금 액수의 100분의 5를 초과하지 아니하는 범위에서만 가능합니다.

③ 묵시적 갱신이나 합의에 의한 재계약의 경우 임차인이 갱신요구권을 사용한 것으로 볼 수 없으므로, 임차인은 주택 임대차보호법에 따라 임대기간 중 1회에 한정되어 인정되는 갱신요구권을 차후에 사용할 수 있습니다.

< 계약종료 시 꼭 확인하세요 >

【보증금액 증액시 확정일자 날인】

계약기간 중 보증금을 증액하거나, 재계약 또는 계약갱신 과정에서 보증금을 증액한 경우에는 증액된 보증금액에 대한 우선변제권을 확보하기 위하여 반드시 다시 확정일자를 받아야 합니다.

■ 민간임대주택에 관한 특별법 시행규칙 [별지 제24호서식] <개정 2022. 1. 14.>

표준임대차계약서

(6쪽 중 1쪽)

임대사업자와 임차인은 아래와 같이 임대차계약을 체결하고 이를 증명하기 위해 계약서 2통을 작성하여 임대사업자와 임차인이 각각 서명 또는 날인한 후 각각 1통씩 보관한다.

※ 개업공인중개사가 임대차계약서를 작성하는 경우에는 계약서 3통을 작성하여 임대사업자, 임차인, 개업공인중개사가 각각 서명 또는 날인한 후 각각 1통씩 보관한다.

계약일: 년 월 일

1. 계약 당사자

임대사업자	성명(법인명)		(서명 또는 인)
	주소 (대표 사무소 소재지)		
	주민등록번호 (사업자등록번호)	전화번호	
	임대사업자 등록번호		
임차인	성명(법인명)		(서명 또는 인)
	주소		
	주민등록번호	전화번호	

2. 공인중개사 (개업공인중개사가 계약서를 작성하는 경우 해당)

개업공인 중개사	사무소 명칭		
	대표자 성명		(서명 및 인)
	사무소 소재지		
	등록번호	전화번호	

◆ 해당 주택은 「민간임대주택에 관한 특별법」에 따라 임대사업자가 시장·군수·구청장에게 등록한 민간임대주택으로서 다음과 같은 사항이 적용됩니다.
  ○ 임대의무기간 중 민간임대주택 양도 제한(「민간임대주택에 관한 특별법」 제43조)
   - 임대사업자는 「민간임대주택에 관한 특별법 시행령」 제34조제1항에 따른 시점부터 「민간임대주택에 관한 특별법」 제2조제4호 또는 제5호에 따른 기간 동안 해당 민간임대주택을 계속 임대해야 하며, 그 기간 동안에는 양도가 제한됩니다.
  ○ 임대료 증액 제한(「민간임대주택에 관한 특별법」 제44조)
   - 임대사업자는 해당 민간임대주택에 대한 임대료의 증액을 청구하는 경우 임대료의 5퍼센트의 범위에서 주거비 물가지수, 인근 지역의 임대료 변동률, 임대주택 세대수 등을 고려하여 「민간임대주택에 관한 특별법 시행령」 제34조의2에 따른 증액비율을 초과하여 청구할 수 없습니다. 또한, 임대차계약 또는 임대료 증액이 있은 후 1년 이내에는 그 임대료를 증액할 수 없습니다.
  ○ 임대차계약의 해제·해지 등 제한(「민간임대주택에 관한 특별법」 제45조)
   - 임대사업자는 임차인이 의무를 위반하거나 임대차를 계속하기 어려운 경우 등의 사유가 발생한 때를 제외하고는 임대사업자로 등록되어 있는 기간 동안 임대차계약을 해제 또는 해지하거나 재계약을 거절할 수 없습니다.
   - 임차인은 시장·군수·구청장이 임대주택에 거주하기 곤란한 정도의 중대한 하자가 있다고 인정하는 경우 등에 해당하면 임대의무기간 동안에도 임대차계약을 해제·해지할 수 있습니다.

210mm×297mm[백상지 80g/㎡]

3. 민간임대주택의 표시

주택 소재지					
주택 유형	아파트[　] 연립주택[　] 다세대주택[　] 다가구주택[　] 그 밖의 주택[　]				
민간임대주택 면적 (㎡)		공용면적			
	주거전용면적	주거공용면적	그 밖의 공용면적 (지하주차장 면적을 포함한다)	합계	
민간임대주택의 종류	공공지원[　] (□10년, □8년) 장기일반[　] (□10년, □8년) 그 밖의 유형 [　　　]		건설[　] 매입[　]	임대의무 기간 개시일	년　월　일
100세대 이상 민간임 대주택단지 해당 여부	예 [　] 아니오 [　] * 임대료 증액 시 「민간임대주택에 관한 특별법 시행령」 제34조의2제1호에 따른 기준 적용				
민간임대주택에 딸린 부대시설· 복리시설의 종류					
선순위 담보권 등 권리관계 설정 여부	없음[　]	있음[　] -선순위 담보권 등 권리관계의 종류: -설정금액: -설정일자:			
국세·지방세 체납사실	없음[　]	있음[　]			
임대보증금 보증 가입 여부	가입[　] 일부가입[　] - 보증대상 금액:	미가입[　] - 사유 : □ 가입대상 금액이 0원 이하 　　　　 □ 가입 면제 대상(　　　　　　) 　　　　 □ 가입 거절 　　　　 □ 그 밖의 사유(　　　　　　)			

* 주택 면적 산정방법은 「주택법 시행규칙」 제2조, 「주택공급에 관한 규칙」 제21조제5항에 따른다.
* 민간임대주택의 종류 중 그 밖의 유형에는 단기민간임대주택(3・4・5년), 준공공임대주택(8・10년), 기업형임대주택 중 하나를 적는다.
* 선순위 담보권 등 권리관계는 제한물권, 압류・가압류・가처분 등에 관한 사항을 말한다.
* 임대보증금 보증가입대상 금액은 「민간임대주택에 관한 특별법」 제49조에 따른다.
* 보증가입대상의 미가입 사유에는 선순위 담보권 설정금액과 임대보증금을 합한 금액이 주택가격의 100분의 60보다 적은 경우(「민간임대주택에 관한 특별법」 제49조제3항), 가입 면제 대상(「민간임대주택에 관한 특별법」 제49조 제7항) 및 가입 거절 등의 사유를 적는다.

4. 계약조건

제1조(임대보증금, 월임대료 및 임대차 계약기간) ① 임대사업자는 위 주택의 임대보증금, 월임대료(이하 "임대료"라 한다) 및 임대차 계약기간을 아래와 같이 정하여 임차인에게 임대한다.

구분	임대보증금		월임대료	
금액	금	원정(₩　　　　　)	금	원정(₩　　　　　)
임대차 계약기간	년　월　일　~　년　월　일			

② 임차인은 제1항의 임대보증금에 대하여 아래와 같이 임대사업자에게 지급하기로 한다.

계약금	금	원정(₩　　　　)은 계약 시에 지급		
중도금	금	원정(₩　　　)은	년　월	일에 지급
잔 금	금	원정(₩　　　)은	년　월	일에 지급
계좌번호		은행	예금주	

③ 임차인은 제1항과 제2항에 따른 임대보증금을 이자 없이 임대사업자에게 에치한다.

④ 임차인은 제2항의 지급기한까지 임대보증금을 내지 않는 경우에는 연체이율(연　　%)을 적용하여 계산한 연체료를 더하여 내야 한다. 이 경우 연체이율은 한국은행에서 발표하는 예금은행 주택담보대출의 가중평균금리에 「은행법」에 따른 은행으로서 가계자금 대출시장의 점유율이 최상위인 금융기관의 연체가산율을 합산한 이율을 고려하여 결정한다.

210mm×297mm[백상지 80g/㎡]

⑤ 임차인은 당월 분의 월임대료를 매달 말일까지 내야하여, 이를 내지 않을 경우에는 연체된 금액에 제4항에 따른 연체요율을 적용하여 계산한 연체료를 더하여 내야 한다.

제2조(민간임대주택의 입주일) 위 주택의 입주일은   년   월   일부터   년   월   일까지로 한다.

제3조(월임대료의 계산) ① 임대기간이 월의 첫날부터 시작되지 않거나 월의 말일에 끝나지 않는 경우에는 그 임대기간이 시작되거나 끝나는 월의 임대료는 일할로 산정한다.

② 입주 월의 월임대료는 입주일(제2조에 따른 입주일을 정한 경우 입주일)부터 계산한다. 다만, 입주지정기간이 지나 입주하는 경우에는 입주지정기간이 끝난 날부터 계산한다.

제4조(관리비와 사용료) ① 임차인이 임대주택에 대한 관리비와 사용료를 임대사업자 또는 임대사업자가 지정한 관리주체에게 납부해야 하는 경우에는 특약으로 정하는 기한까지 내야하며, 이를 내지 않을 경우에는 임대사업자는 임차인으로 하여금 연체된 금액에 대해 제1조제4항에 따른 연체요율을 적용하여 계산한 연체료를 더하여 내게 할 수 있다.

② 임대사업자는 관리비와 사용료를 징수할 때에는 관리비와 사용료의 부과 명세서를 첨부하여 임차인에게 이를 낼 것을 통지해야 한다.

제5조(임대 조건 등의 변경) 임대사업자와 임차인은 다음 각 호의 어느 하나에 해당할 경우에는 임대보증금, 임대료, 관리비, 사용료 등 모든 납부금액을 조정할 수 있다. 다만, 임대료의 조정은 「민간임대주택에 관한 특별법」 및 「주택임대차보호법」을 위반해서는 안 되고, 「민간임대주택에 관한 특별법」 제44조에 따라 임대료 증액청구는 임대료의 5퍼센트의 범위에서 주거비 물가지수, 인근 지역의 임대료 변동률, 임대주택 세대수 등을 고려하여 같은 법 시행령 제34조의2에 따라 정하는 증액비율을 초과하여 청구할 수 없으며, 임대차계약 또는 임대료 증액이 있은 후 1년 이내에는 그 임대료를 증액하지 못한다.

1. 물가, 그 밖의 경제적 여건의 변동이 있을 때
2. 임대사업자가 임대하는 주택 상호간 또는 인근 유사지역의 민간임대주택 간에 임대조건의 균형상 조정할 필요가 있을 때
3. 민간임대주택과 부대시설 및 부지의 가격에 현저한 변동이 있을 때

100세대 이상 민간임대주택단지는 임대료 증액 시 직전 임대료의 5퍼센트의 범위에서 다음의 기준을 적용받음(「민간임대주택에 관한 특별법 시행령」 제34조의2제1호)

1. 「통계법」에 따라 통계청장이 고시하는 지출목적별 소비자물가지수 항목 중 해당 임대주택이 소재한 특별시, 광역시, 특별자치시, 도 또는 특별자치도의 주택임차료, 주거시설 유지·보수 및 기타 주거관련 서비스 지수를 가중 평균한 값의 변동률. 다만, 임대료의 5퍼센트 범위에서 시·군·자치구의 조례로 해당 시·군·자치구에서 적용하는 비율을 정하고 있는 경우에는 그에 따름.
2. 구체적인 산정방법은 임대등록시스템(렌트홈, www.renthome.go.kr) "100세대 이상 민간임대주택단지 임대료 증액기준" 참조

제6조(임차인의 금지행위) 임차인은 다음 각 호의 어느 하나에 해당하는 행위를 해서는 안 된다.

1. 임대사업자의 동의 없이 무단으로 임차권을 양도하거나 민간임대주택을 타인에게 전대하는 행위
2. 민간임대주택 및 그 부대시설을 개축·증축 또는 변경하거나 본래의 용도가 아닌 용도로 사용하는 행위
3. 민간임대주택 및 그 부대시설을 파손 또는 멸실하는 행위
4. 민간임대주택 및 그 부대시설의 유지·관리를 위하여 임대사업자와 임차인이 합의한 사항을 위반하는 행위

제7조(임차인의 의무) 임차인은 위 주택을 선량한 관리자로서 유지·관리해야 한다.

제8조(민간임대주택 관리의 범위) 위 주택의 공용부분과 그 부대시설 및 복리시설은 임대사업자 또는 임대사업자가 지정한 주택관리업자가 관리하고, 주택과 그 내부시설은 임차인이 관리한다.

제9조(민간임대주택의 수선·유지 및 보수의 한계) ① 위 주택의 보수와 수선은 임대사업자의 부담으로 하되, 위 주택의 전용부분과 그 내부시설물을 임차인이 파손하거나 멸실한 부분 또는 소모성 자재(「공동주택관리법 시행규칙」 별표 1의 장기수선계획의 수립기준상 수선주기가 6년 이내인 자재를 말한다)의 보수주기에서의 보수 또는 수선은 임차인의 부담으로 한다.

② 제1항에 따른 소모성 자재와 소모성 자재 외의 소모성 자재의 종류와 그 종류별 보수주기는 특약으로 따로 정할 수 있다. 다만, 벽지·장판·전등기구 및 콘센트의 보수주기는 다음 각 호에 따른다.

1. 벽지 및 장판: 10년(변색·훼손·오염 등이 심한 경우에는 6년으로 하며, 적치물의 제거에 임차인이 협조한 경우만 해당한다)
2. 전등기구 및 콘센트: 10년. 다만, 훼손 등을 이유로 안전상의 위험이 우려되는 경우에는 조기 교체해야 한다.

제10조(임대차계약의 해제 및 해지) ① 임차인이 다음 각 호의 어느 하나에 해당하는 행위를 한 경우를 제외하고는 **임대사업자는 이 계약을 해제 또는 해지하거나 임대차계약의 갱신을 거절할 수 없다.**

1. 거짓이나 그 밖의 부정한 방법으로 민간임대주택을 임대받은 경우

2. 임대사업자의 귀책사유 없이 「민간임대주택에 관한 특별법 시행령」 제34조제1항 각 호의 시점으로부터 3개월 이내에 입주하지 않은 경우.

3. 월임대료를 3개월 이상 연속하여 연체한 경우

4. 민간임대주택 및 그 부대시설을 임대사업자의 동의를 받지 않고 개축·증축 또는 변경하거나 본래의 용도가 아닌 용도로 사용한 경우

5. 민간임대주택 및 그 부대시설을 고의로 파손 또는 멸실한 경우

6. 공공지원민간임대주택의 임차인이 다음 각 목의 어느 하나에 해당하게 된 경우

   가. 임차인의 자산 또는 소득이 「민간임대주택에 관한 특별법 시행규칙」 제14조의3 및 제14조의7에 따른 요건을 초과하는 경우

   나. 임대차계약 기간 중 주택을 소유하게 된 경우. 다만, 다음의 어느 하나에 해당하는 경우는 제외한다.

      1) 상속·판결 또는 혼인 등 그 밖의 부득이한 사유로 주택을 소유하게 된 경우로서 임대차계약이 해제·해지되거나 재계약이 거절될 수 있다는 내용을 통보받은 날부터 6개월 이내에 해당 주택을 처분하는 경우

      2) 혼인 등의 사유로 주택을 소유하게 된 세대구성원이 소유권을 취득한 날부터 14일 이내에 전출신고를 하여 세대가 분리된 경우

      3) 공공지원민간임대주택의 입주자를 선정하고 남은 공공지원민간임대주택에 대하여 선착순의 방법으로 입주자로 선정된 경우

7. 「민간임대주택에 관한 특별법」 제42조의2에 따라 임차인이 공공지원민간임대주택 또는 공공임대주택에 중복하여 입주한 것으로 확인된 경우

8. 그 밖에 이 표준임대차계약서상의 의무를 위반한 경우

② 임차인은 다음 각 호의 어느 하나에 해당하는 경우에 이 계약을 해제 또는 해지할 수 있다.

1. 특별자치도지사·특별자치시장·시장·군수·구청장이 민간임대주택에 거주하기 곤란할 정도의 중대한 하자가 있다고 인정하는 경우

2. 임대사업자가 임차인의 의사에 반하여 민간임대주택의 부대시설·복리시설을 파손시킨 경우

3. 임대사업자의 귀책사유로 입주지정기간이 끝난 날부터 3개월 이내에 입주할 수 없는 경우

4. 임대사업자가 이 표준임대차계약서상의 의무를 위반한 경우

제11조(임대보증금의 반환) ① 임차인이 임대사업자에게 예치한 **임대보증금은** 이 계약이 끝나거나 해제 또는 해지되어 임차인이 임대사업자에게 주택을 명도(明渡)함과 동시에 반환한다.

② 제1항에 따라 반환할 경우 임대사업자는 주택 및 내부 일체에 대한 점검을 실시한 후 임차인이 임대사업자에게 내야 할 임대료, 관리비 등 모든 납부금액과 제9조제1항에 따른 임차인의 수선유지 불이행에 따른 보수비 및 특약으로 정한 위약금, 불법거주에 따른 배상금, 손해금 등 임차인의 채무를 임대보증금에서 우선 공제하고 그 잔액을 반환한다.

③ 임차인은 위 주택을 임대사업자에게 명도할 때까지 사용한 전기·수도·가스 등의 사용료(납부시효가 끝나지 않은 것을 말한다) 지급 영수증을 임대사업자에게 제시 또는 예치해야 한다.

제12조(임대보증금 보증) ① 임대사업자가 「민간임대주택에 관한 특별법」 제49조에 따라 **임대보증금 보증에 가입을 한 경우,** 같은 법 시행령 제40조에 따라 보증수수료의 75퍼센트는 임대사업자가 부담하고, 25퍼센트는 임차인이 부담한다. 부담 금액의 징수 방법·절차·기한에 관한 사항은 특약으로 정할 수 있다.

제13조(민간임대주택의 양도) ① 임대사업자가 임대의무기간 경과 후 위 주택을 **임차인에게 양도할 경우** 위 주택의 양도 등에 관한 사항은 **특약으로 정한 바에 따른다.**

② 임대사업자가 「민간임대주택에 관한 특별법」 제43조제2항에 따라 위 주택을 다른 임대사업자에게 양도하는 경우에는 양수도계약서에서 양도받는 자는 양도하는 자의 임대사업자로서의 지위를 포괄적으로 승계한다는 뜻을 분명하게 밝혀야 한다.

제14조(임대사업자의 설명의무) ① **임대사업자는** 「민간임대주택에 관한 특별법」 제48조에 따라 **임대차 계약을 체결하거나 월임대료를 임대보증금으로 전환하는 등 계약내용을 변경하는 경우**에는 다음 각 호의 사항을 임차인이 이해할 수 있도록 **설명**하고, 등기사항증명서 등 **설명의 근거자료를 제시**해야 한다.

1. 임대보증금 보증가입에 관한 사항(「민간임대주택에 관한 특별법」 제49조에 따른 임대보증금 보증가입 의무대상 주택에 한정한다)

   가. 해당 민간임대주택의 보증대상액 및 보증기간에 관한 사항

   나. 임대보증금 보증 가입에 드는 보증수수료(이하 "보증수수료"라 한다) 산정방법 및 금액, 임대보증금 과 임차인의 보증수수료 분담비율, 임차인이 부담해야 할 보증수수료의 납부방법에 관한 사항

   다. 보증기간 중 임대차계약이 해지·해제되거나 임대보증금의 증감이 있는 경우에 보증수수료의 환급 또는 추가 납부에 관한 사항

   라. 임대차 계약기간 중 보증기간이 만료되는 경우에 재가입에 관한 사항

   마. 보증약관의 내용 중 국토교통부장관이 정하여 고시하는 중요사항에 관한 내용(보증이행 조건 등)

2. 민간임대주택의 선순위 담보권 등 권리관계에 관한 사항

   가. 민간임대주택에 설정된 제한물권, 압류·가압류·가처분 등에 관한 사항

   나. 임대사업자의 국세·지방세 체납에 관한 사항

3. 임대의무기간 중 남아 있는 기간

4. 「민간임대주택에 관한 특별법」 제44조제2항에 따른 임대료 증액 제한에 관한 사항

5. 「민간임대주택에 관한 특별법」 제45조에 따른 임대차계약의 해제·해지 등에 관한 사항

6. 단독주택, 다중주택 및 다가구주택에 해당하는 민간임대주택에 둘 이상의 임대차계약이 존재하는 경 우 「주택임대차보호법」 제3조의6제2항에 따라 작성된 확정일자부에 기재된 주택의 차임 및 보증금 등의 정보

② 임차인은 임대사업자로부터 제1항의 사항에 대한 설명을 듣고 이해했음을 아래와 같이 확인한다.

> 본인은 임대보증금 보증가입, 민간임대주택의 권리관계 등에 관한 주요 내용에 대한 설명을 듣고 이해했음.
>
> 임차인 성명: (서명 또는 날인)

제15조(소송) 이 계약에 관한 소송의 관할 법원은 임대사업자와 임차인이 합의하여 결정하는 관할법원으 로 하며, 임대사업자와 임차인 간에 합의가 이루어지지 않은 경우에는 위 주택 소재지를 관할하는 법원 으로 한다.

제16조(중개대상물의 확인·설명) 개업공인중개사가 임대차계약서를 작성하는 경우에는 중개대상물확인· 설명서 및 손해배상책임보장에 관한 증서(공제증서 등) 사본을 첨부하여 임대차계약을 체결할 때 임대사업 자와 임차인에게 교부한다.

제17조(특약) 임대사업자와 임차인은 제1조부터 제15조까지에서 규정한 사항 외에 필요한 사항에 대해서는 따로 특약으로 정할 수 있다. 다만, 특약의 내용은 「약관의 규제에 관한 법률」을 위반해서는 안 된다.

> ◆ 주택월세 소득공제 안내
> 근로소득이 있는 거주자(일용근로자는 제외한다)는 「소득세법」 및 「조세특례제한법」에 따라 주택월세에 대한 소득공제를 받을 수 있으며, 자세한 사항은 국세청 콜센터(국번 없이 126)로 문의 하시기 바랍니다.

210mm×297mm[백상지 80g/㎡]

5. 개인정보의 제3자 제공 동의서

임대사업자는 「개인정보 보호법」 제17조에 따라 등록임대주택에 관한 정보제공에 필요한 개인정보를 아래와 같이 임차인의 동의를 받아 제공합니다. 이 경우 개인정보를 제공받은 자가 해당 개인정보를 이용하여 임차인에게 연락할 수 있음을 알려드립니다.

- 제공받는 자: 국토교통부장관, 시장·군수·구청장
- 제공 목적: **등록임대주택에 관한 정보제공을 위한 우편물 발송, 문자 발송 등 지원 관련**
- 개인정보 항목: 성명, 주소, 전화번호
- 보유 및 이용 기간: **임대차계약 종료일까지**

본인의 개인정보를 제3자 제공에 동의합니다.

임차인 성명: (서명 또는 날인)

※ 임차인은 개인정보 제공에 대한 동의를 거부할 수 있으며, 이 경우 임차인 권리, 등록임대주택에 관한 정보제공이 제한됩니다.

210mm×297mm[백상지 80g/㎡]

제소전 화해신청서

신 청 인 (임대인) ○ ○ ○
  ○○시 ○○구 ○○동 ○번지
  전화번호 :

피신청인 (임차인) ○ ○ ○
  ○○시 ○○구 ○○동 ○번지
  전화번호 :

임차목적물 명도 청구의 화해

신 청 취 지

신청인과 피신청인은 다음 화해조항 취지의 제소전 화해를 신청합니다.

신 청 원 인

1. 피신청인은 20○○년 ○○월 ○○일 신청인 소유 000상가 0호를 임대하여 사용하기로 하고, 임대보증금 ○○○원에 임대기간은 20○○년 ○○월 ○○일부터 20○○년 ○○월 ○○일까지로 하며, 월 임료는 매월 ○○일에 금○○○원씩을 지급하기로 하여 임대계약을 체결하였습니다.

2. 위와 같이 신청인은 피신청인과 이 사건 부동산에 대한 임대차 계약 계약을 체결하였으나 후일의 분쟁을 방지하기 위하여, 당사자 쌍방 간에 아래와 같은 합의하고 이 사건 화해 신청에 이른 것입니다.

3. 또한 신청인과 피신청인은 이 사건 제소전화해의 신청 관할법원을 00지방법원으로 합의하였습니다.

화 해 조 항

1. 피신청인은 신청인에게 별지목록 기재 부동산 임대계약 만료일인 20○○년 ○○월 ○○일 원상복구하여 명도한다.
2. 피신청인은 신청인에게 20○○년 ○○월 ○○일부터 20○○년 ○○월 ○○일까지 월

임료로 매월 금○○○원을 매월 ○○일 지급한다.

3. 피신청인은 임차권 및(임차보증금)을 타인에 양도, 전대, 담보할 수 없으며, 월 임대료를 ○회 이상 연체할 경우 이 사건 부동산을 즉시 신청인에게 명도한다.

4. 피신청인이 임차한 부동산에 대한 공사비, 유익비 등은 일체 인정하지 않고, 이 사건 부동산의 명도와 동시에 모든 권리는 신청인에게 귀속된다.

5. 임대기간 종료 후 명도지연으로 인한 명도 소송비용 및 강제 집행비용은 피신청인의 부담으로 한다.

6. 신청인은 위 비용을 임대보증금에서 공제할 수 한다.

7. 피신청인은 임차기간 중 피신청인의 고의과실로 발생하는 화재 등에 의한 이 사건 부동산 시설 파손에 대하여는 시가 상당액의 손해를 배상해야 한다.

8. 피신청인이 임차한 부동산에 대한 내부수리를 할 때에는 신청인의 승낙을 받아야 한다.

9. 화해비용은 각자의 부담으로 한다.

10. ~~~

첨 부 서 류

1. 부동산 임대차계약서 사본 1통
2. 건물등기부 등본 1통
3. 신청서 부본 1통
4. 기타 관련서류 각 1통

20   년   월   일

위 신청인 :   (인)

○ ○ 지 방 법 원 귀 중

지급명령신청서

채 권 자   임대인
               인천 부평구 000

채 무 자   임차인
               부천시 길주로 000

청구금액

금 20,976,408원 (손해배상청구)

신 청 취 지

채무자는 채권자에게 아래 청구금액 및 독촉절차 비용을 지급하라는 명령을 구합니다.

1. 금 20,000,000원
2. 위 1항 금액에 대하여 지급명령정본 송달일 다음날부터 다 갚는 날까지 연 12%의 비율에 의한 지연손해금
3. 독촉절차비용 금 000원 (내역: 송달료 00원, 인지대 00원)

청 구 원 인

1. 당사자들의 관계

채권자와 채무자는, 별지목록 기재 부동산에 대하여 보증금 100,000,000원, 월
차임 4,000,000원을 권리금 없이 임대차기간 200 . 1. 20. ˜ 200 . 1. 19.(2년간)으
로 하는 임대차계약을 체결하였습니다(소갑 제1호증 임대차계약서, 소갑 제2호
증 부동산등기사항전부증명서).

2. 이 사건의 손해배상청구

가. 채무자의 불법행위 및 손해발생

1) 채권자는 지난 200 . 1. .경 심한 추위가 예상되기 때문에, 임차인인 채
무자에게 동파 방지를 위하여 수돗물은 약간 틀어놓을 것, 문단속을 해줄 것
을 고지하며 당부하였습니다(소갑 3호증 채권자의 동파경고 및 주의 메시지).

2) 가사 채권자가 위와같이 동파방지를 위한 주의사항을 고지하지 아니하더
라도, 임차인은 선관의무로 이 사건 부동산을 관리할 의무가 있습니다. 그러
나 채무자는 베란다의 수돗물을 잠그고 창문을 열어둔 채로 200 . 1. .부터
5일간 방치하여, 이 사건 부동산의 수도가 동파하고 아래층에 물이 새서 아래
층 ~~~한 피해를 입게 되었습니다(소갑 제4호증 동파사진, 소갑 제5호증 동파
원인에 대한 수리공의 의견서).

3) 이와같이 채무자의 선관의무 위반으로 이 사건 부동산의 수도가 동파하여
손해가 발생하였기에 채무자는 이에 대한 손해를 배상하여야 할 것입니다.

나. 손해액 산정

채권자는 200 . . 에 수도 공사 및 이 사건 부동산의 아래층의 피해를 배상하기 위하여 20,000,000원을 지급하였습니다(**소갑 제6호증 수도공사비용, 소갑 제7호증 아래층 피해 배상금 영수증**).

다. 소결

이 사건은 임차인이 주의의무를 다하지 아니한 중대한 과실에 의하여 발생한 것으로 채무자는 이 사건으로 인하여 채권자가 지불한 손해액 상당을 배상할 책임이 있습니다.

2. 결어

이에 채권자는 채무자들에게 청구취지와 같이 손해액 금 20,000,000원 및 위 금원에 대하여 이 사건 지급명령 결정 정본 송달 다음날부터 다 갚는 날까지 연12%의 비율에 의한 지연손해금과 독촉절차비용을 지급 받고자, 상기와 같은 결정을 구하오니 인용하여 주시기 바랍니다.

첨 부 서 류

1. 소갑 제1호증 임대차계약서
1. 소갑 제2호증 부동산등기사항전부증명서
1. 소갑 제3호증 채권자의 동파경고 및 주의 메시지
1. 소갑 제4호증 동파사진

1. 소갑 제5호증 동파 원인에 대한 수리공의 의견서
1. 소갑 제6호증 수도공사비용
1. 소갑 제7호증 아래층 피해 배상금 영수증

202 .   5.   .

위 채권자 임 대 인

인천지방법원 부천지원 귀중

4/4

계약갱신 거절통지서

임대인	임차인
(성명)	(성명)
(주소)	(주소)
(연락처)	(연락처)
임차목적물 주소	
임대차계약 기간	

임대인(_____)은 임차인(_____)로부터 ___년 ___월 ___일 주택임대차계약의 갱신을 요구받았으나, 아래와 같은 법률상 사유로 위 임차인에게 갱신요구를 거절한다는 의사를 통지합니다.

★ **계약갱신거절 사유(주택임대차보호법 제6조의3 제1항 각 호)**

1. 임차인이 2기의 차임액에 해당하는 금액에 이르도록 차임을 연체한 사실이 있는 경우 □
2. 임차인이 거짓이나 그 밖의 부정한 방법으로 임차한 경우 □
3. 서로 합의하여 임대인이 임차인에게 상당한 보상을 제공한 경우 □
   (상당한 보상의 내용 :   )
4. 임차인이 임대인의 동의 없이 목적 주택의 전부 또는 일부를 전대(轉貸)한 경우 □
5. 임차인이 임차한 주택의 전부 또는 일부를 고의나 중대한 과실로 파손한 경우 □
6. 임차한 주택의 전부 또는 일부가 멸실되어 임대차의 목적을 달성하지 못할 경우 □
7. 주택의 전부 또는 대부분을 철거·재건축하기 위하여 점유를 회복할 필요가 있는 경우
   7-1. 임대차계약 체결 당시 공사시기 및 소요기간 등을 포함한 철거 또는 재건축 계획을 임차인에게 구체적으로 고지하고 그 계획에 따르는 경우 □
   7-2. 건물이 노후·훼손 또는 일부 멸실되는 등 안전사고의 우려가 있는 경우 □
   7-3. 다른 법령에 따라 철거 또는 재건축이 이루어지는 경우 □
8. 임대인 또는 임대인의 직계존비속이 목적 주택에 실제 거주하려는 경우 □
   (실거주자 성명 :   , 임대인과의 관계 : □ 본인 □ 직계존속 □ 직계비속)
9. 그 밖에 임차인이 임차인으로서의 의무를 현저히 위반하거나 임대차를 계속하기 어려운 중대한 사유가 있는 경우 □

★ **위 계약갱신거절 사유를 보충설명하기 위한 구체적 사정**

_____

_____

★ 갱신거절 사실을 소명할 수 있는 문서 등 별도의 자료가 있는 경우, 해당 자료들을 본 통지서에 첨부하여 임차인에게 전달해주시기 바랍니다.

작성일자 : 년 월 일	임대인 : (서명 또는 날인)

★ 거절통지의 효력은 위 계약갱신 거절통지서를 작성 및 발송한 후, 임차인에게 통지가 도달한 때에 발생합니다.

소 장

원 고 임 대 인
　　　서울 서초구 반포동 000

피 고 임 차 인
　　　서울 ○○구 ○○동 00 8층)

건물인도 등 청구의 소

청 구 취 지

1. 원고에게 피고는 별지 목록 기재 부동산을 인도하라.
2. 소송비용은 피고의 부담으로 한다.
3. 위 제1항은 가집행할 수 있다.
라는 판결을 구합니다.

청 구 원 인

1. 원고와 피고는, 별지목록 기재 부동산에 대하여 보증금 100,000,000원, 월차임 4,000,000원을 권리금 없이 임대차기간 200 . 1. 20. ˜ 200 . 1. 19.(2년간)으로 하는 임대 차계약을 체결하였습니다(갑 제1호증 임대차계약서, 갑 제2호증 부동산등기사항전부증 명서).

2. 피고는 200 .8. .부터 4개월 동안 임대료의 지급을 지체하였고, 원고는 피고에게 내용 증명우편에 의한 계약해지통고서를 발송하여 200 . . .자로 임대차계약은 해지되었습 니다(갑 제3호증 내용증명). 그러나 피고는 임대차계약이 해지되었음에도 불구하고 원 고가 수차례에 걸쳐 위 건물을 인도해 줄 것을 촉구하였으나, 원상회복도 하지 아니하 였고 나갈 수도 없다고 합니다(갑 제4호증 인도거부 문자 등 증거)

3. 그러므로 원고는 목록 기재 부동산에 대하여 임대차계약 해지로 인한 부동산반환을 청 구합니다.

이상과 같은 이유로 이 사건 청구에 이르게 되었습니다.

입 증 방 법

1. 갑 제1호증 임대차계약서
1. 갑 제2호증 부동산등기사항전부증명
1. 갑 제2호증 내용증명
1. 갑 제3호증 인도거부 문자 등 증거

20○○.   .   .

위 원고   임 대 인 (인)

○○지방법원 귀중

[별 지]

부 동 산 목 록

- 이   상 -

소　장

원　고　　　임차인 성명
　　　　　　　인천 부평구 000

피　고　　　임대인 성명
　　　　　　　부천시 길주로 000

손해배상(기)청구의 소

청 구 취 지

1. 피고는 원고에게 50,000,000원과 이에 대하여 이 사건 소장부본 송달일 다음날
부터 다 갚는 날까지 연12%의 비율로 계산한 돈을 지급하라.
2. 소송비용은 피고의 부담으로 한다.
3. 제1항은 가집행할 수 있다.
라는 판결을 구합니다.

청 구 원 인

1.　당사자들의 관계

　　　원고와 피고는, 별지목록 기재 부동산에 대하여 보증금 100,000,000원, 월차임

1/3

4,000,000원, 권리금 50,000,000원으로 정하고, 임대차기간 200 . 1. 20. ˜ 200 . 1. 19.(2년간)으로 하는 임대차계약을 체결하였습니다(**갑 제1호증 임대차계약서, 갑 제2호증 부동산등기사항 전부증명서, 갑 제3호증 권리금 계약서 및 지급내역**).

2. 이 사건의 손해배상청구

가. 피고의 불법행위 및 손해액

1) 피고는 200 . . 초경(임대차 기간 만료 3개월 전에 해당함) 원고에게 이 사건 점포를 인도받아 피고의 자녀로 하여금 직접 커피전문점을 운영하겠다고 말하였고, 원고는 피고에게 50,000,000원 상당의 권리금을 요구하였으나 피고는 이를 거절하였습니다(**갑 제4호증 권리금 요청 메시지, 갑 제5호증 피고의 거절 메시지**).

2) 이로 인하여 원고는 신규 임차인이 되려는 자로부터 권리금을 지급받지 못하였고, 약정한 권리금 50,000,000원 상당의 손해를 입게 되었다. 따라서 피고는 원고에게 권리금 상당 손해배상금 및 이에 대한 지연손해금을 지급할 의무가 있습니다.

나. 소결

따라서 이 사건은 피고는 권리금 회수기회 보호의무를 위반하였는바 이 사건으로 인하여 원고가 회수받지 못한 권리금 상당의 손해를 배상할 책임이 있습니다.

2. 결어

이에 원고는 피고에게 청구취지와 같이 손해액 금 50,000,000원 및 위 금원에 대하여 이 사건 소장 송달 다음날부터 다 갚는 날까지 연12%의 비율에 의한 돈을 받고자, 상기와 같이 청구하오니 이를 인용하여 주시기 바랍니다.

첨 부 서 류

1. 갑 제1호증 임대차계약서
1. 갑 제2호증 부동산등기사항전부증명서
1. 갑 제3호증 권리금 계약서
1. 갑 제4호증 권리금 요청 메시지
1. 갑 제5호증 피고의 거절 메시지

202 . 5. .

위 원고 임 차 인

인천지방법원 부천지원 귀중

상가건물 임대차 권리금계약서

임차인(이름 또는 법인명 기재)과 신규임차인이 되려는 자(이름 또는 법인명 기재)는 아래와 같이 권리금 계약을 체결한다.

※ 임차인은 권리금을 지급받는 사람을, 신규임차인이 되려는 자(이하 「신규임차인」이라한다)는 권리금을 지급하는 사람을 의미한다.

[임대차목적물인 상가건물의 표시]

소 재 지		상 호	
임대면적		전용면적	
업 종		허가(등록)번호	

[임차인의 임대차계약 현황]

임 대 차 관 계	임차보증금		월 차 임	
	관 리 비		부가가치세	별도( ), 포함( )
	계약기간	년 월 일부터 년 월 일까지(월)		

[계약내용]

제1조(권리금의 지급) 신규임차인은 임차인에게 다음과 같이 권리금을 지급한다.

총 권리금	금	원정(₩)	
계 약 금	금	원정은 계약시에 지급하고 영수함. 영수자((인))	
중 도 금	금	년 월 일에 지급한다.	
잔 금	금	년 월 일에 지급한다.	
	※ 잔금지급일까지 임대인과 신규임차인 사이에 임대차계약이 체결되지 않는 경우 임대차계약 체결일을 잔금지급일로 본다.		

제2조(임차인의 의무) ① 임차인은 신규임차인을 임대인에게 주선하여야 하며, 임대인과 신규임차인 간에 임대차계약이 체결될 수 있도록 협력하여야 한다.

② 임차인은 신규임차인이 정상적인 영업을 개시할 수 있도록 전화가입권의 이전, 사업등록의 폐지 등에 협력하여야 한다.

③ 임차인은 신규임차인이 잔금을 지급할 때까지 권리금의 대가로 아래 유형·무형의 재산적 가치를 이전한다.

유형의 재산적 가치	영업시설·비품 등
무형의 재산적 가치	거래처, 신용, 영업상의 노하우, 상가건물의 위치에 따른 영업상의 이점 등

※ 필요한 경우 이전 대상 목록을 별지로 첨부할 수 있다.

④ 임차인은 신규임차인에게 제3항의 재산적 가치를 이전할 때까지 선량한 관리자로서의 주의의무를 다하여 제3항의 재산적 가치를 유지·관리하여야 한다.

⑤ 임차인은 본 계약체결 후 신규임차인이 잔금을 지급할 때까지 임차목적물상 권리관계, 보증금, 월차임 등 임대차계약 내용이 변경된 경우 또는 영업정지 및 취소, 임차목적물에 대한 철거명령 등 영업을 지속할 수 없는 사유가 발생한 경우 이를 즉시 신규임차인에게 고지하여야 한다.

- 1 / 3 -

제3조(임대차계약과의 관계) 임대인의 계약거절, 무리한 임대조건 변경, 목적물의 훼손 등 임차인과 신규임차인의 책임 없는 사유로 임대차계약이 체결되지 못하는 경우 본 계약은 무효로 하며, 임차인은 지급받은 계약금 등을 신규임차인에게 즉시 반환하여야 한다.

제4조(계약의 해제 및 손해배상) ① 신규임차인이 중도금(중도금 약정이 없을 때는 잔금)을 지급하기 전까지 임차인은 계약금의 2배를 배상하고, 신규임차인은 계약금을 포기하고 본 계약을 해제할 수 있다.

② 임차인 또는 신규임차인이 본 계약상의 내용을 이행하지 않는 경우 그 상대방은 계약상의 채무를 이행하지 않은 자에 대해서 서면으로 최고하고 계약을 해제할 수 있다.

③ 본 계약체결 이후 임차인의 영업기간 중 발생한 사유로 인한 영업정지 및 취소, 임차목적물에 대한 철거명령 등으로 인하여 신규임차인이 영업을 개시하지 못하거나 영업을 지속할 수 없는 중대한 하자가 발생한 경우에는 신규임차인은 계약을 해제하거나 임차인에게 손해배상을 청구할 수 있다. 계약을 해제하는 경우에도 손해배상을 청구할 수 있다.

④ 계약의 해제 및 손해배상에 관하여는 이 계약서에 정함이 없는 경우 「민법」의 규정에 따른다.

[특약사항]

본 계약을 증명하기 위하여 계약 당사자가 이의 없음을 확인하고 각각 서명 또는 날인한다.

년   월   일

임차인	주 소					
	성 명		주민등록번호		전화	(인)
대 리 인	주 소					
	성 명		주민등록번호		전화	
신규임차인	주 소					
	성 명		주민등록번호		전화	(인)
대 리 인	주 소					
	성 명		주민등록번호		전화	

통 지 서

수　　　신 : 00 주식회사
　　　　　　서울 000 0000
　　　　　　대표이사 000

발　　　신 : 임 대 인
　　　　　　서울 서초구 서초중앙로

제　　목 :　의 건

1. 귀사(귀 임차인)의 평안함을 기원합니다.

2. 발신인은 귀사에게 서울 ○○구 ○○로 ○○길 ○ 1층 건물을 임대차보증금 50,000,000원, 월차임 5,000,000원, 계약기간은 202○. 4. 1.부터 2년으로 정하여 임대하였고, 2달 후 임대차기간이 종료됩니다.

3. 수신인께서 202○. . . 임대차계약갱신을 요구하였으나, 수신인은 지난달까지 4개월동안 월차임을 연체하여 연체차임이 총 20,000,000원입니다. 이에 수신인은 상가 임대차보호법 상 계약갱신을 요구할 수 없는 점 양지하여 주시기 바랍니다.

4. 이에 발신인은 수신인의 계약갱신을 거절하는바, 202○. 3. 31.까지 이 사건 부동산을 원상회복하여 인도하여주시기 바랍니다.

5. 본 내용증명과 관련하여 문의할 사항이 있으시면 언제라도 발신인(010- ○ ○○○- ○○○○)에게 전화주시기 바랍니다.

202○.　　2.

임 대 인 (인)

- 1 -

부동산점유이전금지 가처분신청

채 권 자 임 대 인
    서울 서초구 반포동 000

채 무 자 임 차 인
    서울 ○○구 ○○동 00 8층

목 적 물 의 가 액

금 1,000,000,000원,

피보전권리의 요지

상가 임대차계약해지로 인한 건물반환청구권

가처분할 목적물의 표시

별지 부동산 목록 기재와 같음

신 청 취 지

1. 채무자는 별지목록 기재 부동산에 대한 점유를 풀고 이를 채권자가 위임하는 집행관에 게 인도하여야 한다.
2. 집행관은 현상을 변경하지 않을 것을 조건으로 하여 채무자에게 이를 사용하게 하여야 한다.
3. 채무자는 그 점유를 타인에게 이전하거나 또는 점유명의를 변경하여서는 아니된다.
4. 집행관은 위 명령의 취지를 적당한 방법으로 공시하여야 한다.
라는 재판을 구합니다.

신 청 이 유

1. 신청인은 피신청인과 사이에, 위 대지상의 빌딩 8층 중 신청취지 표시 부분에 대하여 보증금 100,000,000원, 월차임 4,000,000원을 권리금 없이 임대차기간 200 . 1. 20. ˜ 200 . 1. 19.(2년간)으로 하는 임대차계약을 체결하였습니다(소갑 제1호증 임대차계약서, 소 갑 제2호증 부동산등기사항전부증명서).

2. 그런데 채무자는 처음부터 4개월 동안 임대료의 지급을 지체하였고, 채권자는 채무자에게 내용증명우편에 의한 계약해지통고서를 발송하여 200 . . .자로 임대차계약은 해지되었습니다(**소갑 제3호증 내용증명**). 그러나 채무자는 임대차계약이 해지되었음에도 불구하고 채권자가 수차에 걸쳐 위 건물을 인도해 줄 것을 촉구하였으나 나갈 수 없다고 합니다(**소갑 제4호증 인도거부 문자 등 증거**)

3. 따라서 채권자는 채무자에 대하여 위 임대차계약 해지로 인한 건물반환 청구의 소를 제기하려고 준비 중에 있으나 채무자가 제3자에게 이 사건 건물의 점유를 이전한다면, 채권자가 후일 위 소송에서 승소한다고 할지라도 현저히 집행이 곤란하거나 집행이 불가능하게 될 염려가 있으므로 본 신청에 이른 것입니다.

4. 담보제공에 관하여는 서울보증보험 주식회사와 지급보증위탁계약을 체결한 문서로서 제출하는 방법에 의할 수 있도록 허가하여 주시기 바랍니다.

첨 부 서 류

1. 소갑 제1호증   임대차계약서
1. 소갑 제2호증   부동산등기사항전부증명
1. 소갑 제2호증   내용증명
1. 소갑 제3호증   인도거부 문자 등 증거

20○○. ○. .

위 채권자 임 대 인   (인)

서울○○지방법원   귀중

건물 명도단행 가처분신청서

신 청 인 임 대 인
> 서울 서초구 반포동 000

피신청인 임 차 인
> 서울 서초구 양재동 00 8층

가처분 목적물의 표시 : 별지목록 기재와 같음
목적물의 가격 : 금 1,000,000,000원
피보전권리의 요지 : 소유권에 기한 건물명도청구권

신 청 취 지

1. 피신청인은 신청인에게 서울 서초구 양재동 00의 8층 중 별지도면 표시 ①, ②, ③, ④, ⑤, ⑥,
   ⑦, ⑧, ⑨, ⑩, ⑪, ①의 각 점을 차례로 연결한 선 내 A부분 500평방미터(공유면적 포함)에
   대하여 명도하라.
2. 신청비용은 피신청인의 부담으로 한다.
라는 재판을 구합니다.

신 청 원 인

1. 서울 서초구 양재동 00 8층은 신청인의 소유입니다(소갑 제1호증 등기권리증, 소갑 제2호증
   등기사항전부증명서).
2. 신청인은 피신청인과 사이에, 위 대지상의 빌딩 8층 중 신청취지 표시 부분에 대하여 보증금
   100,000,000원, 임대차기간 200 . 1. 20. ˜ 200 . 1. 19.(2년간)으로 하는 임대차계약을 체결하고,
   동 임대차는 2022. . . 기간이 종료되어 임대보증금을 모두 반환하였습니다(소갑 제3호증 **임
   대차계약서, 소갑 제4호증 계좌이체 증명**). 그럼에도 불구하고 피신청인은 아무런 권원없이 신
   청취지 기재 부분을 점유중에 있습니다(소갑 제5호증 **점유사실 확인서, 소갑 제6호증 점유사
   진**).
3. 신청인은 피신청인이 점유중인 위 건물부분에 대하여 새로운 임차인과 임대차계약을 체결하여
   동 부분의 점유를 이전하여 주어야 할 처지입니다. 그러나 피신청인이 임의로 명도를 해줄 것
   같지 않아 본안소송을 준비중에 있으나 소송이 진행되는 동안 점유명의를 타에 이전해 버리면
   집행에 곤란을 겪게 될 것이므로 이에 신청취지와 같은 결정을 조속히 하여 주시기 바랍니다.
4. 신청인은 담보제공으로 보증보험회사와 지급보증위탁계약을 체결한 문서를 제출하고자 하오니
   허가하여 주시기 바랍니다.

소 명 방 법

1. 소갑 제1호증   등기권리증
1, 소갑 제2호증   등기사항전부증명서
1. 소갑 제3호증   임대차계약서
1. 소갑 제4호증   계좌이체 증명
1. 소갑 제5호증   점유사실확인서
1. 소갑 제6호증   점유사진

첨 부 서 류

1. 위 소명방법   1통
1. 신청서 부본   1통
1. 송달료 납부서   1통

20 . . .

위 신청인 임 대 인

서울지방법원 귀중

별 지 도 면

서울 서초구 양재동

김한나 변호사의 쫄지마 임대차법
– 임대인 편

초판 1쇄 발행	2023년 5월 22일
초판 2쇄 발행	2023년 6월 2일
지은이	김한나
발행처	이야기나무
발행인/편집인	김상아
기획/편집	장원석
홍보/마케팅	장원석, 이정화, 전유진
디자인	조움커뮤니케이션즈
	모디팩토리
인쇄	삼보아트
등록번호	제25100-2011-304호
등록일자	2011년 10월 20일
주소	서울시 마포구 연남로13길 1 레이즈빌딩 5층
전화	02-3142-0588
팩스	02-334-1588
이메일	book@bombaram.net
블로그	blog.naver.com/yiyaginamu
인스타그램	@yiyaginamu_
페이스북	www.facebook.com/yiyaginamu
ISBN	979-11-85860-65-7 [03360]
값	14,800원